高／蒙／河／考／古／随／笔

（增订本）

考古好玩

高蒙河 ◎ 著

上海古籍出版社

图书在版编目(CIP)数据

考古好玩 / 高蒙河著. -- 增订本. -- 上海：上海古籍出版社，2025.5. --（高蒙河考古随笔）. -- ISBN 978-7-5732-1532-1

Ⅰ. K85-49

中国国家版本馆CIP数据核字第2025VR3733号

责任编辑：贾利民
技术编辑：耿莹祎
美术编辑：黄　琛

高蒙河考古随笔
考古好玩（增订本）
　　高蒙河　著
上海古籍出版社出版发行
（上海市闵行区号景路159弄1-5号A座5F　邮政编码201101）
（1）网址：www.guji.com.cn
（2）E-mail：guji1@guji.com.cn
（3）易文网址：www.ewen.co
上海雅昌艺术印刷有限公司印刷
开本700×1000　1/16　印张21.75　插页3　字数317,000
2025年5月第1版　2025年5月第1次印刷
印数：1—3,100
ISBN 978-7-5732-1532-1
K·3817　定价：98.00元
如有质量问题，请与承印公司联系

增订本序　致敬中国百年考古

考古，过去一直是象牙塔里的冷门绝学。

考古，现在不再是象牙塔里的冷门绝学。

我们常说"百年树人"，我则要说"百年树学"。因为中国考古学自1921年诞生以来，已经走过了风雨兼程、硕果累累的百年发展历程，走过了从考古专业到考古行业，从考古事业到考古产业的变迁之路。一方面，持续践行致力科学研究的初衷，务实求真，复原历史，揭示人类社会历史发展规律；另一方面，不断开拓进取，延展出保护、利用、传承的全新领域。

而今的考古，不但向国人实证复原了古代中国，还向世人全面展示了现代中国，开始活化利用考古成果和考古资源，丰富了全社会的历史文化素养，助力经济社会发展，向世界讲好中国故事，传播中国价值。

经常有人问：有了历史学复原的历史，还要考古学研究做什么？

首先，考古延伸了历史的轴线。

根据在非洲发现的世界最早的猿人化石推断，人类大概已有300万年的历史；中国也有两百万年前人类起源和活动的考古发现。而有文字记载的中国历史，即便从先秦时期的文献算起，再到以司马迁《史记》为代表的二十四史，它们所记录的历史长度也只有两三千年。历史学主要研究的是有了文献记载以后的人类历史，学界称为历史时期的历史，不过几千年；而考古学研究的范围没有文字记载的史前时期的历史，则有两三百万年之长，因此，大量填补了文献记载的空白。

1921年，河南渑池县仰韶村及北京周口店的考古调查发掘，标志着田野考古在中国的肇始。这一百年来，考古学对重建历史、复原历史起到了什么样的作用呢？用"考古学之父"柴尔德的话来说，如同望远镜扩大了天文学家的视野、显微镜扩大了生物学家的视野一样，考古学扩大了历史学的研究范围和内容。

众所周知，司马迁在《史记》中虽然也提到了一些三皇五帝以前的时代，但他自己都对这些时代感到非常迷茫，所以学术界过去通常称其为神话时代或者传说时代。一百年来，考古学者们"上穷碧落下黄泉，动手动脚找东西"，通过大量的考古发现和研究成果，一点一点地把这些迷茫的历史实证了出来，为复原史前历史作出了突出贡献。比如发现了陕西蓝田、云南元谋、北京周口店和山顶洞等100多处旧石器时代遗存，证明了中国是人类进化，特别是东亚地区人类生命起源的摇篮，把中国有人类活动的历史上溯到200万年以前，重建起司马迁等史学家都鲜有记载的远古历史。换言之，所有这些考古成果无不延伸了历史的轴线，并为我们编写中国古史奠定了非常坚实的学术基础。

其次，考古增强了历史的信度。

人类诞生后，历经两三百万年的发展至今，共发生过三次推动历史发展的具有里程碑意义的"革命性事件"。第一次是一万年前的"农业革命"，人类开始定居下来，学会了种植农作物和饲养动物，开始烧制陶器，并创新出"磨刀不误砍柴工"的磨制石器，人类社会的发展从此进入了"快车道"。第二次是时隔五千年后的"城市革命"，诞生了世界四大古代文明中心，那就是两河流域、尼罗河流域、印度河流域和中国长江黄河流域，而且这四大文明中心都分布在北纬30°线上。为什么人类社会发展到了五千年前，在同一时间的不同空间出现了城市？出现了文明？出现了国家？这是一个到现在还在研讨的世界性的课题。第三次是又时隔了五千年，到了两三百年前的离我们最近的"工业革命"，它的进步意义和历史价值已无须赘言。

以这三次里程碑事件中的"城市革命"为例来看，我们中国人常说"中华文明史，上下五千年"，但是中国的文明史到底有没有五千年？在过去，国外的汉学界是持否定态度的。他们认为以安阳殷墟甲骨文、金文为代表的中华文明史，最多只有3 500年，比西方晚得多。但一百年来，我们通过以浙江良渚遗址为代表的一系列考古发现和研究，彻底推翻了西方的传统误识。

1936年良渚古城遗址发现于浙江杭州的良渚镇，经过80多年的考古发掘，证实它是距今5 000多年的一个考古学文化——良渚文化的中心，是一处拥有100多平方公里范围、300多处遗址群的规模巨大的古城，是目前所知比夏王朝还早一千年的中国最早的良渚王国的首都，2019年被列入世界文化遗产名录，中华五千年文明的历史终于得到了世界的承认。

良渚古城是目前所知中国最早有规划的都城，它有三重城的规划格局。最核心的宫殿区有30万平方米，内城有300多万平方米，外城有600万平方米，全部加在一起共约900万平方米，差不多有12个故宫那么大，所以我们把良渚古城称作五千年前的"中华第一城"。其中，宫殿区曾有非常高的雕梁画栋的大型宫殿，虽然现在已经变成了一个大土堆，但海拔还有15米高，可见当年是非常高大宏伟的。如果联系到五千年后中国封建王朝最后的北京紫禁城有著名的太和殿、保和殿、中和殿三大殿，这三大殿的源头应该就与良渚古城的大型宫殿建筑不无源流关系。如果我们把良渚古城三重城的规划设计，再回溯对比唐代长安城、宋代开封府，也无不延续和继承这样的格局。它们都是五千年里中国的超级国家工程，呈现了中国古代都城建设的规划思想，体现了中华文明延绵不绝的传承特征。

再有，考古丰富了历史的内涵。

我们经常讲五千年中华文明延绵不绝，考古百年不但延伸了历史轴线，增加了历史的信度，还丰富了历史的内涵。比如著名的四川广汉三星堆遗址考古大发现，1986年三星堆两个祭祀坑的考古发现曾经震惊了世人，2020年六个祭祀坑的大发现更是引发了国内外的广泛关注。三星堆遗址及其代表的古蜀文化，过去仅在《华阳国志》等一些西南地区的文献中有些许记载。三星堆出土的青铜尊、青铜罍多见于中原地区的安阳殷墟等著名遗址，很可能是从中原地区交流过来的。但三星堆出土的青铜神树、大立人像、纵目人像，还有金面具等，横空出世，前所未见，尤其在汉代以前的中原地区甚少流行。其中，黄金物品在当代得到大家的喜爱，但在先秦时期的中原等中国大部分地区并没有流行的传统。那么，三星堆的金器是哪里来的？同样是3 500年前的文明，中亚、西亚地区是出金器比较多的地方。如果说三星堆的铜尊、铜罍是从东边中原地区传来的，那么金器是不是从西边过来的呢？三星堆是不是东部和西部交汇的地方呢？甚至是南来北往的交汇交流中心呢？我们只能说这些还是谜面，都有待接下来的发现和研究来揭开谜底。

三星堆遗址还出土了良渚古城中就有的玉琮。玉琮是五千年前长江下游良渚文化的典型器物，曾经传播到中国的大部分地区，在西北和岭南都有出土，可见其影响力之广。五千年前的良渚文化的玉琮，到了1 500年后的三星堆遗址还有出土，那么这是不是"时间穿越"了呢？其实我们在安阳殷墟出土的商代大墓里也发现了玉琮。很显然，良渚文明的传播不仅发生在五千年前，还传承到了1 500年后的商代。三星堆文化有可能是在与商代中原文明交流的过程当中得到的玉琮。玉琮的传承实际上还不止于先秦时期，这种代表着身份和地位并象征着宗教信仰的玉礼器，几乎在各朝各代都有发现，一直传承到清代，比如乾隆皇帝就用了很多精力来考辨甚至研究玉琮的用途。所以，中华文明的传承除了城市规划的三重格局等，中国人自古喜爱的玉器也是中华文明传承非常重要的载体。

中国的考古成果与对历史文献所做的历史研究相比有哪些贡献，换句话说,历史学和考古学到底是什么关系?我们的百年考古成就也回答了这个问题:一个是考古成果印证了历史文献的记载,比如1928年就开始发掘的河南安阳殷墟,不但在中国考古中发掘持续时间最久,其出土的甲骨文上契刻的商王世系,与司马迁《史记》记载的商王世系基本契合,成为考古学发现与历史学文献记载相互印证的典型案例。另一个是订正了历史文献记载的错误,比如唐代杜牧写过一篇非常有名的《阿房宫赋》,"钩心斗角"就是从该文描绘建筑的词句中衍生出来的成语,而且后世很多文人又把阿房宫演绎得雄伟壮阔,美轮美奂。可是考古发现秦朝的阿房宫并没有完全建成,只构建了地基和宫殿的基础部分,于是考古"订正"了这段被误传的历史。还有一个是考古发现填补了历史文献记载的空白,比如旧石器时代和新石器时代的很多重要考古发现,在历史文献中几乎没有记载,但这些发现却把中国的历史延伸到了远古时代。

中华文明的主要特征是什么?中共中央办公厅、国务院办公厅在2018年的《关于加强文物保护利用改革的若干意见》中高度概括为十二个字:延绵不断,多元一体,兼收并蓄。中国考古学会原理事长苏秉琦先生的《中国文明起源新探》一书,也从考古学发现和研究角度高度概括了中国历史的基本国情:超百万年的文化根系,上万年的文明起步,五千年的古国,二千年的中华一统实体。长期以来,司马迁的历史观影响了我们两千多年,那就是中原地区是中国历史上政治、经济、文化的中心,各地的文化都是从中原辐射出来的。但一百年来的考古发现证明,中华文明的起源和发展犹如"满天星斗",各地都有各地的文明起源过程,都有自己的发展道路,分裂和融合、多元和统一是中国先秦时期发展的大势,秦汉以后形成了统一多民族的多元一体国家。费孝通先生在《中华民族多元一体格局》这部著名论著中,就引用了苏秉琦先生这一根据中国考古学成果总结出来的理论观点。

还有,考古活化了历史的场景。

记得20世纪80年代前后，我入大学初学考古专业时，《中国大百科全书·考古学卷》给考古学的定义是"用实物资料来研究人类历史的一门科学"。读书时主要是学习用科学的方法进行发掘，然后把发掘出来的遗存写成考古报告，也就可以毕业了。换言之，当时的考古学归纳起来就是四个字："发现"和"研究"，和历史学的研究目标一样，心无旁骛，就是学习怎样复原历史。

那时候，考古学还是一级学科历史学下面的二级学科，二级学科主要是搞研究。但是到了2010年前后，考古学升为一级学科，这意味着考古学不仅要继续搞好科学研究，还要跟现实社会相结合，参与国家的文化建设。20世纪80年代以后，改革开放大发展，各地基本建设动土动得多了，古迹、文物暴露出来在所难免，那么就需要保护。20世纪80年代初期颁布的《中华人民共和国文物保护法》，就把"保护"放在了非常突出的地位，三峡水利工程和南水北调工程等大型工程都进行了文物抢救。到了新世纪，原有的以研究历史为目标的考古学增加了很多新的学科内容，比如文化遗产保护、博物馆展示传播等，我也开始在国内倡导公众考古学，意在让更多的非专业人士和社会大众了解考古，并参与到文化遗产的保护、利用和传承中来。到了2010年以后，在文物保护的基础上，考古学成果的利用也提上了日程。考古成果不能都堆放在库房里面不给老百姓看，所以就出现了很多跟考古成果相关的保护、展示、利用、传承工作。这十年来，党和国家领导人越来越重视文物的活化利用。习近平总书记还亲自指导良渚古城遗址申遗工作，并提出了向世人展示全面真实的古代中国和现代中国的方针。考古成果还越来越多地参与到中国国家形象的展示传播中，在2019年上海第二届进博会上，我们团队在中国馆做了一个美丽中国·良渚古城展区，习近平总书记在开幕式后巡馆时和其他国家领导人一道莅临展区，古老的五千年中华文明通过现代展会，得到了充分弘扬并远播世界。

近几年，曾经冷门的考古开始迈开文旅融合时代发展的新步伐，考古成果的展示传播也从博物馆逐步走向了空间更大的各类考古遗址公园中。国家又新提出要建立国家文化公园和国家公园，这都为考古成果和文化遗产的保护利用提供了更大的舞台。现在，围绕考古进行的旅游活动、研学产品基本上都是"上线即秒杀"。一个垂直性、链环性的考古产业正在萌芽。考古发现、研究、保护、利用成果不断写进教科书，历史文化在更多的青少年心中得到了很好的传承。

这几年，我们的公众考古活动也开始多样化起来，除了图书报刊传媒，在影视上，也从早期的拍摄纪录片走向了更为大众喜闻乐见的制作综艺节目。大家知道，纪录片毕竟是小众的文化产品，而综艺节目却有着广大的大众收视基础。央视推出的《国家宝藏》《中国国宝大会》《中国考古大会》，以及浙江卫视推出的《万里走单骑——遗产里的中国》等，我们也都参与了策划，我在有的节目中还忝列点评嘉宾等，都是为了让更多的人特别是年轻人了解文化遗产，喜欢文化遗产，共享文化遗产。《万里走单骑——遗产里的中国》总顾问、故宫博物院原院长单霁翔曾经说，在他当院长前，年轻人只有30%的人对故宫有兴趣。后来他们努力推广故宫的历史文化内涵和世界遗产价值以及故宫文创，推出纪录片《我在故宫修文物》，创新综艺片《上新了，故宫》等，现在喜欢故宫的年轻人已经达到了60%—70%。

如何让年轻人爱上古代文化遗产？如何向世人展示全面真实的古代中国和现代中国？过去我们强调"内容为王"，但是我们现在也更加关注创意和形式创新，考古成果的展示、利用、传承，文创产品的策划和创意，必须跟现代社会、跟每个人的生活、跟消费者的需求结合起来，像考古盲盒、考古雪糕、考古咖啡等多已在考古博物馆、考古公园和考古遗产地得到了广泛的普及，在文旅融合中发挥着越来越大的作用。目前很多考古大型户外文创、沉浸式的节目如大型演艺秀，也开始陆续登场。相关的还有考古文化地产开发，即在考古遗址核心保护区周边做好考古文化地产，周边再拓展商业文化地产，也成为一种新形式，打造中国原创的考古"迪士尼"主题乐园，也已经不再只是概念上和图纸上的美丽愿景。

回顾一百年来的中国考古之行，到今天已经发展出两条并行发展之道：一是怎样通过科学务实求真的研究复原古代中国，一是把考古成果转变成文化资源，甚至变成有商业价值的考古资源。让更多的人喜欢考古，让考古成果也能助力我们奔向美好幸福生活。而今，曾经是象牙塔里的冷门考古迎来了新的时代机遇，考古学一定会从一个纯粹的学术研究领域，再发展出新的文化业态，我相信在我有生之年能看到一个全新的考古产业，在我们大家的共同努力下得以实现。

在中国考古学走过一百年历程之际，我修订2011年出版的《考古好玩》，力图通过梳理百年来中国考古学发展的重大事件和代表人物，以一个个小话题、小片段的方式，与大家一起认识考古、共享考古，旨在传播利用考古资源，旨在丰富全社会的历史文化素养，旨在助力人们实现对美好生活的向往，旨在像习近平总书记说的那样：让收藏在博物馆里的文物，陈列在广阔大地上的遗产，书写在古籍里的文字都活起来。

感谢上海古籍出版社，感谢社领导吴长青先生，感谢编辑贾利民先生，感谢在我增订过程中付出辛劳的宋雨晗、王太一、胡芳博以及梁威、王浩南、葛格、周阿江等各位同道。

2024年龙年正月末于上海虹桥

序　考古好玩，善哉斯言

考古有三个搞法：学考古，做考古，玩考古。

学考古和做考古，带有职业取向，行业性明显。考古学人和考古学家做得，考古玩家做不得，做不来，也未必想做。

玩考古，就不一样了。因为它不需要做精专的学问，不需要非说专业人士才听得懂的行话，不需要非得在这个行业里谋生，不需要恪守每条行规。一句话，学人做得，专家做得，百姓也能掺和。

老话说，不掺和白不掺和，掺和了不白掺和。曹操墓，就是大家都掺和过，都玩过考古的一个典型案例。因为不管你承不承认，只要你听说过曹操墓，你有过曹操墓是真是假的疑问，你拿曹操墓当过谈资，你公开或半公开发表过言论，甚或表明过立场等。要我看，就都算掺和过了考古，玩过了考古，做过了一回公众考古人。

可见，公众考古就是人人都能掺和的考古，而不是少数专家才有唯一解释权的考古；就是专家说的不一定是对的，公众想的不一定是错的考古。你像专家说"考古不是挖宝"，对不？你像公众说"考古就是挖宝"，错不？都很难三言两语掰扯清楚。凡事，说不清楚，挺好玩；说清楚了，也挺好玩。因此，考古好玩。

我出这书，就挺好玩。说来话长，长话短说。

我是学考古的，从1978年入吉林大学考古专业起，用时10年，1988年从张忠培先生门内硕士毕业。毕业后又差不多做了20年考古，从三峡做到南水北调，直至前些年日渐垂老，这才金盆洗手，挂铲收尘，不怎么再做田野一线考古了。在这30多年学考古和做考古之中，我还一点点地做起了"出轨"的事，那就是给非专业的报刊写点考古杂文或知识小品。现在手头上能找到的较早的一篇，是发表在《新民晚报》1989年8月17日的《话说铜敦》。

印象中写《话说铜敦》，是有一天听电台广播，讲湖北有家博物馆的一件铜敦被盗，运到了美国，后来又如何追缴回来的事。但播音员功课没做足，把铜敦这种东周古器的"敦"字，发音成了"dun（墩）"，而文物考古的专业读法应该读"dui（对）"。于是我行文给报社，既讲了什么是铜敦，又纠正了读音。没想到还真有同事和家邻看到，叫我以后多写点，他们喜欢看云云。换句话说，20世纪80年代末，是我溜出考古三界外，写点闲文野篇之始，也可以算是玩考古之始。

我大量给报刊写趣味性和知识性的考古小品文，是到了90年代。以《新民晚报》为例，有时兴致来了，每个月都给该报的"夜光杯"等栏目写去一二篇发表。像什么《盗墓贼与洛阳铲》《陶器鉴定五要素》《司母戊鼎的新重量》等。那时还结合在三峡考古，忙里偷闲写过《罕见石范出三峡》《南方甲骨》之类。有时一忙没空写了，编辑会来催，说有读者反映，最近怎么没登高老师的文章，我们想看呢！也不知是真是假。但这使我晓得了原来社会和读者还真有这种需求，大家对文物考古还是不无兴趣的。而我写作的体会是，把专业语言转换成公众能接受的"豆腐块"文字的难度，原来并不亚于写一篇专业学术论文。写学术文章，可以直接入题，高举高打，高谈阔论，不吝笔墨，引经据典，罗列数据，出示图表等。但真的要把这类学术语言、专业范式鼓捣成考古圈外的人都明白，让初中水平的人也都能看懂，做到忠培师所说的"提高基础上的普及"，深入浅出，实在不易。普及文章，看着好懂，动起笔来，既要铺垫，又不能像裹脚布那么长，还要兼顾科学性、知识性、趣味性、故事性等，都是愁煞人的事。

到了世纪之交，中国考古界出现了一个学术进程性的转机。那就是长久以来一成不变的文物观开始发生变化，从原来只关心专业化的考古发现和研究，逐步扩大为社会化的保护和利用，甚至还有了传承一说。虽然不能简单地把这些变化归结为重建考古价值，更不能看作解构考古传统，但考古的模式多元化了，考古人的做法也多样化起来，却已是不争的事实。我也从学考古，做考古，愈加觉得考古好玩，想玩好考古了。于是，也就不满足于只写考古知识小品，转而写起带有故事性以及评论性的考古随笔来。不尴不尬的是，这些随笔有的写得太长，不太符合报纸那种千字文的要求；有的又写得半专业半不专业的，投出去发表也没个地界。就趁着博客兴起，陆续堆积到我在网上开设的《公众考古试验田》博客上去了。这一堆就是几年，被推荐到网站首页或头条的有几十篇，总点击量已约两百万人次，有时写得好玩了，一篇的点击量就能超过十万人次。这样一来，编辑们找我要稿子的也多起来，有的报刊甚至直接从我博客上转发的也不在少数。去年下半年，复旦出版社的编辑史丽莉女士找我做选题，于是就有了把博文集合起来，出这本《考古好玩》的想法。但她也向我提出了要求："一旦成书的话，最好能够'出于博文，高于博文'，也就是说，不必完全照博客来，要多作些删并、填补，博文的痕迹也要适当控制一下。"我觉得她说得非常有道理，于是就按照她说的办。草稿成文后，又让我在复旦带过的学生王太一做了一通全书的校勘和修订。

我不是考古界最早开博设坛的主，但我与考古界其他几位开博的考古人不同，他们开的多是学术博客，面向的是小众和精英，属于学院派；我开的是文化博客，也就是玩考古的博客，对象是大众凡人。恩格斯曾经说过，任何人在自己的专业之外都只能是半通。因此，我选题和叙事就尽可能做到以下原则：一不上传专业论文；二是少讲道理，多讲故事，当说书的，不当教书的；三是不罗列媒介报道的那种又有什么新发现了的考古结果，多讲述考古是怎么发现的一个个幕后情况，轻结果，重过程；四是放下身段，能唠白话就不端术语，尽量以初中或高中程度的读者为写作对象，因为这是中国最大的群体，考古为他们服务，引发他们互动，大家能一起做点什么，挺值！

所以，《考古好玩》在很多考古人士看来不过是初写作、浅解读而已，但却是我这些年力求把专业语言转换成公众语言，把专业知识转换为社会文化常识，把考古学扩大到公众考古领域，把考古人的学术生态扩增为知识分子本应肩负的社会公共职责的一个缩影。

心有所系，践行斯言：玩好考古，考古好玩。

高蒙河

2011年5月31日于上海虹桥

目 录

001　增订版序　致敬中国百年考古

001　序　考古好玩，善哉斯言

001　**壹　考古之人**

003　郭沫若是不是考古学家

010　考古人是最基层的知识分子

018　两张旧照片　三代考古人

028　苏秉琦的得意之作

036　听张忠培讲那考古的事情

047　女生考古好榜样

058　考古人的"三不主义"

066　考古人敢说不会鉴宝

075　**贰　考古之问**

077　考古发现哪里有

086　考古发现谁更牛

093　考古下限是何时

102　考古奖项谁来评

108　修旧如旧是多旧

119　长城为何不叫长墙

125　有多少古墓没有门

131　哪位古代名人遗存多

叁　考古之事

141　神秘考古　神而不秘

150　中国人的原始脸

157　碳-14技术不是万能法器

162　古尸何以不腐

169　文物保护标志的颜值

175　我国的考古教材好点了

183　考古随笔成了语文题

191　我投了曹操墓一票

肆　考古之道

203　中国何止五千年历史

211　恐龙不关考古事

216　兵马俑的叫法不太靠谱

221　考古挖墓埋起来

227　别老张罗挖帝王陵墓

232　野蛮考古何时了

238　考古专家不是考古的唯一解读者

243　圆明园兽首要不要买回来?

247　**伍　考古之趣**

249　古墓防盗有秘笈

263　盗墓贼不是啥都盗

271　我们处在薄葬时代

278　翠玉白菜真那么好看么

285　花23亿造地震博物馆值当不值当

291　名人如厕厕非厕

300　鉴非鉴　缶非缶

307　"考古入坑"和"考研上岸"

317　考古当读什么书

壹

考古之人

郭沫若是不是考古学家

郭沫若是近现代名人，这从他的各种头衔中就可以看出来。这些头衔收录在《辞海》《中国大百科全书》等权威工具书中。一个人不论生前死后，能被作为词条载入权威辞书字典，这可不是靠月薪过日子的平头百姓能修得的功业，也不是只会几把刷子的舞文弄墨者可求得的尊阶。

《辞海》里的词条是怎么写郭沫若的呢？是这么表述的：中国现代杰出的作家、诗人、历史学家、剧作家、考古学家、古文字学家，著名的社会活动家。但《辞海》的这个写法，在专业的《中国大百科全书·考古学卷》里，却写成了这般说辞："中国现代文学家、历史学家和古文字学家。"仅此三项，再无其他，像论文的关键词一样。

明眼人可能早已看出，《辞海》和《中国大百科全书》的说法不太一样。作为面向社会公众读者的《辞海》，明确说郭沫若是考古学家，而业内学术权威《中国大百科全书·考古学卷》却没说他是考古学家，起码没有明说他一定就是考古学家，这就有点让人丈二和尚摸不到头脑了。那么，郭沫若究竟是不是考古学家呢？有的说是，有的则两说着，既不说YES，也不说NO。《中国大百科全书·考古学卷》这本权威大书是以考古学为名，且是专写考古学的，收录了郭沫若作词条，却又不说郭沫若是考古学家，更叫人倍感蹊跷，不明就里。我又去查了一下2014年新出版的《中国考古学大辞典》，也是只给了"现代文学家、历史学家、古文字学家"三个名头，而且没有把他列入"考古学家"条目，而是列入了"金石学家和古文字学家"条目。

但郭沫若在普通社会公众的认知里，却是赫赫有名的考古学家。记得我1978年考取吉林大学，并就读了考古专业后，经常有行外的人了解到我是学考古的，就告诉我说，你们的祖师爷可是郭沫若啊！足见在公众的印象里，郭沫若不但是考古学家，还是考古学家的祖师爷呢。

那么，考古方面的专业人士又持什么样的看法呢？我找到了前中国社会科学院考古研究所所长、中国考古学会理事长夏鼐在郭沫若逝世后写过的一篇纪念文章，这篇文章发表在权威专业杂志《考古》上，里边有这么一句话："郭老虽不是一位田野考古工作者，但是由于重视田野考古工作，对这工作也感到兴趣。"我还翻到了曾创建北京大学考古教研室，后来也曾担任中国考古学会理事长的苏秉琦在《如何使考古工作成为人民的事业》一文里说过的话："亲自参加，或至少熟悉田野工作，早已成为考古工作者的一个必要条件了。"夏鼐和苏秉琦是公认的考古界泰斗，新中国考古学的开创者和引领人，由他们从考古专业的角度来评述，该算够权威了，即便作为盖棺定论，也不过分，那就是：郭沫若不是严格意义上的考古学家，起码不是以田野考古为职业的考古学家。

田野考古工作，在考古界中的重要地位，可用"定尺""天条"来比喻。换句话说，这也是考古学之所以有别于古物学或金石学而成为一门近代科学的关键之一。众所周知，在科学考古学诞生以前，国外早就有了古物学，中国可能更早些，至少在宋代就有了收藏和著录古物的金石学，专挑有文字铸刻的那些铜器和石刻来把玩和鉴赏，以实现"证经补史"的目的。至于国外的古物学，远的不说，即便到了18世纪，像拿破仑远征埃及时，就带着研究埃及的学者同行，在埃及寻访古迹和古物。他甚至还劫掠过意大利和西班牙的古物，作为战利品带回法国，建立博物馆。拿破仑曾经有句名言传世，那就是"让学者和驴子走在中间"。在远征中重视对学者和驴子的保护，因为学者能认识古迹和古物，而驴子不但能驮武器和辎重，还能把珍贵文物带回法国。虽然他们在野外进行了各种调查和挖掘，但我们既不能承认拿破仑带领的博物学者是严格意义上的考古学家，更不能贴标签式地认定拿破仑就是考古学的领导者。否则，非但笑话闹得过大，甚至还闹成了江湖八卦，也未可知。

再看中国，19世纪末和20世纪初，曾有过三次文物大发现，一次是1899年，比较流行的一说是，相当于今天教育部最高官员的国子监祭酒王懿荣，在一味叫作龙骨的中药材上发现了镌刻的文字，继而确认了甲骨文；一次是1900年，敦煌道士王圆箓发现"藏经洞"，洞内藏有写经、文书和文物4万多件，后来遭到英国人斯坦因、法国人伯希和等一批又一批外国人，乃至中国不少官吏的劫掠；还有一次是在1901年前后开始的被王国维称为自汉以来中国学问上最大发现之一的"西域各处之汉晋木简"，即著名的敦煌汉简、居延汉简以及楼兰、尼雅等地汉简的发现。以上这些轰动世界的文物发现，都离不开田野工作，但如果哪位说这些都是考古发现，进而推言这些人都可荣列考古学家之位了，恐怕稍有点考古常识的人都不会答应。其实，中国的考古学是从国外引进的。一般业界认可的标志，是1921年瑞典人安特生对河南渑池县仰韶村的正式考古发掘。换言之，那些带有劫掠、探险、寻宝目的的行为以及取得资料的手法，最多只能说是文物发现而已，都不能和后来考古学的研究目标与科学方法相提并论。

文物发现与考古发现的性质不同，方法有别，目的迥异，喜欢考古和以考古为职业是两码事，不能随便放在一个锅里煮。这要展开来说，起码涉及两步解法。

第一步，是看平时的工作是不是多在野外，说白了也就是是不是以发现遗存为主要职业目标。活忙的时候，一年到头在城里待不了儿大，虽不至于像大禹治水"劳身焦思，居外十三年""三过家门而不入"，但到了年根儿底下才回家，过了正月十五又下工地，都是常事，乃至常态。像我有个大学同窗叫魏坚的，据说年轻时都是在内蒙古的考古工地上，一干就是300天朝上，而且还兴致勃勃，乐此不疲，来劲得很。我虽然不知道他这种"大风起兮云飞扬，威加海内兮归故乡"的考古汉子在工地上是如何度过每一天的，倒是真佩服他太太是怎么拉扯孩子而又保留他户籍的。开句玩笑话，像他这种人早就该被起诉，判他个考古犯，每年在家关押三个月再放出来，才算对得起家人。考古工作要连年累月，也就意味着

壹　考古之人

背井离家。不知何时起，这首顺口溜就在考古圈子里流传着："嫁人不嫁考古郎，一年四季守空房，有朝一日回家来，带回一堆臭衣裳。"一届传一届，一辈传一辈，离校时，好涂鸦的毕业生就信手把它题壁在寝室墙上，成为离校风景。家人们也经常把它调侃式地写进两地书，有位考古太太就曾揶揄自己丈夫的职业道："远看像挖土的，近看是挖墓的，原来是考古的。"考古是与家人别离，却又和古人相聚的生活。吉林大学有一位年轻的70后考古老师叫方启，他不无感慨地透露过些许类似的经历。他说，考古人"最难受的是对家人的愧疚——笔者结婚1个月就出差田野调查，媳妇每次打电话都说挺好挺好的，突然有一天就放声大哭。她笑言：嫁一个考古人就要学会坚强。这样的经历在考古圈中是家常便饭"。

第二步，就是看你会不会挖。所谓会不会挖，就是能不能按照考古行业的操作规程要求来把工地做好。做好的标准，不是看你挖到了什么，要紧的是看你怎么挖的，挖得科学不科学，专业不专业，行家不行家。有一次，全国召开各地考古成果汇报会，某个省的老兄一个劲儿地介绍他们挖了多少多少墓葬，墓里出土了什么什么器物，有多么多么珍贵。他兴高采烈地像个报流水账的账房先生。主持会议的夏鼐无奈叫停，批评道："这又不是献宝大会，你还是讲讲你们是怎么发现这些遗存的吧，发掘时遇到过什么问题，又是怎么解决这些问题的？"可见，在考古中发现了什么不是最重要的，怎么发现的、提取出多少信息才更为重要，知道了这一点极其重要，不知道这一点非常糟糕。用故宫博物院原院长、曾任中国考古学会理事长张忠培的话说，就是看在同样的面积或空间里，谁能挖到可供复原历史的信息最多。而不能只挑完整的器物，不要残片；也不能拣了残片，不要人骨；更不能拣了人骨，丢了动植物残骸，等等。一句话，凡是对复原古代人类生活及其生存环境有用的都要收集，都不能丢弃。否则"弃骨取器"，行业大忌；一通乱掘，只顾挖宝。专拣值钱的玩意掏，那就是破坏，那就是比盗墓贼还坏。我有个搞博物馆陈列设计的朋友，常常讽刺我："你们考古的，除了会挖，还会干什么？"他这话既叫人郁闷又叫人治愈，因为他道出了一个真谛，那就是：会挖，才是考古人的看家本事。

根据会不会挖和在野外考古的时长来定性一个人是不是考古学家,这在业内来说,是衡量一个考古学家起码的基本条件,按说有点过分,甚至过于教条,但却也无甚不妥,基本都还能接受。以这个话头,再来看郭沫若是不是符合这两项考古学家标准呢?根据郭沫若大事年表,记载他去野外考古工地的记录主要有三次:

第一次是1940年抗日战争期间,他在重庆嘉陵江北岸发掘延光四年汉墓。有资料显示,他的这次考古经历是以游览的形式考察或调查的,也未向管理机构报批。

第二次是20世纪50年代中后期,他力主发掘北京明十三陵中的定陵,还不止一次到过现场,但多是以看看为主,原则上没动手。

第三次是1968年他组织中国科学院考古研究所的考古专家发掘河北满城汉墓,他也到过现场,还指点过迷津,确定方位,使考古队员们找到了刘胜之妻"窦绾"的墓,发现了著名的"长信宫灯"等鎏金铜器。

如此等等,梳理再三,郭老一生到考古野外第一线工地的三次主要经历,已经一目了然:时间都很短,与其说是考察,还不如说是视察,实际上也就是去看看那些挖出来的文物,做些点评和指导,而不是亲自动手从事发掘文物和整理文物这两个最基本的考古工作。如果用上面两个标准来衡量郭沫若是不是考古学家,那显然不是。

要说发掘文物和整理文物,行家都知道,这是考古三个工作流程的之一和之二,还有一个流程是之三,那就是对发掘和整理出来的文物进行研究。这就

1959年郭沫若参观定陵地下宫殿

壹 考古之人

是说考古学家不能只是作而不述。换言之，光会挖，长年在野外，那考古学家又与技术工人何异呢？所以，考古学家不但得会挖，还得会思考，能研究，得有本事把挖到的东西说出个子丑寅卯、辰巳午未来，研究出个条条道道、区区块块来。这就是张忠培所说的考古学不但要有发现创新的本事，还要有研究创新的能耐。

说到研究出点条条道道、区区块块来，那郭沫若的强项就大了。郭沫若的那些大作，比如他20世纪30年代所作《两周金文辞大系考释》《殷契粹编》《卜辞通纂》等，再如70年代他主编的《甲骨文合集》，都是堪称创专业示范，领风气之先的甲骨、金文巨著，定鼎传世，无人能及。这些虽然不全是严格意义上的考古学专著，可我一直觉得它们堪称自宋代以来的金石学巅峰之作。

除了能研究，曾长期担任中国科学院院长的郭沫若对中国考古事业的关心和领导，也能名垂考古史。其中，最为人称道的就是他在20世纪70年代初期，提议恢复因"文革"而停刊的考古学三大权威刊物《考古学报》《文物》《考古》，并经周恩来总理批准同意施行，成为"文革"后最早复刊的学术刊物，功莫大焉。我作如是说，并非诳语。因为文物考古三大刊物的复刊，带动了停刊多年的全国科学技术类、哲学社科类的杂志纷纷复刊，文物考古为"科学技术是第一生产力"时代的科学春天的到来，作出了里程碑式的历史性贡献。俱往矣，冷门的考古，热场了时代，引领了潮流，留下了佳话。

可见，郭沫若能做的事情，考古学家未见得做得来，考古学家能做的事情，郭沫若也不一定干得了。照这么说，郭沫若到底是不是考古学家？还真的难解。这就像世上的许多事情一样，难解才需辩解，无解也是正解。

【题外话】

郭沫若是著名的"甲骨四堂"之一。

"甲骨四堂"源自复旦大学教授陈子展评价早期甲骨学家时写下的名句甲骨四堂，郭董罗王，这一概括已为学界所广泛接受，指对早期甲骨学作出开创性重大贡献的四位学者，因为他们的字号中都包含了"堂"字，故称。他们分别是郭沫若，字鼎堂；王国维，号观堂或礼堂；罗振玉，号雪堂；董作宾，字彦堂或雁堂。

唐兰曾评价他们的殷墟卜辞研究："自雪堂导夫先路，观堂继以考史，彦堂区其时代，鼎堂发其辞例，固已极一时之盛。"也有学者如许倬云认为"四堂"各有所长："罗雪堂是收集东西，认若干字，了不起；王观堂了不起，一点小线索能写一大篇文章来；郭鼎堂是在日本拿马克思主义来套出一个架构，这个架构在今天看来是不对的；董彦堂是真正掌握实际发掘出来的东西，而且从中间理出一个线索，可以驾驭这批材料，重建古史的功劳很大。"

考古人是最基层的知识分子

我在复旦大学考古选修课上经常对学生们讲，中国的知识分子当中，能与社会基层的农民兄弟直接打交道的，大概也就三类人：一类是医生，一类是老师，还有一类就是考古学家了。

有的看官一定不同意我的说法，会列举出农学家、植物学家、水产养殖专家、地质学家、建设社会主义新农村的房屋设计者、电视电话网络煤气道路村村通的技术人员等等来PK我，甚至还会抬出水稻之父袁隆平大佬来反驳我，说人家不也是一天到晚挽着裤腿子在农村摸爬滚打吗？！要这么说，就把我的意思，弄拧巴了。

因为袁隆平院士培植水稻可以在农科院的试验田里完成，未必直接与农民兄弟打交道。退一步说，即便推广水稻良种时，需要受过高等教育的县乡领导们号令乡镇，需要农技站里的技术人员们鼎力帮衬，此类领导或农业专家也是给农民兄弟带来福祉的。这就像医生为农民兄弟号脉打针，开方送药，干的都是祛病消灾的好事；就像地质学家找到了矿藏，不但能为当地脱贫致富作贡献，还能解决不少当地人的就业问题。所以，农学家们增产增收也好，乡村医生治病救人也罢，老师教书育人再罢，乃至地质学家找矿惠民，做的都是积福积德、天地良心的大好事。他们相互之间的关系，自然也就会融融洽洽，美美与共了。

可考古学家与农民兄弟打交道时的处境，就不可与上述医生、老师、农学家、地质学家乃至那一串什么什么家的同日而语了。考古学做的是什么？虽不说是来挖人家祖坟的，却是不免要在人家的地面上挖地三尺，刨人家的自留地，砍人家的经济林,这给农民兄弟带来的经济损失是明摆着的。殃及农民兄弟的切身利益,就难免发生直接冲突,民怨丛生,易结不易解了。本来嘛,考古学家下乡来之前,人家种地种得好好的,消消停停地过着老婆孩子热炕头的日子。你考古的一来,不仅要挖人家田地,还要住人家房子,用人家家具,上人家厕所,雇人家当民工出劳力,这都会搅乱人家原本平静悠闲的生活。双方自打交道伊始,首当其冲的都是矛盾关系,想回避也回避不了,想规避也规避不及,想躲避也躲避不掉。如此,农民兄弟给考古学家的,往往是笑脸不多,怒目不少。所以,说考古学家是中国最不讨喜的知识分子,一点都不过分;说考古学家是最基层的知识分子,也没贬低他们。

甚至在某种情况下,考古人与农民兄弟也没什么不同。像傅斯年1928年在中央研究院历史语言研究所考古组成立的时候,就说过一句名言:"上穷碧落下黄泉,动手动脚找东西。"我看不少考古人往往把它演绎为"脸朝黄土背朝天,动手动脚找东西。"如果这种略带点自嘲的"篡改"不算太出格,那考古人和农民兄弟的劳作方式也大差不差。换言之,既然考古人和农民兄弟的劳作方式差异性不大,最好学会入乡随俗,别再端着个"学者专家"的架子,居高临下,颐指气使,指哪打哪,瞅哪挖哪。俗话说,人在江湖漂,哪能不挨刀?身在矮檐下,何处不低头?说的就是这个硬道理。北大考古专业出身,后来成为著名作家的张承志就说过考古人与普通老百姓之间有一种特殊的血肉关系:"中国考古队员工作时难以想象的劳累和底层化,成全了从这个领域中培养出这种人的可能性。"所以在那么多的学科专业里,考古学家可能是知识分子中最会与农民兄弟打交道的一伙人,早练就了一身过硬的协调能力和融入功夫。

和农民兄弟讲大道理,说考古是为了国家抢救历史文化遗产,你们要舍小家,顾大家,要为国家作贡献云云,行不行呢?行的,但要看你怎么讲了。直接讲,我试过,门儿也没有。我曾经在一户农民兄弟的菜地里钻探,发现了东汉时期的两座大墓,那叫兴奋,可地主人就是不让挖。为什么不让挖呢?因为这菜再长一个月就能卖钱了,人家辛辛苦苦侍弄三个月小半年,你跑来讲这个大墓如何如何重要,怎么怎么有学术价值,说挖就给挖了,那怎么成?菜是我家种,地是我家租,管你什么学术不学术?!

怎么办呢?我就去搬村干部。村干部要我们按总产量和市场行情做赔偿。可人家还是不干,说考古队挖得深,把地表利于种植的熟土挖没了,生土翻上来,来年庄稼会减产,你得赔两季的产量。可是上面给我的赔偿经费里哪有这样的预算?咋整?继续做思想政治工作。怎么做?掏出《中华人民共和国文物保护法》来吓唬人家,没用;说我认识某某县长,跟某某乡长熟得很,拉大旗作虎皮,借光套磁吓唬人,也没用。怎么办?只能把他请到考古队,软磨硬泡,晓之以理,动之以情,兴许能有用一半;再摆上烟酒意思意思人家,表示出诚意和尊重,连拉带扯请到酒桌上,可能会管用另一半。

一开始,那农民兄弟心怀戒心,怕被软化,坚决不喝。我只好激他为策:"你看不起我?是不是?"

他退一步道:"哪个看不起你哟?!你是代表国家来滴。"

我见他明白事理,觉得有门。又道:"看得起我,咱哥俩先干一杯,我先干为敬!"言罢一口闷了。话说到这儿,他不好意思再不喝,也抿了一大口。于是我拍拍他肩膀,向他伸伸大拇指说他够意思,还夹菜给他,这就算没冷场,有转机。

酒喝开了,喝到一定份儿上,我开始加码,言归正传:"赔偿还是按一季赔你,老弟我干的也是国家的事儿,也不能让国家吃亏,你小家占便宜不是?"

他实际上挺通情达理的:"哪个说不是哟!"

我见他气顺点儿了,亮出为他着想的底牌:"你看这样好不好,考古队人多,要找地方住,你帮我点忙,给我腾出来两间房子,考古队就吃住在你家,给你房租费,这是第一。"

我这话有点出乎他的意料,他盯着我,我继续道:"你家菜地里的菜,考古队包一些,按市场价买了当伙食菜,这是第二。"

见我还有为他着想的攻略,他表情不免有些感动了。我连珠炮似的趁热打铁:"你媳妇愿意的话,就来给考古队的伙房当帮厨,不管刮风下雨,出工不出工,都给她按全勤算出工费。"

看我如此诚意满满的"三把火",他不好意思起来,彻底被"招安"。但见他已主动端起杯中酒:"行啦行啦,高教授你是个好人!你们想咋个挖,那就咋个挖吧!"

我也一口干了,对周边考古队员们吼了一嗓子:"明天开工!"

初来乍到乡下,靠杯觥交错,软硬兼施,再辅以诚恳相待,才能办妥考古开工的事,是考古队没有办法的办法,说起来并不是一个科学管理的好法子。可经验告诉我们,一个考古队长用在这类交际上的时间,不说占到项目工期的一半,那怎么也得三分之一以上。这还算好的,要是放到兵荒马乱的年代,不用掉你一半时间应对各种突发的或常规的闲杂事等,那就不算一个合格的考古队长。

世界著名的考古史专家格林·丹尼尔(Glyn Daniel)在他那本名著《考古学一百五十年》里说过,当年安阳殷墟的考古发掘,只有百分之四十的时间用到了发掘里,而百分之六十的时间,是用在了防劫匪和保证工作的顺利进行上,还不得不动用了武装护卫、士兵保驾等各种与考古既不搭边,却又不能没有的法子。

有一次,时任陕西省文物考古研究院张建林副院长来复旦大学开坛设讲,介绍他带队做唐代帝王陵墓考古调查的发现和研究成果。这叫我想起来曾有记者在2009年对他这个项目做过的一次采访,采访中说他是第一个跑遍十八个唐代帝王陵墓的考古学家,不但"已经习惯了登上半山腰汗透衣襟、一停下又浑身冰冷的感觉",而且还说"他穿过深沟趴在山坡上丈量石条尺寸,像个地质学家"。

这样的描述,其实说的还是考古的正事,而他自己却还不乏这样的感慨:"这个村的地,你只能用本村的农民帮忙,其他村的人干不成。业务骨干70%的精力用在了与农民打交道上,有30%的精力用在业务上都是好的。"不过他也表示理解:"只要不违背原则,能赔偿的我们尽量赔偿。"

这类看似考古以外的事情,说起来不只中国,还是世界性的问题,只是在中国比较突出一点罢了。美国的考古教科书上说:"今天的考古学家必须是理论科学家、方法论者、技术人员和管理者。"看来老美那边也是要身兼四职,手把多能才行，单打一只埋头书房做学问那种"沙发考古"不是不行，但不是全活，一旦涉及具体的管理层面，恐怕就玩不转了。管理者的角色，用老美的话说，就是"通常从获取经费并对经费进行预算开始。为了高效地开展考古研究，考古学家必须成为一个总管，以保证项目的所有工作都能如期进行。"

20世纪50年代后期，中国第一次正式考古发掘帝王陵墓——明代定陵时，考古队队长赵其昌曾详细记下了他在打开地宫大门之前，所购置的各种考古物品的种类和数量：

> 蜡烛10箱、木箱50个、马灯10只、铁勺子10个、矿井安全帽60个、木丝100斤、防毒面具10副、白丝线2轴、胶皮手套5副、双股麻绳2斤、工作服5套、铁丝4斤、照相暗室1间、二寸木螺丝钉2盒、放大机1台、油布10尺、福尔马林2磅、绵纸5刀、卫生酒精10斤、牛皮纸20张、脱脂棉5斤、粉连纸2刀、纱布20尺、大绘图板1个、卫生球5斤、厚玻璃板3块、滑石粉2袋、玻璃胶带15根、水玻璃一磅、油泥5斤。

上面不厌其烦罗列出来的清单，并不是说中国发掘第一座皇陵时的条件如何艰苦，而是举例为证：想当好一位考古学家，要具备学术以外的，包括行政工作能力在内的各种道行。吉林大学教授冯恩学编写的中国《田野考古学》教材中，对田野考古学家应该具备的本领，提出了十多条要求：

> 要有一个健康的体质；要有对科学认真负责的事业心；必须掌握田野考古的基本理论和工作方法；熟悉考古学已有的研究成果；有较广的知识面；掌握一定的绘图、照相、测量技术；要有一定的办事能力；要有一定组织能力；要眼勤、腿勤、手勤、脑勤、口勤；要爱护文物；遵守文物法的职业道德。

所以我在复旦大学教学生考古实习的期望是"阶梯式"的：本科生最好能管

好自己发掘作业面的那个"探方",与自己探方里的民工协调好关系,当然也有与老师相处的门道;硕士生则要带好本科生师弟师妹,管好多个探方组成的一片发掘区,并协调好相邻探方的各种关系,还要参加来访师友、检查工地领导们的开会和饭局,从中获得锻炼;而博士生则要在上述基础上,最重要的是学会管理好整个工地,在队长或老师不在的情况下,能独当一面地保证一个考古工地正常开展工作,发掘整理要科学,后勤管理要给力。

说正常开展工作容易,可做起来诸事繁杂。考古队身在乡村,那就等于是这个村的临时居民。不搞好与基层派出所的关系,不拜过"码头"都是不行的。譬如有一次派出所的同志就和我较上了真,非要我去乡里报上所有考古队员的临时户口,否则就算违规,就叫你停工。没招了,只好就范,乖乖按人家的章程行过江湖大礼,方才放我一马,并因此交上了朋友。你别说这样的朋友后来还真就发挥了关键作用,挖出大墓的保护工作就承蒙他们保护了,还吓跑了几个疑似盗墓贼的文物贩子,震慑了三天两头在考古工地周围晃来晃去的陌生人。

上面这样的桥段,其实还不是直接与老乡的利益发生矛盾的。考古人最棘手的是遇到那些与老乡面对面产生的利害冲突。考古圈里就流传过这样一个段子,只是不记得事情发生在哪家考古队、原创者是哪位了:

话说有一天,考古队驱车路过一个村头。司机见路上人少车稀,就把车速放得挺快。可就在这时,路旁猛地蹿出一条黑狗。还没等到眼疾手快的司机急刹车,那黑狗已被轧倒在车轮下,嗷地一声,一命呜呼。这下可坏了,村里的人围拢上来不少。黑狗的主人也赶了过来,非要考古队赔钱不可,否则不能走人。考古队自知理亏,一边道歉一边问价,黑狗的主人怒气冲天,张嘴就要三千。

考古队的人一听喊价,就知道这是得理不饶人,狮子大开口了。可在人家的地盘上,又不敢动怒,只能边赔不是,边递小话。老乡们在一旁也七嚷八议六掺和,帮腔的帮腔,唱和的唱和,最后双方协商到赔五百元钱了事。

考古队的人想,五百元当一次冤大头,只能认了,花钱免灾,息事宁人,没惹出其他的麻烦来,已属侥幸。再说那狗也能带回驻地,改善改善伙食。于是,就准备收起那条狗走人。不料狗主人却放话出来:"你们不能带走俺家的狗!"

考古队大惑不解:"咋不能带走?不是赔钱给你了吗?!"狗主人道:"赔钱是赔钱,带狗是带狗,咋能是一码事?""我们赔了钱,狗就买下来啊!"考古队据理力争。

可狗主人"魔高一丈":"你们轧死了狗是小事,假如你们轧死了我,怎么着?也要把我带走不成?!"考古队一下子被这话噎住,全都傻了眼。结果,在老乡们一片噢喔哟的哄笑中,考古队只好灰溜溜地走人。

其实这种开车轧狗的事,人家老乡还真算给了考古队的面子,没把事情闹大。我还听说过真轧到人的事,不过不是考古队惹祸,而是考古队雇一位老乡给伙房买菜,不料在买菜途中被乡下跑的那种长途汽车给撞了,大腿骨折。这怎么说也得算"工伤",再怎么麻烦也得讲人道。住院几个月,护工费医疗费损失费自不必说,还要吸取教训,安全考古,搞好与老乡的和谐关系。

考古队与社会基层的农民兄弟一天到晚地打交道,遇到过不少上面各类难做工作的情况,可得到帮助的时候也是不少。有一年,在三峡万州的武陵镇考古,复旦考古队住在一个当地人叫作三哥的人家里,三哥个子不高,头发微卷,肤色是日头烤出的铜褐。他总是帮考古队忙这忙那,忙上忙下,有时上工和下工还要用他的小船接送。

三哥的木船小巧,舱外是蓝白相间的色带,浮在水里很精干,与人颇是相称。三哥是个闲野的人,平时多是嬉笑,还会唱很多带色的小调。只是一站在船尾,把着轮舵时,就显出大将的气势来,脸上凝聚着保护一船人性命的那番重任。

大船过时,带起的波浪会让这小木船晃得厉害,舱里人一开始都颇为紧张。三哥沉着得很:"莫怕,坐稳了!"他熄了发动机,让船身转过去与浪的方向垂直,立时晃动小了许多。不一会儿,船又安静下来。大家的心也放下了。此时,三哥的脸上露出笑来,缓缓说道:"浪来时千万莫慌,不能逞能顶着浪上,这水呐也有脾性,摸透就好了。"

渐渐地,三哥的小船坐出了大家一路的安心。

三哥的工作很踏实,接人送客总是准时而热情。同学病了赶着帮忙叫医生,钱也不大计较,考古队与村民起了纠纷也不偏私,队里上下都很认他,有事多找他商量,最后走时把考古队的一干家当都托付给了他保管,那是对船家人的诚与信。

考古队完工撤点的那天,三哥驾船送我们去镇上赶大船。那天的船很稳当,那天的三哥有些沉默。到了码头,他抢着帮我们把行李提上岸,只说了句:"明年还坐我的船"。就掉头上船走了。

看着三哥那艘蓝白相间的小船轻稳地远去,船与人渐渐地合二为一,在山水间形神交融,翩跹浮游,活泛了那静山默水的沉寂,演绎出这巴蜀考古的乡情。

【题外话】

国家文物局原局长单霁翔曾说起文物保护与惠民之间的关系。他是这样讲的:"今天文化遗产跟民众的现实生活日益紧密,只有文化遗产保护成果惠及民众,民众才会衷心地拥护文化遗产保护,才会积极参与文化遗产保护,文化遗产才能有尊严……否则就是一个怪圈,文化遗产没有尊严,它成为城市经济社会发展的绊脚石,人民群众不是受益,而是受害,那么就不会重视文化遗产,文化遗产就会不断被蚕食、被破坏,就更加没有尊严。"

虽然单局长说的文物保护和田野考古不完全是一码事,但田野考古与农民兄弟之间的关系却大体相近,理儿都是一个理儿。读者诸君你说呢?

两张旧照片　三代考古人

历史有不少巧合，考古不免俗，也跟着巧合。历史巧合和考古巧合结合起来，无独有偶，成双配对，那就成了相合，成了好合，成了和合。下面两张合影照片及其照片里的考古人，就是这样。

第一张照片，是1988年我们同在张忠培师门下的四个研究生毕业答辩后，在忠培师工作的故宫博物院院长办公室月亮门前，与苏秉琦先生的合影。苏先生是

与苏秉琦先生等在故宫合影

我们的答辩委员会主席，是忠培师20世纪50年代攻读当时中国学习苏联学位制度的最高学位副博士（相当于今天的硕士）的指导老师。

师哥居中，乔梁老大，立左；我二，立右；关强老幺，立左；赵宾福行三，立在比较二的我旁边。忆得当时，我们荣幸得只有绷着的份儿，心喜又不敢露齿。大师哥乔梁有点翘唇，算得从容；两位师弟也正常，干练地挽着袖口，像保镖；我最二，腿抖，心悸，像哭。1988年夏天，这个在我们哥四个的事业生命里具有里程碑意义的年份，就这样，转瞬就过去了。

10年后的1997年，师爷以88岁高龄与世长辞。噩耗传来，我作为再传弟子和曾直接受业于师爷门下的同仁们，一起发去了一份唁电，后被收录到宿白先生主编的《苏秉琦先生纪念集》中。我现在还收藏着当时治丧委员会发来的讣告原件以及我们所发唁电的草稿。那讣告的原件上是这样写的：

> 我国著名考古学家，新中国考古学的指导者、奠基者、考古教育的主要创办者之一，中国考古学会理事长，国家文物委员会委员，北京大学教授，中国社会科学院考古研究所研究员苏秉琦先生，因病医治无效，于1997年6月30日1时30分在北京逝世，享年88岁。
>
> 苏秉琦先生毕生从事考古学研究，取得许多具有开拓意义的学术成就，为我国考古工作和研究工作水平的普遍提高，为考古学体系的进一步完善与充实，以及对考古人才的培养等，都作出了非常突出的贡献。他的逝世，是我国考古学界难以弥补的重大损失。

那唁电的草稿上这样写着："惊悉恩师苏先生仙逝，万分悲痛，任何语言都无法表达我们的哀悼与怀念。一代宗师遽归道山，恩泽长存；门生弟子遍布全国，薪火永传。谨以心香一瓣遥祭恩师，并向苏先生的亲属转致慰问，万望节哀。"除了能发去一份唁电，我作为再传弟子，还能拿什么祭奠您，我的师爷！

白驹过隙，时光转瞬，又10年过去了。到了2007年，这是我们哥四个蒙泽师爷做答辩委员会主席毕业20年的一个值得纪念的整年份。20年里，我们的师爷已乘鹤仙逝，导师也年逾古稀，我们都年届天命。20年间，我们哥四个天南海北，乔梁和关强在北京都做大了，一个成了国家文物局所属中国文化遗产研究院的专家，一个当上了国家文物局的司长。赵宾福在吉林大学，也做到了文学院的副院长以及吉林省的一串串什么什么头衔；而我还是二，只混成了一个国际排名不太靠前、考古排名更不上数的复旦大学教书匠，顶没出息，也最不提气，成了衬托他们三朵红花的一片绿叶。

20年间，我们哥四个几乎从没同时聚在一起过。因为上海和复旦这边考古的事少，他们想带我玩，可我已经废了武功，不会玩了。2007年我被派到中央党校学习，专门从长春喊来赵宾福，我们四个也终于聚首北京，以谢师之名，共志毕业20周年。聚首就得好好撮一顿，老乔张罗了内蒙古宾馆的餐厅，接了忠培师来开席。席间酒酣，与先生又合影一张。

后来，赵宾福来电话告诉我，他们吉大的教授每人都分到了自己独立的办公室，他想把这两张有纪念意义又能参照对比的照片冲洗后挂起来，问我还记不记

与张忠培先生在北京合影

得当年硕士毕业答辩时与师爷合影是哪一天？因为2007年与师父拍摄的照片上有具体日子的数字，那是我的相机拍的，有这个功能，而二十年前的日期我却想不起来了。我点赞他挂照片的创意，说那你多冲印一套，我也山寨你的办法挂到办公室去。

赵宾福眼睛不大但是挺贼，实际上也是他比我用心之故。他神秘又兴奋地说："二师兄，你发没发现？历史惊人的巧合重演呢！"

我："？？？"

他激动地说："咱们哥四个的站位与20年前居然一模一样，只是苏先生换成了张先生。"

我一看："可不是咋的！"

世易时移，照片上哥几个的站位结构没有变，实在是巧合中的巧合。20年后的我们不再绷着，笑容满面，仿佛都已经成了"腕儿"的样子。忠培师不必说，一脸满意的神情，只是头发花白了。那天，我们哥几个都喝多了。翌日听说，关强回家上楼居然开的是别人家的门，钥匙怎么捅咕也捅咕不开……

其实，小鬼毕竟是小鬼，我们哥四个站位巧合之类的再怎么重演，比起忠培师和苏秉琦师爷那种带有历史大气象的人生巧合来，简直不值一提，可以休矣。下面，我们就回首一下他们的来时路吧——

125年前的1901年，梁启超准备撰写一部新的中国史，他在《清议报》上发表了不足一万字的《中国史叙论》一文，文中列出了"有史以前之时代"一节，并介绍了汤姆逊（Christian Jurgensen Thomsen）的史前三期说，第一次借用近代西方考古学的概念，为中国史前史进行了分期。说起来，梁启超当年倡导的史前史写作是极具国际视野和学科前沿的，这用我们当下的话来说，就是既对标世界发达国家治史方法，又对标西方考古这个新兴学科。作为中国近代最早了解西方考古学的主要学者之一，梁启超说："欧洲考古学会专派人发掘地中遗物，于是有史以前之古物学。"因此他提出："以此学说为比例，以考中国有史前之史，绝不为过。"甚至他还认为中国也应该有石器时代，只是"在下之层石，未经发现"而已。在当时西方考古学尚未传入中国的情况下，梁启超的这个洞见极具前瞻性，但遗憾的是，梁启超并没有在这篇发文之后撰写出一部新的中国史出来。这件事的里程碑意义在于，年方28岁的梁启超，提出了一个对后来产生了百年影响的全新主张：重新撰写中国国史。

然而，自此在接下来的20世纪里，撰写国史便成为史学家和考古学家们的学术追求和事业方向之一，乃至复原历史还成为历史学科和考古学科共同追求的主要学科目标。梁启超也绝不会想到，他设想的中国史前史，被后来一位叫作苏秉琦的考古学家集大成地完成了。

那是1994年，恰好是苏秉琦从事考古六十年整，他带学生张忠培和严文明共同完成出版了他主编的《中国通史·远古时代》一书，实现了梁启超想用考古材料撰写一部中国史前史的梦想。这一年，他已出版10年的《苏秉琦考古学论述选集》获得了首届国家图书奖。后来担任中国文化遗产研究院总工的曹兵武不无感慨地评述道："考古学是一门冷静、孤僻的学科。因此，作为中国考古学界泰斗的苏秉琦先生，当然也就鲜有其他学术大师的那种轰动效应。但是，当《苏秉琦考古学论述选集》竟然与巴金、钱钟书等寥寥几位文化巨人的著作荣膺首届'中国国家图书奖'，与从新时期十余年芸芸无边的浩繁卷帙中挑选出来的不多几本知识顶峰比肩而立时，这已经不只是一位老人个人的荣耀，也是一门古老学科在一个古老国度里并不寂寞的表现。"

苏秉琦1909年出生于河北高阳，而就在他1934年大学毕业离开学校，正式投身考古工作的这一年，湖南长沙诞生了"培伢子"，就是后来成为他的学生的张忠培。2008年，曾任中国考古学会理事长的苏秉琦诞辰百年之际，张忠培又荣膺为新一届中国考古学会理事长。他当年主持答辩时的徒孙关强，被增补为学会的副秘书长，乔梁成为常务理事，我尾随其后，也忝列为理事。

说起来，我这个徒孙在2008年和2015年，还真有幸参与做了两件纪念师爷的正事，一件是为师爷塑像，一件是助力给师爷出书。

给师爷塑像，那是在浙江良渚博物院做学术总监搞展览策划时，为师爷设计了一尊大型的红铜雕像。如果我没记错的话,这大概是师爷第一次被雕塑成像,我兴奋而又积极地全身心投入,自不待言。为了雕好这尊铜像,我与良渚遗址管委会的张炳火主任、吴立炜副主任和文化遗产局蒋卫东局长、良渚古城的发现者刘斌、良渚博物院筹建负责人郭青玲等一起商议,还反复讨论了几个原则:第一,雕像要与良渚文化的学术发现史结合在一起;第二,取义于1977年苏秉琦在考察良渚莫角山遗址时,坐在遗址上与陪同者严文明和牟永抗等先生那段著名的对话,简而言之,就是他道出的那句名言:"这里就是古杭州!"这个创意原则,后来还专门在论证会上征求了忠培师以及李伊萍、杨晶诸学友的意见,才最后定稿。后来,由蒋卫东请来中国美院著名的雕塑大师叶老先生亲自操刀,从小样到大样,几易其稿。到最后一次现场定稿时,我作为众多人中唯一见过师爷的人,觉得基本达到了神形兼备的苏公形象,一音定稿,这才算完成了作为徒孙当年发唁电时,留藏在心里的一个夙愿。

助力给师爷出书的事,是2013年在忠培师家接到的任务。忠培师对我说,师爷的长子苏恺之正在撰写《我的父亲苏秉琦》一书,但他是物理学出身,不太懂

与苏秉琦雕像合影

壹 考古之人 023

考古学，担心写不出师爷的考古人生，希望忠培师推荐人帮着把考古关。忠培师建议赵宾福和我来分别带着学生助力这件事。那时候，我正在给忠培师做《中国考古学：走出自己的路》《中国考古学：说出自己的话》《中国考古学：尽到自己的心》三本书，并编撰《张忠培先生六十年学术论著要目》，经常往返于京沪两地，于是就见到了苏恺之先生，还陪他去三联书店见了我大学同窗、时任该社总编辑的翟德芳和曹明明编辑。自此，面晤商议，书信往复，字斟句酌，经年有二。我印象最深的是后来书中的近百幅照片，都是苏恺之先生传给我后，我在电脑上一点一点去除污渍、一笔一笔修复裂痕。修复的过程，如同领略师爷一生的影像实录，如沐师爷考古人生的绰绰风采，毕而恭之，敬以仰之，感以慨之，纪以念之。

其实，上面简略叙述的虽然是包括我在内的我们哥四个受业于忠培师门内，而忠培师又受业于苏门所发生过的几个小片段，但这里面映射出来的，却是中国考古学自1921年诞生以来三代考古人的一个缩影。而追溯历史长河，在我们师爷之前，中国考古学草创之初的那些先驱和经典一幕幕走来：堪称我们太祖的徐旭生师尊，是国立北平研究院史学研究会考古组的第一任主任，是我们师爷大学毕业后开始工作的第一任领导者，师爷对徐先生是"毕生恭谨执弟子之礼。"再往前，当中国人还不知道考古学为何物的1900年前后，章太炎和梁启超分别向国人介绍了早已诞生于西方的考古学思想和理念，初步提出了地下考古发现与历史研究之间的重要关系。

凡此种种，可知中国考古学的正式诞生，虽然一般被认定为1921年瑞典人安特生在河南仰韶村的开创性考古发掘，但实际上，考古学概念和思想传入中国，无不有章、梁二位先贤的先驱之功和先见之明。因此，说中国考古学到了我们这一辈已有了三代人的传承不假，但说这三代人之前还有先贤们的筚路蓝缕和传播弘扬，也不会有太多的人提出异议。

而今，时代早已进入了21世纪，当我们回过头来历数历史学家和考古学家等前辈们的筚路蓝缕、继往开来之路，看到的是那一部部对中国人史观影响至深的国史著作，其中像我们耳熟能详的就有钱穆的《国史大纲》、范文澜的《中国通史简编》、翦伯赞的《中国史纲要》等。而作为20世纪末出版的国史封神之作，则属于白寿彝总主编的12卷22册1400万字的皇皇巨著《中国通史》。

这套由上海人民出版社出版的"积一代之智慧"的堪称20世纪最大的史学工程之一，由22位分卷主编、近500人共同撰写，是有史以来参与编纂人数最多、规模最大的中国通史，自1989年出版第一卷起，历时十年，到1999年全部出齐。

就这样，梁启超从1901年提出但却无法实现的一个执念，即既要用纸本文献撰写国史，又要用考古资料来撰写史前史的夙愿，在迭代赓续的几代人手中传递接力，于1999年达成了愿景，结出了硕果，修成了正果——《中国通史》第二卷《远古时代》。说到该卷，就不能不提到其主编者，那就是白寿彝的同龄老友、考古巨擘、我们的师爷苏秉琦了。

苏秉琦出生于梁启超提出撰写国史倡议之后的1909年，他1934年毕业于北京师范大学，随后就在陕西宝鸡斗鸡台以"陕西考古第一铲"的方式，拉开了陕西考古历史的大幕。1952年他在中国科学院考古研究所工作的同时，又主持创办了北京大学考古专业，并担任了30年教研室主任，桃李天下，德高望重，后荣任中国考古学会理事长，是中国考古事业的开创性人物和重要领航者，当然也是复原国史的考古先驱者。

复原国史需要两种史料，如果说历史学家是通过研究纸本文献史料来复原历史，那么考古学家就是通过发掘实物史料来复原历史，特别是复原梁启超希冀的几乎没有历史文献记载的史前史。早在1947年，已参加多年考古工作的苏秉琦就表达了他用实物史料来复原中国古史的愿望："将来必有一天，我们可能根据丰富可靠的地下遗物、遗迹和考古学的成就，来描述中华民族的史前文化。"半个世纪之后，梁启超早年提出的通过实物史料"以考中国有史前之史"的中国考古学，已经取得了大量成果，苏秉琦当年憧憬的用考古史料重建中国古史的条件，应当说也已经基本成熟了。

于是，《中国通史》总主编白寿彝特邀老友苏秉琦担任第二卷《远古时代》主编。就这样，苏秉琦带领着也已经是著名考古学家的张忠培、严文明等弟子，多次讨论编纂设想，形成提纲，分头撰写。到1994年，他们终于完成了这部运用新史料、开创新方法、拓展新路径、结出新硕果的"考古写史第一书"。是年，距梁启超提出撰写中国史前史，已过去了近百年，距司马迁著成"史家之绝唱"的《史记》，已过去了二千余载。

考古无法改变历史，但可以复原古史，续写国史，带领我们走近远古祖先开天辟地、筚路蓝缕的史前时代。白寿彝曾在《远古时代》卷的题记中这样写道："本卷的完成，在极大程度上概括了远古时代考古学研究尤其是他们本人的研究成果，他们坚持实事求是，认真地从考古学文化入手，理清了中国史前民族、文化及社会的发展脉络。这在以往的通史撰述中是没有前例的。"

白老的评介后来得到印证，该书出版后颇受读者欢迎，成书至今，即便新世纪的考古学发现硕果累累，但仍未动摇该书的基本框架和观点。到了2010年，上海人民出版社为飨读者，还更名为《中国远古时代》，单独出版，发行量超过了10万册。

这本书的腰封上是这么题记的："历史，从这里读起——全景展现中国远古历史，探寻中华文明源头——典范之作。""重建中国古史的远古时代是当代考古学者的重大使命——考古学一代宗师苏秉琦。"

这本书的封底是这么介绍的：随着考古学的发展，复原远古历史成为可能，并越来越受到人们的关注。本书从考古学文化入手，对中国史前历史做了全面而系统的梳理，是一部由权威考古学家撰写的详实可信的"远古通史"。

这本书的后记里是这么记录的：主编是第一代考古大师苏秉琦，著者是第二代考古大家张忠培、严文明，参加初稿起草和绘制插图的学人们，都是我们哥兄弟四人一辈的第三代考古人。如果可以说句大言不惭的话：我们哥兄弟四人虽未参与其中，但有幸同代，见证历史，追随师业，忝列师门，也算与有荣焉了。

传承，是这个时代的主题之一。师承，更是考古行业的不二法门。这就像师爷做过、说过的那样："我从事考古六十年，圆了梦，自己感到幸福。我有那么多的学生，他们有了出色贡献，所以我是富足而幸福的。……我的学生分布各地，这才是最大的文章，他们的成果汇集起来重新谱写中国的历史，那才是最厚最好的著作。"

【题外话】

中国考古学已经走过了100年历程，第一代考古先辈以李济、裴文中、夏鼐、贾兰坡、梁思永、苏秉琦、宿白等位列《中国大百科全书考古卷》名单的约20位先驱为主要代表；第二代以邹衡、俞伟超、张忠培、严文明、黄景略等20世纪50年代开始从业的诸先生为主要代表；第三代是20世纪70年代中后期开始从学就业的考古人，时称"中生代"；而今的"90后"，可谓第四代考古人，也就是俗称的"新生代"。

可见，和娱乐圈的那种唱唱跳跳，三五年一波，多是昙花一现的现象相比。考古界是20年一代人，代代传承，属紫檀木，像长青藤。但不少学考古的本科学生现在不太注重师承了，他们在学四年，甚至说不出本系教过他们的老师的师承，也不太了解这些老师出身的校堂，更不太知道他们有哪些论著并且有哪些经典观点和创见。

问题是，这好像还不只是考古界的现状了。

苏秉琦的得意之作

中国考古学会前理事长、北京大学考古专业创始人苏秉琦是中国考古学的泰斗。他生前引领中国考古学半个多世纪，身后考古事业的洪流中仍然流淌着他的生命。他生前创建学科，著作等身，用考古发现的科学成果写出了第一部复原中国史前历史的《中国远古时代》，填补了自司马迁写作《史记》二千年以来中国原始社会历史的空白，我尊之为"考古写史第一书"。

苏先生的论著，我大致数过，只在百篇之上，不在百篇之下。其中，不但有科学论证性的，还有学科引领性的，更有考古科普性的。换言之，在苏先生穷其一生身体力行，致力于普及考古的公众考古事业中，我还知道，他自己相当得意，认为具有典型意义的一篇文章，是刊登在非考古专业刊物1987年第9期《中国建设》上的《华人·龙的传人·中国人——考古寻根记》一文。我掐指算了一下，那一年，他已78岁高龄。这篇文章用苏先生自己的话说，全文不过两千字，图文并茂，通俗易懂，达到了大众化、科学化的范文标准。

这篇文章的影响之大，有二事可证：先是发表之后，很快就被同年的《新华文摘》第11期转载；翌年，又被选为1988年全国高考入学考试语文阅读理解题。可以想象一下，在那年的炎炎夏季，竟有200多万莘莘学子在阅读同一篇考古文章，对深远博大的中国传统文化与中华民族的历史进行了思考，这恐怕是世界考古史上从没有过的一个奇迹！《光明日报》1988年8月17日有专文分析说，之所以选择这样一篇考古文章作为高考题，原因在于它内容的科学性，语言的准确性和阐述的逻辑性。这样的评价，与其说是对苏秉琦这篇文章的褒扬，毋宁说是对这篇文章所代表的中国考古学所追求的科学化与大众化这样两个最重要的方向的认可。

到了1994年,《华人·龙的传人·中国人——考古寻根记》还以题为辑,收录了此前十年里苏秉琦的60篇文章,以纪念他投身考古工作六十年。在该书的序言《六十年圆一梦》中,他用充满感情的语句说:"梦是幻想,梦想成为现实,是偶然的事,梦能圆,叫作'圆梦',我的梦真的圆了。这可非同小可,这是一代人、几代人的大事哟!不能等闲视之,应大书一笔。这梦是啥呢?"

> 一、考古是人民的事业,不是少数专业工作者的事业。人少了成不了大气候。我们的任务正是要做好这项把少数变为多数的转化工作。
>
> 二、考古是科学,真正的科学需要的是"其大无外,其小无内"。是大学问,不是小常识。没有广大人民群众的参加也不成,科学化和公众化是这门学科发展的需要。

从这里我们不难看到,当苏秉琦把他一生的考古梦总结为两条后,这两条中又无不提到了考古学的科学化特别是公众化。所以他说:"我们考古学是大众的事业,总归要还给大众些什么,这是行业的本分。"从这里我们不难看到,作为人民事业的考古学在他学科思想体系中的重要地位,才是导致他如此看重《华人·龙的传人·中国人——考古寻根记》这篇文章的缘由。那么,这篇考古文章变成语文题,出现在考卷中,是什么样态呢?我把它转录于下:

2. 阅读下文,读后回答问题。(15分)

□□□?□□□?经过了半个多世纪的努力,我国的考古学者对于这两个问题总算找到了解答的钥匙。

中国古文化有两个重要的区系:一个是源于渭河流域的仰韶文化,一个是源于大凌河流域的红山文化。它们形成、出现的时间距今约有六七千年，都是从自己的祖先衍生或裂变出来的，都有自己的"根"，也都有自己的标志。仰韶文化的一种标志是玫瑰花（枝、叶、蕾和花或仅花冠），而红山文化的一种标志是龙或仅仅是龙鳞。

花（华）和龙最早分别出现在距今六七千年的华山脚下和燕山之北，其"根"的生长期则可追溯到七八千年以前。二者出现的时间相近，条件相似。这样的事实意味着东亚大陆上已经出现了文明的曙光。

华山脚下的玫瑰与燕山以北的龙在桑乾河上游（河北、山西北部）对接。二者真正结合到一起的证据是在大凌河上游的凌源、建平、喀左（辽宁西部）发现的。近年来那里发现了红山文化后期的祭坛、女神庙和积石群，其中有玉雕猪龙、玉雕玫瑰、玫瑰图案彩陶筒座和彩陶盆，这些距今不晚于五千年。玉雕猪龙放在男性墓主人身上，玫瑰图案彩陶筒座和彩陶盆配置在积石四周——以龙和花（华）为象征的两个不同文化传统结合成了共同体，迸发出文明的"火花"。

距今四五千年，以晋南襄汾为中心的"陶寺"遗址所代表的古文化，人们已经使用大石磬与鳄鱼皮鼓随葬，这反映出社会发展到了比红山文化更高的阶段。他们使用具有明显特征的器物群，包括源于仰韶文化的小口尖底的斝（jiǎ），也包括源于红山文化的朱绘龙纹陶盘，还包括长江下游太湖地区良渚文化的一种"⌐"形石推刀。这反映出他们的文化面貌已具有从燕山以北到长江以南广大地域的综合体性质。

史书记载，夏代以前有尧舜禹，他们的活动中心在晋南一带。"中国"一词的出现也正在此时，所以史称舜即位要"之（到）中国"。后人解释说："帝王所都为中，故曰中国。"由此可见，"中国"一词最初指的是晋南一块地方，即"帝王所都"。而中原仰韶文化的花（华）和北方红山文化的龙，甚至江南的古文化都相聚于此，这倒很像车辐聚于车毂，而不像光、热等向四周放射。这样，我们所讲的"中国"一词就把"龙"和"华"总揽到了一处。距今四千至两千年间,经历了夏商周三个王朝,到秦实现统一。《史记》说:"秦以兵灭六国,并中国。"这个"中国"不同于舜"之中国"的那个"中国",从词义上讲,已经和我们现在所说的"中国"没有什么不同了。

【回答问题】:

① 文章第一段开头的两个空框应该选填哪一组疑问句(2分)

(A)华(花)人、龙的传人的名称是怎么来的?它们和中国的古文化有什么关系?

(B)华(花)人、龙的传人因何得名?中国文化的根源和发展过程怎样?

(C)中国人为什么又叫华(花)人、龙的传人?中华民族是怎样起源的?

(D)华(花)人、龙的传人、中国人这三者是怎么成为同义语的?中国人的根、源在哪里?

【答】( )

② 以下是有关段落的大意,分别选出正确的一种:(3分)

a. 第二、三段主要说明了:

(A)以龙和花(华)为标志的两种古文化分别出现。

(B)中国古文化的两个重要区系在什么地方。

(C)两种古文化都是从自己的祖先衍生或裂变出来的。

(D)两种古文化出现的时间相近,条件相似。

【答】( )

b. 第四段主要说明了:

(A)以龙和花(华)为标志的两种古文化的结合。

(B)以龙和花(华)为标志的两种不同文化真正结合到一起的证据。

(C)以龙和花(华)为标志的两种不同文化结合的地点、时间。

(D)近年来后期红山文化的考古发现。

【答】( )

c. 第五段主要说明了:

（A）以龙和花（华）为标志的两种文化面貌。

（B）以龙和花（华）为标志的两种文化的性质。

（C）以龙和花（华）为标志的两种文化的发展。

（D）以龙和花（华）为标志的两种文化的综合。

【答】（　）

③下列各项中哪些是与以龙为标志的文化有关的器物，哪些是与以花（华）为标志的文化有关的器物，分别选出来（在答题的画横线处写出）：

a 小口尖底的，b 祭坛，c 玉雕猪龙，d "⌐" 形石推刀，e 玫瑰图案彩陶筒座和彩陶盆，f 积石群，g 朱绘龙纹陶盘，h 女神庙，i 玉雕玫瑰。（2分）

【答】与以龙为标志的文化有关的器物有：_____，与以花（华）为标志的文化有关的器物有：_____。

④下面是根据本文内容绘制的示意图，但有些地方画错了，把这些地方找出来，分条简要说明（每条之前标明序号）：(8分)

【答】共有____错误：

《考古寻根记》配图龙纹尊

我的一个研究生看过这套考题后，感慨道："这阅读题中部分题目难度还是比较大啊，估计当时不少考生歇菜了。"他说的没错，说实话，这篇文章就是拿给学过考古的人来做，估计搞先秦等"前段"考古的还马马虎虎，搞秦汉以后等"后段"考古的，那就不好说了。至于做文物保护、科技考古、文化遗产等专门考古的朋友，能不能得到这总分15分里的十分八分，我持谨慎乐观的态度。其实这没啥，学科分类，术有专攻，不能都答上是对的，都能回答出就有点怪了。

"大家小书"是近几年很多出版社提出的出版理念，就是请大科学家们为年轻人特别是青少年们做科普读物。也有大社找过我，我哪敢应承？我哪里是什么大科学家？！但我还真见识过写"小书"的考古大家，比如早年像裴文中特别是贾兰坡等先生那样的考古大家，都没少写过远播国内外的考古科普大作。我的硕士研究生贾博宇曾经收集整理了贾先生的一些文论，并做了初步的分析论证，有点精到之处：

> 1950年贾兰坡先生的首本科普作品《中国猿人》一经问世，深受读者喜爱。该书介绍了中国猿人产地的发现及发掘过程、中国猿人化石的研究情况及中国猿人的文化等相关方面内容。随后的二十多年间，贾兰坡先生的科普书籍以少年儿童为读者群的《从鱼到人》，左边文字右边配图的编排形式大大加强了书籍的趣味性及易读性。另外还有《山顶洞人》《河套人》《劳动创造了人》《从猿人脑发展到现代人脑》《"北京人"的故居》《中国猿人》等一系列科普书籍。1974年，他还为"十万个为什么"写了三篇文章。1975年《周口店——北京人之家》出版，同年有了英文版。在这一年里贾兰坡还有《什么是大角鹿》《猛犸是什么样的动物》两本科普书问世。1978年《中国大陆上的远古居民》出版，该书提出了两个学术观点：一是他认为应该修改地质年代，另一个是他认为人类的起源地应是在中国广大的西南地区以及巴基斯坦以东地区。贾兰坡先生将这一全新的学术观点首次发表在科普类书籍上，可见他乐于同非专业读者分享最新的研究成果及心得体会，并已将科普书籍同

学术书籍放在了同等重要的程度上。

足见，在中国老一代考古学家中，苏秉琦、贾兰坡这等大家都很在意科学成果的社会普及工作。而苏秉琦早在20世纪50年代就提出了"考古是人民的事业"的主张。作为第三代考古人，2009年我在参加辽宁召开的纪念苏秉琦百年诞辰大会上，带去了一篇经过冥思苦想，自以为能够别样地纪念他的文章，总结了他老人家一生所追求的考古学大众化的历程，题目是《苏秉琦考古大众化思想的形成和发展》。文章分为三大段：第一段写苏秉琦考古公众化思想缘起于（20世纪）50年代，第二段写苏秉琦考古公众化思想发展于80年代，第三段写苏秉琦考古公众化思想大成于90年代。

我在开头的部分是这样尊写师爷的："苏秉琦是迄今中国考古学家中提出考古是人民的事业的先驱，是积极倡导考古学公众化的思想者、引领者、实践者和集大成者。"我还在文章中引用了我们老师张忠培在纪念苏秉琦百年诞辰暨牛河梁发现三十周年大会上的讲话："苏秉琦是中国考古学进程中曾引导我们前进而且仍将引导我们前进的一位极为重要的考古学家，是还屹立在我们面前的一位巨人……今后中国考古学的进步，只能在这位巨人止步的地方，向前走去。"中国考古学之道如此，苏秉琦创立的中国公众考古学事业也将如此。

而今，中国考古学成果的文章被中小学等基础教育采纳得越来越多了，不但在历史课中有，在语文课中也有，甚至还出现在了数学课里。比如2019年人教版高中数学里，良渚遗址的考古历程作为背景资料被写入指数函数与对数函数单元。这么说吧，就连我写的公众考古随笔《中国古代灯文化》《三峡男娃》等，也不止一次被当作阅读分析题，被有幸选中做过课外拓展阅读参考题。这次修订本书，特拣选了后者作为"考古随笔成了语文题"一节，放在了第三章，供读者诸君聊作一哂。只是我看了老师们给出的具体分析和标准答案后，有三个感慨：

第一，我写的时候压根儿没想过那么多可供分析的中心思想和句式语法；第二，我实在佩服老师们总结分析得头头是道，招招见道；第三，如果要我来答题，很可能拿不到多少分，甚至十有八九考不及格。

【题外话】

苏秉琦《华人·龙的传人·中国人——考古寻根记》入选全国高考入学考试语文阅读理解题的标准答案：

①（2分）D

②（3分）a.A；b.A；c.C（对1个得1分）

③（2分）

与以龙为标志的文化有关的是：c、g

与以花为标志的文化有关的是：a、e、i

（以上两项各1分，多填少填都算错）

④（8分）

错误有以下几点：

c 陶寺文化地理位置不对

d 红山、仰韶、良渚三种文化并非同时对接（或：仰韶、红山两种文化的对接点不对）

e "江南的古文化"不应独立一支（或：文中"江南的古文化"指的就是"良渚文化"）

f 仰韶文化出现时间不对

答案复（覆）盖以上内容即可，表述不要求一致，分几条都可以。上述内容按六项计，答出其中一项到四项的，每项得1分；答出其中五项的，得6分；全部复（覆）盖的得8分。指出错误而表述不清的，酌情处理。又：本文意在说明"龙""华""中国"这三个概念的渊源，不涉及古文化的其他区系。中学历史课本中曾谈到大汶口文化，学生答案中如涉及这类问题，不算错。

听张忠培讲那考古的事情

2006年11月17日上海博物馆邀请忠培师来参加上海普陀区发现的元代"志丹苑遗址"专家论证会。下午，他的助手，我的大学同窗杨晶刚下飞机，就发来短信告诉了我这事。我说我晚上去看他，杨晶说那你晚上来和他侃吧。

他们住在黄浦江和苏州河交汇的外滩口上的上海大厦，也就是1934年英商所建的百老汇大厦，门前就是著名的外白渡桥。那晚，细雨蒙蒙，我如期而到。先生兴致很好，我一进门，他就弯下腰为我们搬凳子。一般见他，他都是随便一句"坐吧"，这次有点反常。不但这个反常，还见他马上关掉了他一直爱看的央视4频道的海峡两岸节目。这在过去都是要雷打不动等他看完才能谈话的。杨晶还说，傍晚告诉他我要来，饭后他便问我来了没有。他见我来了自己也说："已经准备好了，等你来。"指我。

上海博物馆给忠培师安排的房间，两面有窗，外滩和浦东尽收眼前。雨雾里，街灯一串朦胧，景观灯映衬的高低建筑，隐隐约约，给人一幅写意的心境。杨晶跑去开了窗，米色的窗帘被夜雨所挟的凉风吹起来，冷飕飕的。我嗔怪她这样会冻着先生，忠培师却说："她嫌有烟味！"一副知她的语气。先生吸烟，我也吸烟，两杆烟枪，是够她呛的。

忠培师开始发话："他们都说你'悠''悠'我……"他面朝我，语次不整，问得我和杨晶都有点莫名其妙。

我一头雾水地问："你想说什么啊？"杨晶也一嘴问号："你指什么事啊？总要有个缘由啊？！"我脑子快转720度，猛地转过点神儿来，莫不是他想说"忽悠"

二字？赶紧递过去："你是想说'忽悠'吧？"

忠培师："对！是'忽悠'"。

跟忠培师谈话久了，知道他的有些话你得能接住才行，否则就顺不下去，谈不出流畅的效果来，会面就会大打折扣。

我说："我可没忽悠你！"忠培师马上接话："你是没忽悠我。"他肯定地说，眼睛瞥了一下杨晶。我明白了，杨晶有时在开玩笑场合老说我忽悠他。

我凑前一点对他道："我说没忽悠你是有原因的。"他的表情瞬间给出一脸问号，听我往下说："在我们同学里，我客观上离你距离最远，你也不常来上海，感情没别的同学深。"我的坦率叫他加重了问号："为什么呢？"他往前凑，臀部只搭到点沙发。

我说："以前挺怕你，就记得你教过我们什么，没有从感情上想很多，认识你认识得不深刻。后来给本科生上课，本科生对隔代人也认识不足，讲给他们听，他们感受不深。再后来开始给研究生上课，要求他们看你的文章，我也要重读再品。"

见他不言语只是听，我接着道："另外，写文章时找你的东西看，越来越发现你说的正是他们那一代和我们这一代不解的，就更关注你的发展历程。"我毫不停顿地继续道："越关注你，越分析你，越觉得和你拉近！"忠培师听到我的转变，入情入理，逻辑顺畅，遂绽放出欣赏的笑容。

我趁机幽默了一下："再说以前你身边总是那么多人，我个子矮，抢不上槽子！"只听忠培师哈哈大笑："我对苏秉琦先生也是有过一个认识过程的啊！要有过程，要有过程。"

他边说边动手拿烟，我顺势给他点上火。杨晶在旁用手指点着我，戏谑我道："你就忽悠吧！"

忠培师这时也指着她对我说，他喜欢杨晶，朴实能干，关心他。就是嘴不太好，说话硬邦邦。可她心好，他们两口子都是好人。他说的"两口子"的那一口子，是我们大学同班的乔梁。他们毕业后结婚成了两口子。我插嘴："就是不来虚头巴脑的那一套嘛!"忠培师肯定地说:"对!"发的是"dei"音,那是湖南话。

忠培师是湖南佬,在北方这么多年,还是进入不了北方话语境。不过他谈话中有时能顺口溜出"不嘞他"(不理他)这样的东北土话,字正腔圆。忠培师的话语,就像他的人一样,有时看似矛盾重重,却又左右跌宕,总的是为我所用,信手拈来,杂糅天下。他一生不改的湖南腔调,不是不能改,是不想改,没必要改。后来杨晶的那一口子,也是我师兄的乔梁曾揣度解密,认为忠培师说的是长沙官话,那在湖南可是社会地位的象征;而北大著名考古学教授严文明出身湖南华容县,却自打到京后,就改口说字正腔圆的普通话,就是因为华容的话土。我思忖,这推测的段子万一给严先生知道了,以后见到乔梁不修理他才怪,可我也知道严先生压根儿不是那路人。

忠培师说:"你们这个班上,有几个同学都不错,不玩虚的。"我接着他的话:"对啊!跟你跟得挺像的朱延平就是一个,虽然他没有跟你读研究生。"朱延平是我们吉林大学考古专业78级的班长,毕业后被分到社科院考古所工作至今。忠培师接着说下去:"朱延平这个人不错,去了考古所没多久,就写了分析山西东下冯遗址发掘材料的那篇文章,写得好啊。"

我马上接话茬:"所以啊,我前不久在杭州建议他把自己的文章攒个集子,他说出那玩意干啥,我说该出了!他不听。"忠培师略显疑惑:"出集子?"我说:"对啊,你不知道啊?像他们这个年龄的王仁湘、裴安平都开始出集子了!"他明白了:"你这个建议好,我帮他找出版社,给他写序言。"

说到作序写书评这事,他又指着我说:"你写的书评我看了之后很兴奋,写得好,有激情,文笔好。马上给杨晶打电话,但不敢给别人打。"我前不久在《中国文物报》上给浙江省文物考古研究所的刘斌师弟和蒋卫东合著《南河浜——崧泽文化遗址发掘报告》写了书评,引用了他的一些观点。我对忠培师道:"你是不是怕人家说是你授意让我写的?"他说:"dei(对)!"我说:"其实啊,我写之前是把你这两年的文章和讲话都找来看了,才写出来的。"他一笑:"那也不需要这个样子嘛!"我知道他说是这么说,其实是听进去了。

2007年笔者与忠培师在内蒙古考古所

我接着发挥起来:"你当年对我的硕士毕业论文和怎么干长江下游说过两句话,你可能都不记得了,我却一直在按你的话做哩!"他一听,有点来精神:"哪两句啊?"我说:"一句是研究下游要跳出下游,一句是你把当时的东部和长江流域形象地比喻为'丁字形'地带。"他仿佛想起什么:"好像说过,不太记得了。"

我接着道:"你可能是忘了。这可是你当时为吉大学科发展做的布局设想和做学问的方法啊。所以你要我做的资料是北起山东,南到广东福建,西到三峡。"他听我说出这些细节,若有所思,边思考边点头:"好像有过这事。"

我顺着话题往下走:"当时我和大师姐李伊萍在宜昌碰巧遇见,是你给她机会去参观学习的。结果两人一起走了一大圈,回来还被系里的总支书记扣了个'沿江旅游'的大帽子。"

忠培师不假思索道:"那是应当去的。不去怎么行哩?!"我告诉他:"当时你明里可不是这么跟书记说的,你给人家台阶下,说让高蒙河自己出钱,给他个教训!这可把我吓坏了,我一个穷学生,哪有那笔银子?后来隔了段时间,事情平

壹 考古之人

息地过去了,结果还是用你的经费报了。"他哈哈大笑。

"我这么多年来,一直按你的这两个说法在做。我为什么要去三峡考古?实际上不单是为了去参加那些文物抢救项目,我是想模仿你当年打通黄河流域的做法,借此打通长江流域,就干了近十年三峡考古。"忠培师一听这话,比刚才我说报销不报销的破事更让他兴奋起来,他手拍着沙发扶手道:"这就dei(对)了!"

杨晶这时起身离去,回她自己房间,我和忠培师接着聊。

我说:"所以,按你的套路,按你的方式,就能触类旁通,你教给我们的不仅是专业,是一种方法,是做人的方式,是一种品德。你不经意的一句话,一个套路,一个思想,过后你可能就忘记了,但学生却记住了,去实践了。"见忠培师沉思不语,我特别强调道:"你改变了我们很多人的人生选择,也改变了我的思维方式,你知道么?"

他一时愣住,估计他从来没有听过我这样直言不讳地说出对他的感受。我趁热打铁:"你还记得我喜欢唱歌,喜欢说竹板书,喜欢画画的吧?"他看着我,一副不知道我为什么扯出这些事的神情,顺着我的话道:"记得啊,你歌唱得好!"

他何止记得我的歌唱得好,还突然袭击过我一次。那是1985年我考上他的研究生搞迎新晚会,他作为研究生院的领导来参会。表演没过两轮,他兴致一起,便亲自点我出来唱歌。这真要命,我哪里有一点准备?而且我那时为了改变自己曾经爱好文艺养成的形象思维方式,很久不折腾那类玩意了。可先生钦点,你扭扭捏捏坚决不唱,岂不是凉了他的台?只好把记忆里还能哼出调门的陈年货底子翻出来一首,清唱了一段《那就是我》。这歌调门拽,没练过唱不大好。可你不拣有难度的往上捅,那不就是扫他的兴么?那还得了!

我说:"你不知道啊!你硬是活生生地把我从一个形象思维的人,变成了一个能逻辑思维的人,一个能理性思考的人,一个偏重学术的人。"我边说着话边看他,他脸上已是一片阳光灿烂。我接着道:"很多人谈到你这一辈子做过的大事哩,教书育人是一项,说你的学生桃李满天下。但我看这只是表面的你,不全是真你,没读懂你。真正的张忠培,应该是改变了很多学生的人生选择,改变了他们认识世界的方式，改变了他们自己。况且还不只是专业改变，还有人生改变。比如说吧，有多少女生不离开考古的奥秘是什么？你不仅是用人格魅力感染她们，而且实实在在为她们选择适合她们的方向。"

忠培师："dei（对）！你像杨晶，是我让她做玉器，结果做到现在，有所发明和创造！"我接着他的话补充道："她不是用金石学的方法，是用考古学的方法做。搞玉器研究，还没有太多的人能做到这个考古分析的程度。"

"dei（对）！"忠培师也延伸话题，谈他自己的看法："你知道么，教育实质上是逼迫式的，学生是可以塑造的，所以要逼迫他们。但学生又是活人啊，不是木头！不能说做成桌子就做成桌子，说做成椅子就做成椅子，得让人家有自己的想法，还要学会宽容，也不能光是打击。我批评是批评过不少人，那也是恨铁不成钢嘛！最后他们都和我很好啊，他们都知道我是在为他们好啊。"

我接他话茬道："是啊，你是在再造人生啊！你当年就骂过我。可我到现在常对学生们讲，走了这么久，回头想想，对你当年修理我啊实在是感激不尽，尽管当时气够呛！"

话说到这里，忠培师又伸手拿烟了。他每天抽烟是定量的，放好在铁盒子里，共九根烟，每次每根抽三分之一放下，一根烟要抽三到四次。他边拿烟边说："苏公说过这样一句话评价我，是后来别人告诉我的。他说：'你们别看忠培这个人啊，他这个人是赵子龙啊！'"我揣度他的话，解读道："就是先锋，是开风气之先。"他没接茬，转而说："苏公知道我，他在弥留之际，嘴里一直念叨'忠培''忠培'，我知道他心里想什么。"

他话头一转，接着说："我也是国内最早干'新考古学'之类的事情的，都干过的啊！读苏联的书，搞引进，我当年也是叛逆过，还写过批判文章……可我大学实习，到半坡一看，怎么有这么多遗迹啊？后来在元君庙一挖，也看到有这么多墓葬。我就明白了，学问就在材料里啊！我开始学着去理解苏秉琦，他一个旧社会过来的人，怎么就在材料里搞呢？我得琢磨，开始悟道，悟他的摸陶片，读他的《瓦鬲》。"

我补充他说:"还有他的《中州路》,都是从材料摸出来的,不是从什么外国模式搞出来的。到现在还是东周时空框架研究的典范,还在用他的东西。"

忠培师:"dei(对)。我毕业分配时就想,最好去考古所,去干工地,做第一手的材料。正在那时,我得了36元稿费,就谁来都请。人家要吃清蒸鸡,一只鸡才六毛钱,结果吃得我自己拉肚子住进了医院。"这笔稿费就是忠培师上面说的写批判文章得的,投给《考古通讯》杂志,以内部参考资料给刊发了。

忠培师接着说:"毕业分配,都说谁谁去了哪里哪里。有一天同班同学郑笑梅和黄景略来看我,医院不让上来,他俩就在楼下喊,说我已经被选拔做副博士研究生了。我还想不通,就想去田野一线工作,不想读副博士,结果没办法,得服从分配,还是在北大读了。当时安排我先去中央民族学院读书,我听了两年课,读苏联原著。我当时也很迷茫,心说中国考古到底怎么搞呢?再后来要搞民族调查,我因为做过林耀华的学生,上面要我做组长,去东北调查。这时,北大要我去元君庙带实习。"我感慨道:"没想到元君庙考古,改变了你的命运!"

忠培师:"我也多亏了是北大出身,在北大整整待了十年,还带过59、61、63级的实习。他们一些学生当年在我带实习的工地上批判我,我就反思,我为什么被批判?他们也批判苏公,可苏公为什么还是坚持摸陶片?我就开始悟道。"我说:"苏公是面镜子啊!"忠培师:"dei(对)!我认识苏公也有一个过程。"

1956年,忠培师留校读副博士研究生的时候,攻读的是"原始社会史与少数民族地区考古"方向,和他一起读的还有杨建芳和俞伟超两位师兄。忠培师和杨建芳本来是跟着夏鼐先生的,后来夏先生工作太忙,就把他俩转给了苏秉琦先生代带,安排他俩在中央民族学院跟林耀华教授学习,因为当时苏秉琦先生是北大历史系考古教研室的主任,只有他能带副博士研究生。所以他俩是向苏先生定期汇报读书情况,但那时候并没有说苏先生是他俩的导师。而俞伟超是确定了苏秉琦为导师的,因为他们都做秦汉考古。当时,忠培师和杨建芳还不太看得上苏公,还开过俞伟超的玩笑,说他是苏秉琦的学生如何如何。到1961年毕业时,忠培师和杨建芳在填表时,指导老师一栏里就填了苏秉琦,于是苏秉琦就成为他们三个

自左至右：张忠培、俞伟超、杨建芳

人的导师。

忠培师："我有三个春天，一个是元君庙和泉护村发掘；一个是创办吉林大学考古专业；第三个是去故宫当院长下台后我开始思考，大量地写文章。"这事我不止一次听他说过："出手快，一年写几万字！"先生："dei（对）啊，读书多，思考多，考虑问题多。"

我补充道："你还有第四个春天。就是文物保护啊，最近我看你一直提。好像从这个世纪开始，就没少见你讲这个事了。"忠培师纠正我道："哪里是现在，我是从90年代初就开始关注这个事了。我有一次和苏公去博物馆，他讲了一句我现在还记得的话，他说以后我们就得在博物馆考古了。"我一知半解地问："没有可考的了么？"忠培师："对啊，考古资源是有限的，我们这个时代的人有局限性，这个得承认。"

我似懂非懂："客观规律啊。我前几年还不明白，你为什么总是在提文物保护，觉得这是学术以外的事啊，张先生怎么关心起这个来了？"忠培师："我之所以有这个想法，具体来说是故宫的'两个小偷一把火'，我就觉得这个事情得抓起来了。"

忠培师那时在故宫当院长，刚上任不久，就碰到了两个小偷到故宫盗窃，还因下雨打雷遭遇了一场火灾。

我点头说："你一个是走在时代的前列，一个是你就是我们的镜子。我们不把你分析透了，我们自己就不知道怎么走路，找不到自己的位置。所以，我好多年来一直远远地观察你。虽然离你远，没靠前，但远也有远的好处，可能会看得更清晰，看你像一峰沙漠的骆驼，怎样前行。"

忠培师"哦"了一声，喝了口茶，继续听我放大话："我一直想超过你，虽然不可能全面超过你，但起码局部要超过你，必须要有这个野心。"忠培师："dei（对），必须要有野心。没有野心就完了。"我说："我们缺的就是你的野心。"

忠培师："光有野心还不够，还要具体到方法和思路上去。我这个人的想法总是怪，总是想别人不想的。"我说："是啊，我觉得你这个人啊，在同龄人中一直是不按常理出牌的，做什么都没有章法，或者说不太循章法。"

听我这样评价他，他道："dei（对）的，太dei（对）了！"我接着说："你和别人不一样，用现在的说法就是很另类。"他应我一个字："对！"他发的还是"dei"音，还是用他那口湖南官话。

我说："你一辈子都是迎接挑战，喜欢挑战，越战越勇。"忠培师："dei（对），我就喜欢斗。越是有矛盾冲突时，越能激发我的力量、我的火花、我的灵感。"

我接他的话说："说白了叫斗，实际是喜欢接受挑战。越挑战，越有成果出来。"忠培师："是，这就是我。《考古学的局限性》文章是什么情况下写出来的呢？当时反复用在不同场合，只有我能写这个角度，白寿彝白老的纪念文集用了。我是有思想的，我考虑的是方法和理论。"他这里讲的考古的局限性，比较早见于1996年他给86级硕士生孟华平《长江中游史前文化结构》一书做的序，有关酝酿和思考应该更早些。

忠培师："陈星灿有一次在南戴河找到我，要见面。我说好啊，来吧。他就问了我一个问题：'张先生，张光直对中国的考古学家多有贬褒，为什么唯独对你只有赞扬呢？'我对陈星灿说，'那你得去问张光直啊！'我不评论。"我不免叫绝，哈哈大笑："你在这代年轻人中已经被神话了！"陈星灿是中国社科院考古研究所的研究员，长期受教于在美国哈佛任教的张光直先生，成为忘年交。

忠培师："是神话了啊。但我们这代人是无法国际化了，因为我们外语不行。许倬云后来告诉我，就连张光直的外语，也是写了文章要请人修改校对后才能发表。许倬云自己的办法是他教人家中文，人家教他英语，相互交换。你们这代人外语好，有希望走向国际。"我比他的评价保守："我看恐怕得到我们的下一代。"

忠培师："我一直强调学生不能完全依从老师，那就无法超越。我现在看，你们都很难超越我。我有时候，很孤独。没有人对话啊。"我听他这么说，便用我的理解回答他："你是需要高手来和你对话。要我看，先知先觉的人都这样，就像走在时代前列，回头一看，芸芸众生还在后面，你是向前继续领跑？还是坐下来等等他们？这种孤独，别人难以体会。"他似懂非懂，感觉这个比喻好像有点奇怪。

我看时间不早了，想往结束谈话上说："我们必须先总结你们这两代人的历程和得失，看你们是怎么走过来的，怎么举旗的。"忠培师："苏公是举旗人，我们这一代的几个人在之后也多多少少地能举了旗。苏公是大山，是要仰望的。我是站在巨人的肩膀上才有今天。你们这一代能不能接着出举旗的人，我在看。"

听他这样讲，我说："你们那个振臂一呼、高屋建瓴的时代已经过去了，英雄不再。"忠培师则加重语气道："时势创造英雄，英雄创造时势，时势是出英雄的前提。"我似懂非懂："噢。"先生："今天就先谈到这里，没谈完，下次再谈。"

那晚的聊天将近四个小时，我这里记录的只是一个简本。忠培师几乎一分钟都不停地说话，站起来、坐下、仰在沙发上。没去过一次厕所，我不忍心打断他，也没敢去厕所，几乎把尿泡憋炸。告别之后走的时候，我连门还没有替他带上，就瞥见他在第一时间旋进了厕所。我的第一反应，则是蝙蝠飞侠一般，动作片似的冲到楼下大堂，旋进了大堂里的卫生间。

【题外话】

2024年，我根据张忠培师的口述史录音，整理出版了《考古张忠培》一书，书中我写了这么一段话：

张忠培的成长经历和人生路途，和大多数考古学家相同，又很不相同；与大部分知识分子一样，又不太一样；跟大多数人相近，又极尽能者之品行操守和人格风骨。他不但是好学生，还是进了名门、跟了名人的优才生；他不但是专家，更是大家；他不但是学者，更是大先生；他不但有学问，还教人长学问；他不但有思想，还使人出思想；他不但做学问实事求是，务实求真，还致力于考古学科建设，追求中国考古学之道；他为人子、为人夫、为人父、为人表，把自己活成了一个有情有爱、有血有肉、有情有义、有国有家的大写的人；他为人师表，考古育人，守望故宫，文化创新，把自己活出了有着跌宕起伏人生故事的少年培伢子、青年张忠培、成年张老师、晚年张先生。

女生考古好榜样

2024正月里,上海广播电视台纪录片中心的纪实人文频道制作播出了一档节目,完整记录了长江口二号古船发现、打捞、保护与考古过程的纪录片《江海遗珍·长江口二号》。这部片子的女性导演还以"从长江口二号看见每一份职业"为题,专门介绍了女性考古工作者赵荦。编导是这样说的:

> 考古总是被冠上神秘色彩,然而考古就像"开盲盒",是人类天然的求知欲与探索欲的体现,这没有男女之分。关于赵荦,我们本不愿意用性别强调她的身份,但又不得不承认女性在考古领域开垦的艰辛。跟随考古研究员赵荦,在"长二"中看见多种职业,感受考古的"她力量"。

我在"考古老高"微博转发了这一条,说赵荦是上海第一位具有国家水下考古资质的新一代考古女性,并作"考古巾帼列传"简略介绍了我国第一代女性考古学家曾昭燏、郑振香、樊锦诗。发帖之后,点赞者众,但也有女性考古朋友留言说"不喜欢职业性别渲染",我觉得她的说法也不无道理。但不专篇述说一下她们的"考古那些事",又觉得辜负了她们的事功和人生,再说现在喜欢考古的女生越来越多,想成为被考古爱好者称为"宝藏女孩"的女生也越来越多,那就还是说说无妨,应该不打紧吧。

在考古圈内,常这样比喻学考古的女生:说学医的女生是与活人打交道的,学考古的女生却是和死人打交道的。有一年新生入学,带他们参观系里的文物标本室。才一进门,就听到女生惊叫,还见有人"妈呀"一声往外逃,原来是她们被陈列在橱柜里的几具古墓出土的骷髅吓坏了。到了大二,情况好转了许多,上人体解剖课时,对着教学用的人骨架记各部位名称,她们已敢凑近到10厘米以内,胆儿大的还敢动手摸一摸了。

说起女生学考古来,我每年在复旦上课,选课的女生都比男生多。课间课后来问我能不能去野外考古的,女生比男生更兴致勃勃。是女生比男生更有当考古学家的梦想吗?可另外一个事实又告诉我,毕业后真干了考古这一行的,倒是男生的从业人数比女生多得多。可见,考古是一个非常惹女生喜欢,但又容易使她们华丽转身,并不会被普选为终身职业的行当。有一个曾经跟我在三峡考古的女生,在她后来转行后写的博客里感慨道:"那些曾经因它苦辣酸甜过的考古,就和刻在山坡上的大坝蓄水的水位线一样,被涨高的江水一年年地淹没了,即使它还在那里,我也看不见了,不想见了。"

许多原初钟情考古的女生,后来之所以没选择考古为终身职业,不说全部,但很大程度上,是由考古这一行的野外工作属性造成的。野外在常人的概念里,就是远离城市的地方。远离城市的地方,就意味着交通不便、吃住不便、资讯不便、啥都不便。不便到什么程度呢?比如交通,考古去的地界,多是柏油马路都铺不到的乡村。有路,也多是土路,要么晴天尘土飞扬,要么雨天泥泞坎坷。如果一座墓地恰好被发现在山岗上,那可能只有放羊人走出来的羊肠小路可行。我带去野外的不少学生在乡野走惯了深一脚浅一脚的山路,回城后一下子走不惯城里平坦马路的人不乏其见,总有踩空的感觉,不敢迈脚。还有个女生告诉我:"我回城连交规意识都没了,在乡下横着逛惯了,那里只有月亮和渔火,哪来的红绿灯啊!"

交通不便其实不打紧,男的能走,女的就能走,体力强点,体力弱些,也都不是特别打紧的事。打紧的是野外工作的安全系数,对女生绝对是个考验。知道考古的都清楚,野外工作要满山遍野搞调查的,要不然怎么能知道哪里住过祖先?哪里埋过古人?哪里发生过战争?哪里是古代的交通要塞?调查时为了增加发现古代遗存的可能性，不能像驴友探险那样一溜排队走，而是要相互分开，独自找，效率才高。假使一位女生，哪怕她胆子再大，那也有遇到虫蛇的时候，还有遇到比虫蛇更歹毒的坏人的时候。危急时刻，如果那姐妹练过武把式，两三人近不了身，一指封喉，也就罢了。否则练过瘦身、瑜伽、街舞、健美操什么的，起不到自救作用，还得把自己搭进去，白扯。

即便不搞野外调查，住在村子里做考古，女生每日惯有的洗洗涮涮，也不会方便到像城里自来水那样，左拧热水来，右拧冷水出。野外宿营能有井水就不错了，保不齐只有山泉溪流也不一定，弄不好三五天洗不上澡，也没啥惊讶分贝的。比这更烦的是如厕，别说抽水马桶，调温便座，有个茅坑给你蹲蹲，那就不赖了，还是男女共用，进出以咳嗽为号。有时候，考古队会为女生每屋配备一两个尿盆，但一般用用还行，假使遭逢生理期或拉肚子的勾当，也是麻烦大了去了，还是得去外面的茅厕解决问题。乡下的茅厕多在屋外，赶上阴天下雨，黑灯瞎火，那出去如厕就深一脚浅一脚，泥一脚水一脚，也不自如。搞不好住宿的老乡家是茅坑连着猪圈那种，伴着猪哼哼解手，也够别扭；再搞不好茅坑门口还存放着一口给老人预备的棺材，那女生的夜半惊魂，可就比恐怖片还大片了。那年我们在三峡考古就碰到过一回，我一个半大老头子夜里打个手电筒，绕过白木棺材时让人胆儿突突。真不知道跟我一起去的那几个女生是怎么熬过来的，现如今回头想想，不免更生钦佩，禁不住为她们叫好点赞。

女性做野外考古不便，由此可见一斑。通常情况下，学校的考古实习多是大拨哄，原来男生多，现在女生多，热闹一次，见识见识，陡增的是人生阅历，抑或好玩。可长年如此这般，就不是每个女生能扛下来的了。结果一次实习就能吓退女生，使其几乎归零也不一定。那些没有归零的个别女生，棒打不走的专业理想主义情怀，后来超过不少男性成为著名女考古学家者，赫赫有名的也有好几位：

一位是身材弱小的湖南妹子曾昭燏。她出身于一个世代书香的官宦名门之家，是清朝名臣曾国藩的大弟曾国潢的长曾孙女。大学中文系毕业先是教中文，1935年自费去英国伦敦大学研究院专攻考古学，与中国著名考古学家夏鼐是伦大同学。

在学期间，她悉心收集流失海外的中国青铜器资料，完成毕业论文《中国古代铜器铭文与花纹》，是中国第一位考古学女硕士。

为了事业，她终生未嫁。曾有苏联专家问她："曾小姐准备何时出嫁？"她说："我早就嫁给博物院了。"据说她不嫁人是受到了曾国藩家族中曾任中学校长的曾宝荪的影响。这位最早留学西洋并献身教育的女杰有一个观点：一个人如果结婚，就只能服务一家人，如果不结婚，就可以服务更多的人。这个观点影响了曾昭燏，她把曾宝荪的一句话，变成了自己一生的生活方式。

她从英国回国后被中央博物院聘为专门设计委员，后任总干事，最后荣任副主任。那么主任又是谁呢？中央博物院筹备处成立之初先后有三任主任：第一任为傅斯年，第二任为李济，第三任为杭立武。而且都是兼职的，甚至有点挂名的味道。只有曾昭燏才是真正的"无冕之王"，是中央博物院真正的"主任"与"英雄"。能做到与傅斯年和李济这种大家比肩，曾昭燏的学术地位和行政能力绝非一般。她后来还一直做到了南京博物院的院长，成为荣列《中国大百科全书·考古卷》30多位著名学者之列的唯一女性，是中国考古学史上无法不书写的重要人物，

曾昭燏（右二）在南唐二陵主持测绘

流芳当代和后世。

说起来，湖南湘乡的曾家一门，在中国近代史上人才辈出，有口皆碑，到曾昭燏已是第四代，与曾国藩相差99岁。就连一生崇拜曾国藩，"愚于近人，独服曾文正公"的毛泽东，也知道这位女考古学家："在曾国藩的后代中，还有一个叫曾昭燏。"2009年南京博物院为曾昭燏举办了百年诞辰纪念会和图片展览会。一位考古学家去世后能被纪念的不少，但能像曾昭燏这样被专门举办生平事迹展的，除了她在伦大的老同学夏鼐先生外，我见过的只有2018年在故宫举办的"郑振铎先生诞辰一百二十周年纪念展"，但别看郑振铎是新中国第一任文物局局长，领导了新中国最初的考古工作，但他充其量是位喜欢收藏古董的文物学家，还算不上考古学家。

说完了曾昭燏，再看另一位是被称作"敦煌女儿"的女考古学家樊锦诗。她和曾昭燏某些地方还真颇为相似，譬如都是身材瘦弱，譬如都是一步一步做到了学术翘楚，行政领衔。樊锦诗从当初敦煌文物研究所的工作人员，一直做到了敦煌研究院的院长，为研究和保护敦煌这一人类的历史文化遗产倾尽了大半生。这两位女考古学家，都做到了声名广为天下知的大博物馆或大研究院的一把手，这别说在国内，就是在国际上也都不多见吧？！

当年，一个柔弱的上海女子，从北京大学毕业后为什么选择去敦煌？这本身恐怕就该有故事在里面吧？！可她却不愿意因此被误读甚或被赞叹为高尚之类。她曾经对采访记者解释道："这个选择并不是我个人的意愿，或像一些媒体所说的那样，什么看了《祁连山下》被感动了，一冲动就去了。毕业前，我去敦煌实习过一段时间，但那时学校并没有说要分配去敦煌。"我看了她这话，倍有"历史在她这里是真实"的直感。

可到了敦煌后，樊锦诗却被当时敦煌文物研究所所长常书鸿感动了，敬仰油然而生。她去实习时，常书鸿已在敦煌坚守了20多年。他出过国，见过世面，是在20世纪40年代放弃大城市里的教授职位，带着全家到莫高窟的。她想："这地方，他怎么能待20年呀？没有电，房间吊顶是纸糊的，晚上，老鼠会扑通一声落到床上,毛茸茸的大老鼠吓死人了。连晚上上厕所,也要走很远。根本没有娱乐,一部《列宁在1918》的电影不知道看了多少遍,还是披着军大衣看的。消息很闭塞,平时来个人都会觉得新鲜。我在大城市长大,确实没有想过要在那里干一辈子。"

樊锦诗1963年从北大考古专业毕业后,敦煌文物研究所问北大要人,而且指定要在敦煌实习过的同学。两个同学中其中一位是她,当时家人写信反对。"但那个时代的人是很单纯的,既然学校和敦煌研究院都需要我,我也就去了。要换了现在这个时代,我也未必去。"这就是樊锦诗,樊锦诗就这样去了敦煌,就这样过了18年没有电的生活。"我还记得,1981年中秋节那天,敦煌通电了,那真是一个不得了的大喜事。"

前面说樊锦诗和曾昭燏有点一样,这只是一面。其实,她和曾昭燏还有不太一样的另一面。她没有选择不婚,而是选择把北大同班同学、毕业分配到武汉大学的丈夫彭金章也"拐"去了敦煌。她到敦煌两年后,才和久别的男友彭金章第一次见面。接下来两人结婚,之后两口子长期分居两地,直到两人结婚23年后的1986年彭金章才调入敦煌研究院,一家团聚。这一年,樊锦诗已经48岁。她丈夫离开武汉的时候,对同事们说了一句话:"敦煌胜利了!"

2009年,这位在敦煌工作时间已超过前辈常书鸿的中国著名女考古学家,被评为新中国成立以来100位感动中国人物之一,好像中国的男性考古学家里,此前尚无一人能获此殊荣。2020年5月17日,在感动中国2019年度人物颁奖盛典上,给"敦煌女儿"樊锦诗的颁奖词是:

舍半生,给茫茫大漠。
从未名湖到莫高窟,守住前辈的火,开辟明天的路。
半个世纪的风沙,不是谁都经得起吹打。
一腔爱,一洞画,一场文化苦旅,从青春到白发。
心归处,是敦煌。

除了曾昭燏和樊锦诗这两位女考古学家声名赫赫外，如果还可以再盘点的话，另一位北大培养的新中国第一代女考古学家郑振香，也不能不提。

1950年，郑振香考入北京大学。当时北大在历史系新开设了考古学专业。郑天挺是历史系的主任，他对学生们说，欢迎你们来历史系，你们愿意学历史就学历史，愿意学考古就学考古。于是郑振香就选择了学考古。但是考古专业究竟要学什么？包括她在内的不少同学其实并不清楚。她自己也曾回忆道："考古在当时可不像现在这么普及，我们听都没听说过，更不知道要学些什么内容了"。

郑振香最感激的就是恩师裴文中。她曾口述回忆道："是裴先生培养了我们。我们还在专修科的时候，裴先生就给我们讲过关于原始社会的课，除了讲课之外，裴先生还常常领我们到周口店参观，把他的工作状况讲给我们听。当时清河挖了一个汉墓，裴先生也领我们去参观，看得多了，对考古自然就有兴趣了"。"参观武官大墓，对我也很有影响，这是新中国成立后第一个重要发掘，当时郭沫若正在研究古代史分期的问题，他认为武官大墓可以作为奴隶制的一个依据。我也是在那个时候看了很多郭老的书。"

1954年她本科毕业后，留校做了助教。第二年，北大开始培养研究生。这时历史系培养的研究生主要是学世界史专业的。考古班也计划培养两个，其中一个是她。就这样她成了北大最早的考古研究生之一。研究生当时学苏联叫副博士，每月有50元钱，跟助教差不多。

1959年，毕业后的郑振香来到中国科学院考古研究所，因为喜欢田野考古，所以从1962年开始离开繁华北京，来到中国考古圣地安阳殷墟工作。1976年安阳农村在殷墟遗址重点保护区搞"农业学大寨"，要平整土地。而平整土地的主要目标，就是要平整掉那些高土岗子。为了了解这些土岗子下面是否有遗址或墓地，郑振香带领考古队开始钻探。哪知一直钻不到底，不少工人都泄了气。可钻探到7米多深的时候，探杆突然往下坠，把探杆探到底，慢慢提上来，探铲带上来一铲鲜红的漆皮。一个工人发现里面有东西，一把抓过来拿到旁边的水渠去清洗，发现是一个玉坠。这下可以确定，下面肯定是有墓葬了！

结果这座墓葬，后来被证实，就是殷墟自1928开始发掘以来，罕见的一座没有被盗过的墓。共出土了16具殉人，随葬品有青铜器、玉器、石器、宝石器、象牙器、陶器、蚌器、海贝等，总数达1 928件。通过考证铜器上的铭文，方知墓主人原来叫妇好，她曾在甲骨文中出现过，是商王武丁数十个配偶之一。殷墟卜辞中记载，妇好曾多次带兵出征，有一次竟达万人以上，是位威震天下的女将军。

一位女考古学家，发现了另一位三千年前"不爱红装爱武装"的女将军。说这有点冥冥之中的缘分，也不全是诳语。这两位女性相隔3 000年，却构成了一道奇异风景，非但让我们浮想联翩，还曾使郭沫若对妇好墓的发现激动不已："安阳考古队的同志又为殷墟考古立了一大功！看来，我的《中国古代社会研究》要重新改写喽！"

2016年，首都博物馆举办了纪念殷墟妇好墓考古发掘四十周年特展，名为《王后·母亲·女将》，概括了妇好一生的三个角色，一国之后是她的社会角色；母亲是她的家庭角色；巾帼英雄是她的历史角色。我印象最深的是当展览开幕的那天，年近90岁的郑振香还应邀来到了首都博物馆现场，在工作人员的搀扶下，郑振香隔着展览柜子的玻璃，又一次见到了她几十年前亲手发掘、研究过的文物。对于这位著名的女考古学家而言，默默无语的文物是那样的熟悉，她那心底最柔软的部分荡漾出了一份母亲般的柔情："好多东西我也很多年没看过了，特别想念它们。"

要之，中国的女考古学家里，又岂止上面列举的这三位呢？即便她们的同辈里，光我认识的也不止于此。何况还有更多默默工作的女性考古工作者。我相信她们坚守的结果，尽管未必个个成名，成为考古"超女"，但至少实现着她们生来的兴趣、爱好和理想。换言之，考古不是一个非常适宜女性做终身选择的职业，但女性一旦选择了这行，能做出的名气却往往比男性大得多，演绎出的故事更具有传奇色彩，能实现的人生理想也不比其他行当的成名女性概率小，比如妇产科的林巧稚，比如建筑行的林徽因，比如作家里的张爱玲，比如油画界的潘玉良，比如科学界的吴健雄，比如政治界的吴仪，比如考古界正在就读的那些心怀理想的女生们……多乎哉？不少也。

考古，没有让女人走开；考古，给女人倍添传奇。中国如此，外国也是如此，而且更早如此。大约在考古学传入中国的1920年前后，或许稍早一些，国外那些爱考古、学考古、实践考古的女性们已经开始崭露头角。1904年9月8日的《纽约时报》就有这样的记载："一位令人敬佩的女性，打破了这一专业的平静。从此，考古探险考察不再是男人独步的领域。"这个女性就是在20世纪初始的几年里，领导着一支考古队的美国女性哈丽特·博伊德·霍斯（Harriet Boyd Hawes）。

哈丽特·博伊德·霍斯1871年出生于美国马萨诸塞州的波士顿，早年曾对政治学和历史学感兴趣，但后来转向古代世界和考古学方面。在她的性格和愿望里，要去野外现场考察，要去那些曾经被认为是没有妇女工作的地方工作。结果，她在希腊克里特岛发现了一座保存状况非常完好的米诺斯文明遗迹，为她在学术界赢得了很高的声誉。伦敦的《泰晤士周刊》这样评论博伊德："在近东地区由一位女士，尤其是一位美国女士去指导完成了一个成功的考古勘察，这事发生在妇女解放的那些日子里是不足为奇的。"

其实，到1945年博伊德逝世时，全球已有为数不少的女考古学家相继进入到这一专业领域，包括前面说的中国女考古学家曾昭燏。外国的考古巾帼，可以历数的，还有英国的格特鲁德·卡顿·汤普森（Gertrude Caton Thompson）。她曾在埃及进行考古发掘，提出了大津巴布韦文明是由非洲人自己创造的著名观点。而更具传奇性的，据说2003年第二次海湾战争之前，上至五角大楼的决策者，下到海湾前线的美国大兵，人人必看一个英国女考古学家写的伊拉克日记。这本书的作者就是格特鲁德·贝尔（Gertrude Bell）。1868年她出生在英国，18岁时考上了牛津大学，成为牛津大学首位获得历史学学位的女性。她也爱上了考古学。可在那个时代，没谁敢娶一个获得牛津大学学位的才女。嫁不出去的贝尔只好继续学习，包括自学波斯语，并前往中东地区游历、调查、考古，撰写过很多有关中东地区考古、建筑、文化的著述，甚至在她的帮助下还建成了巴格达考古博物馆，她还担任了巴格达文物局主任。

贝尔还热衷于政治，是英国中东问题头号专家之一。1921年她协助英国成立伊拉克王国，帮费萨尔·伊本·侯赛因（Faisal I bin Hussein bin Ali）当上国王，成为费萨尔一世。1921年12月4日，她在给父亲的信中说："今天早上我在办公室愉快地划出了伊拉克南部沙漠的边界线。"

如果说上述女性都与早期考古有缘，或者说大多通过与考古相关的传奇性活动实现了自己的个体价值的话，那么，还有一个家族中居然有两三代女性连续从事考古或人类学的工作，那就是被誉为"考古、人类学第一世家"的利基家族了。

在这个以研究古人类和古生物著称的英国家族式科学家的组合里，女性取得的考古方面的成就丝毫不逊色于男性。祖母一辈的玛丽·利基（Mary Leakey）于1936年随丈夫路易斯·利基（Louis Seymour Bazett Leakey）选定了坦桑尼亚境内的奥杜瓦伊峡谷作挖掘地，通过一系列轰动性的发现，他们提出了人类起源于非洲的观点。

利基家族的第二代传人理查德·利基（Richard Leakey）和妻子米薇·利基（Meave Leakey）继续努力，找到了证明他们上一辈人推断结果的重要化石证据。利基家族的第三代传人，1972年出生的路易斯·利基（Louis Seymour Bazett Leakey）从小就受父母熏陶，对考古产生了浓厚兴趣，他希望了解智人走出非洲并分散到世界其他地方的过程。他最热衷做的事不是看电影和逛商场，而是和母亲一起挖骨头："能和妈妈一起挖掘古人类，是最让人兴奋的事情之一。"现在，利基家族的第四代已经诞生，这个小女孩是否会继承利基家族血液中对考古的热爱？为利基家族增添新的荣耀？我倒是愿意相信这两个字：会的。

历数学界考古女性，谁说巾帼不如男儿。而今，女性考古学家在考古学界的配角地位，非但早已得到了改变，从2007年起，在南京大学、吉林大学等考古单位的倡导和组织下，以"女考古学家的思考与实践"等女考古学家为主题的学术会议相继召开，2010年和2018年举办的两届"女性考古与女性遗产"学术研讨会，出版了学术论文集。女性考古与女性已成为新时代的女考古学家们展示个人才华和群体风貌的绰约舞台，让我们看到了女性考古工作者与女性遗产工作者们更加活跃的身影和成果，她们的工作诉求和学术贡献得到了越来越多的关注，推动了女性考古和女性遗产事业的发展。

这些一百多年来，各领时代风骚的女考古学家们，已经而且正在并且还将不断出现在原本只是男性学者工作的各种考古活动中。我们能做的，应该是为这些卓尔不群的考古女性起立鼓掌：向她们致敬，为她们喝彩！

考古人的"三不主义"

考古学领域是一个常说"不"字的行业,像"考古不是挖宝""考古不是挖墓""考古不挖帝王陵""考古不怕吃苦"等,都是考古人常挂在嘴边笔头的话。中国考古学的奠基者和掌门人之一夏鼐先生曾反复强调:"我们评价一项田野工作的好歹,不应该看挖出来的是什么,而是应该看怎么去挖的。"他还说,我们不是"为考古而考古",而是为了要阐明古代社会发展过程的规律而进行考古研究工作。

上面这些话,既有学术性,又有社会性,既是业内人的行规,又是对公众阐释考古道行的大实话。只是大都用"不"字说出来,着实在哲学人文社科界是"多乎哉,不多也"呢。

这里,我还想谈谈作为考古人另外几个要铭记心头、身体力行的"不"字。那就是:考古人不收藏古物,考古人不鉴定古物,考古人不买卖古物,我称之为考古人的"三不主义",简称"考古不藏古、考古不鉴古,考古不卖古"。

那就先从我曾经写过的考古人不收藏和不买卖古物说起吧。

银行家的家里备些现钞,不会有什么人大惊小怪,人家月月挣薪水,很正常的事。但考古人的家里藏有古董,那睡觉就非做怪梦不可了,因为你是吃挖墓这碗饭的,瓜田李下,不乏嫌疑,即便有嘴说得清来路,可谁信?想想我入这一行二十多年了,却还没听说哪位因私藏发掘品进了班房。这行规好像已是圈内不成文的天条,没谁胆大想不开,去拿小命试试法律的。一位在市政府外事办工作的朋友告诉我,他们那里有句名言,叫"外事无小事"。

我有感而发，应了他一句下联："考古不藏古"。他听后哈哈笑，还我一字："嗲！"可不是么，都说隔行如隔山，其实呢，行行都守着一个谱，那就是行规。

反正这么说吧，考古即使算不上探险文化，也充得上探秘文化。不论在火车里还是在轮船上，一听你是吃考古饭的，总有老兄好奇地把你也当秘来探探："挖到宝贝，偷偷藏口袋里行不？"套用葛优的那句广告词，这类问话真可谓"我都听过一百遍了"。说实在的，还没等你铁牙答NO，他已晓得自己是明知故问了。于是，便不再追探，两眼直勾勾地任凭你摆起"龙门阵"来。考古故事嘛，随便拎个出来听听也不比007电影的情节"推板"（上海话差劲）。我的旅途时光，就大部分给这样的档期排遣掉了。

可有那么一回，却碰上一位比我还能煽的港兄，把我侃翻不说，又将我拿下。说来他是在沪投资的，却又痴迷文物收藏，前些天刚从朋友手里购得一件战国铜敦。只见他神秘兮兮地几乎咬到我的耳朵："明人不说暗话啦，花了我毛20万啦，正宗的生坑货啦！您给估估值不值啦。"他说的"生坑"，是古董商的行话，也就是从地下挖出来还带着泥土的铜器，不比祖宗八代传下来，摩挲得锃光瓦亮的"熟坑"铜器差。好家伙，一下飞机，非缠着我去他家瞧瞧不可，见拗不过他，又顺路，只好前往。心里七上八下地想，要真是"生坑"还就麻烦了，地下的文物归国家所有，这有文物法规定了的，我怎好鉴定呢？

还好，一见他那"生坑货"我就明白了，是赝品，作假时间最多不超过两年。可我咋回答他呢，人家毕竟花了小20万哩。这时我又想起了行规：看到真货要谨慎，碰到假货言不懂。套鲁迅先生的话说，叫作写不出的时候不硬写。这是开给那些不幸被人骗，又蚀了血本的古董迷的良药。总不能当场实话实说，让人家受不了打击大咯血吧。善意的谎言，有时管用。

临走时，我劝他再找别人看看，还真心送了他一套铜器辨伪的行话："先看形，后看花，拿到手里看底下。紧睁眼，慢开口，铭文要细察，铜质是关卡。"他似懂非懂，捣蒜似的点头，非要约我再来，那是后话了。

上面这篇散文不是散文，随笔又不像随笔的文字，是我在《新民晚报》上发过的一篇短文，题目叫《考古行规》。说起考古行规，谈不上茕茕大观，却也"潜规则"不少。这些行业"潜规则"中，考古不藏古——考古人原则上不收藏文物的戒律，算得上是重中之重。

通常有人以为，考古学家整天与出土文物打交道，个个属于行家里手，断宝识贝，比那些想收藏又怕上当而不敢下水的爱好者，有与生俱来的天然行业优势，一捡漏一个真货，一鉴定一个准头，那家里还不藏品满箱，文物满架乎？！这就太不了解考古行业的行规，也太把考古人往歪了想了。比如时不常就有人问我"你家里收藏什么文物？"这是一个问话者自我想当然的问题，但还是总有人发问。在我看来，这些问题在考古圈内，多属于不是问题的常识或行规。

俗话说，瓜田李下，忌讳弯腰。考古人是挖文物的，如果顺带还收藏文物，那文物是怎么来的，就容易引起别人的误解，难免不叫人生疑。这就像老师家里摆一箱子粉笔，保洁员家里到处都是卷筒纸，食堂大师傅家里顿顿鱼肉，公务员家里一打又一打的公用便笺，处长局长家床底下一捆再一捆人民币美元，等等，能申辩清楚，还是抖搂不明白，那就两说着了。

在20世纪20年代西方的科学考古学传到中国之前，我们国家至少从宋代起，就一直没断过搜集和研究古物的"金石学"传统。很多金石学家自己便是收藏大家，藏古鉴古，不在话下，买卖文物，家常便饭。但如果把近代才出现的考古学家等同于古代既已有之的"金石学家"或现代的文物学家，那就大错特错了。不但混淆了考古学以田野发掘为标志和文物学以搜集社会流通文物为对象的区别关系，也会把考古发掘品和文物传世品一锅煮了，还不晓得前者只能公藏，不能私藏，更不能流入市场买卖的国法和行规。

其实，考古人的行业自律由来已久。20世纪20年代西方考古学进入中国后，逐渐建立、贯彻、施行起来考古发掘品不能私藏和买卖的国法和行规。如1930年国民政府公布的《古物保存法》，便规定了地下古物均属于国有，发掘得到的古物由学术机关保存研究等条款。而以田野发掘为职业的考古学家，也开始建立新的行业规范和自律章程。领头人便是用西方科学考古方法在中国最先考古、人称"中国考古学之父"的李济先生。

记得美籍华人、著名考古学家张光直先生曾回忆：李济先生，自1928年初任中央研究院历史语言研究所考古组主任发掘殷墟时开始，便与考古组同仁约法三章，凡是做田野考古的就都不藏古董。因为考古学家是主持发掘的，谁知道你收藏和出卖的文物是从地摊上收购的呢？还是挖出来私自收进腰包中去的呢？难以解释，也说不清楚，所以考古学家应该避免"瓜田李下"的嫌疑。这个传统在中国田野考古界一直延续至今，被史学大家劳榦先生称之为"百世不易之领导金针"。李济一生亲手发掘和经手保管的文物无数，始终遵循自己当年订立的规矩。他去世后，人们发现，在他的遗物中只有几件仿造艺术品，没有一件古董。所藏的二万余册书，也没有一本是珍本、善本。

李济如是，李济的同仁和学生也多如此。曾和李济在一起工作过的女考古学家曾昭燏担任南京博物院院长后，也立下过一条不成文的院规：凡是从事文物工作的人员，尤其是做考古工作的，绝对不准私人收藏古董。曾昭燏立下的这一规定如今已为国家文物局采用，列为文博工作人员的守则之一。曾昭燏非但立规矩，自己还身体力行，她不玩古董，还把自己收藏使用的清同治年间的瓷茶具，都悉数捐给了国家。李济等考古前辈定下的这个传统，在中国考古界一直传承到后来。新中国成立以后，国家文物局非常重视职业道德建设。时任国家文物局局长郑振铎、副局长王冶秋一再强调，文物工作者不得收藏、买卖文物。郑振铎先生还率先将自己之前收藏的文物捐献给了北京故宫博物院。

身为中国社科院考古研究所所长的夏鼐，生前参加和主持过的考古工作难以胜数，像长沙马王堆汉墓中的彩绘帛画、万历皇帝的金丝皇冠等珍宝经他之手才得以呈现于世人面前，可他却从不收藏古董。在20世纪80年代，有记者到他家中采访，没有看到一件古物，甚至连一枚古币、一件古瓷、一只古鼎之类的小摆设也没有。"瓜田不纳履，李下不整冠"不但是夏鼐恪守的信条，他作为中国科学院考古所的领导也像李济那样，给同仁们立下了规矩。夏鼐先生曾经回忆：解放以后，我第一次带着年轻的同志到河南西部做考古调查。有一天，一位年轻的同志拿着一把商代铜戈喜冲冲地跑来对我说：这是从地摊上买的，真是便宜货。我便把这个道理讲给他听，并作为一条规定，要考古所的同志们自觉遵守。后来"三反""五反"，以及"文革"中抄家，都没有发现考古所的同志们有涉及窃取私藏出土文物的事。

  说起来，中国有考古行当已经百年了。筚路蓝缕的大师们如此，后进考古行的同仁，如我孤陋寡闻，迄今也没听说哪有违此天条而犯事者也。所以，前些年媒体有报道说，民间有不做考古这行的所谓"学者"，指责参与曹操墓发掘和论证的考古学家们利欲熏心，受贿于政府官员要出政绩的野心指使，不惜花170元去民间作坊买来造假的"魏武王"石牌，再埋到墓里，然后声称这是真的出土文物云云。不禁看得我哑然失笑，心说，这就不是想当然地提问那么简单，也不是无知者不怪那么善意了。这是不是冤枉考古学家的人格先不说，这是不是诬陷考古人的职业良心也不论，起码是太不了解考古界的传统行规，是不负责任地信口雌黄胡咧咧了。试想，考古人连收藏真文物都忌讳，都唯恐失当，都小心翼翼，都如履薄冰，那还造假作甚？那还像诬陷者所说的竟然光天化日集体造假作甚？个把人偷偷造假能捞取好处，一帮子考古学家大伙一块作假，想捞取什么呢？难道要搞个荣誉集体的锦旗挂挂不成？这在动机和逻辑上，那也说不太通啊！这正是：考古不藏古，作真不成真；处处毁金钟，阵阵鸣瓦釜。

  不干考古的人，岂止老是爱问一些考古人是不是收藏文物、买卖文物、鉴定文物之类问题，他们爱问的问题多着呢，我再采摘其要，下述为二：

  问题一："挖到文物后，能不能悄悄揣兜里一个？"这是一个假设性的问题，假设到了连提问人自己都能自问自答："那怎么能行呢？！"因为这就像你问超市的收银员，在收钱找钱时可不可以顺手牵羊地揣起几张是一个道理。属于冒天下之大不韪，属于知法犯法，属于监守自盗，属于没事找抽型，不蹲笆篱子脚后跟痒痒。

  所以这个问题属于明知故问，不问白不问，问了也白问，逗逗闷子，扯扯闲淡，满足一下不少人都有的侥幸出出轨的心理，或做梦发发财的想象力而已。我每次再懒得回答这样既傻又戆的问题，也要给人家面子作答一二。不过我会使点坏，一般都是反问对方："那你说呢？！"然后双方都心知肚明，心领神会地哈哈笑起来了事。

问题二："你们挖到的文物值多少钱？"首先说一句，这样问话显然是不懂行规，以为凡是古物就有标价。可你仔细想想啊，哪有那么多重样的文物？不一样的文物，谁也没见过，怎么可能刚出土就说出个价钱来？但不管怎么说，这是一个求证性的问题，比较好回答，也相对难回答。

比较好回答，是因为按法规，发掘出来的文物不许买卖，也不可能用于市场流通，行内自然也就没有给出土文物作价的规矩。但没有规矩，讳言谈钱，不等于没有说法。通常的说法是发掘出来的文物都是无价之宝，或有历史价值，或有艺术价值，或有科技价值。这些价值都是无形的价值，很难量化出金钱的具体数字来，索性就叫价值连城是也。

所谓难回答，是因为有些特殊的情况下，光用形容词来形容文物的价值解决不了需要操作性的问题，那出土文物也不是一点都不能作价。比如文物出省或出国展览，那得到保险公司上保险吧，万一不慎损坏了，总得赔偿吧，这就得估出一个大概的价码来。比如2005年，安阳市将殷墟遗址申报世界文化遗产，从国家博物馆请回了早年出土于安阳的司母戊大方鼎及妇好墓的三联甗等青铜器来为展览造势。当时签订的合同上规定，展期结束后，必须在一周内归还国家博物馆，每延期一日，支付1万元违约金。如发生文物失失、被盗或毁坏的，要赔偿1.5亿美元，并承担相应的法律责任。

再比如发掘的文物失窃了，流到了市场上，盗贼销赃就卖出价钱来了，倒手几次后还会飙升出新的价钱来。据资料，1987年被盗的一个属于国家一级甲等文物的兵马俑将军俑头，案犯当时正在以25万元销赃时，被当场抓获，主犯被枪决。当然这个价格是盗墓贼和销赃犯们的非法买卖，不太作数。但不能因此硬掰，非说发掘出来的文物没有市场价值，哪怕是地下黑市价。

所以，说考古人从不谈钱，那是扯淡；讲考古人忌讳谈钱，那是实情。本书写考古，却谈文物到底多值钱，不是铁路警察多管了一段，实在是我总被人问起：你们挖到的文物值多少钱？问得好烦，在此一并回答可也。有时在媒体上，面对新发现的文物，主持人总是绞尽脑汁，要问个好价钱出来，以飨观众。考古人总是惶顾左右而言他，千方百计错开话题，能闪就闪，能躲就不接招。问急了，干脆说这是无价之宝，或曰无可奉告。考古人失态，鼻子不是鼻子脸不是脸的；主持人失落，一鼻子灰一鼻子灰的；观众大失所望，鼻子还是鼻子脸还是脸的，啥也没得到满足。这不能怪观众，观众又不知道出土文物没有价格，想知道价格难道有错？这也不能去怪主持人，他们又不吃考古这碗饭，哪里知道你考古人有行规，不屑谈价。要怪我看只能怪考古人，因为把专业术语转换成大众能明白的通俗性社会语言，没两三把刷子的功力，是深入浅出不来的。

问这些问题的人多是成人，因此也可以说都是成人性的问题。小孩一般不这么问问题，小孩问的多是与"鬼故事"搭边的事，诸如什么"挖到死人怎么办呀？""晚上会不会做噩梦啊？"，等等。其实，无论大人还是小孩，他们所问的问题，我觉得都是好奇心的问题。搞考古专业的人回答好奇心的问题，往往难于回答专业性的问题，往高点说也就是科学性的问题。这就像在《考古》这样的学术杂志上发一篇文章容易，却反而写不好给《北京晚报》副刊"豆腐块"式的科学小品文一样。

作为一般的社会公众，国人没太普遍养成叩问科学问题的习惯，确实有点遗憾。但即便能问些好奇心的话题，我看也比老是问价值几何的问题，诚可嘉，实可奖。

【题外话】

英国剑桥大学毕业的考古学博士，并以主编《剑桥插图考古史》等考古名著为世人称道的保罗·巴恩（Paul Bahn）博士说过这样一段话："如果你去问有教养的公众中的一员，让他说出一位活着的考古学家，我敢打赌，他们中极可能没有人能够举出一位来。"

朋友们能举出几位？相信大家会是例外。我要提的问题是，假使哪天出门旅游，你的旅友里，如果有位懂考古的人，说不定会游兴大增。所以，我建议你一生怎么也得结识个懂点考古的朋友，并且甘心被他"忽悠"，肯定没错。

考古人敢说不会鉴宝

在中国，有一些人看不大起考古人，有许多人看不太懂考古人。

看不太懂考古人的，是那些喜欢收藏文物的人，或者知道一点考古但又不太了解考古到底是怎么一回事的人。吉林大学考古系的青年教师方启曾经在《光明日报》上写过一篇文章："许多人认为考古的就是搞文物收藏的，考古者都是收藏家。其实，这也是对考古的一大误解。笔者经常被人逼问着鉴定文物，当惭愧地告知既不知文物真假，亦不知价格几何时，往往被人用铜铃似的眼睛盯着喝问：你们干考古的怎么连这个都不知道？"

看不大起考古人的，是一些做文物的人，有的是收藏文物的，有的是拍卖文物的，有的是鉴定文物的。譬如我就看到过一位玉器界的大佬，好像还是省级以上的某鉴定委员会的委员，就不无鄙夷地在一篇文章中写道："玉器的鉴定虽与玉器考古有相通之处，但也有它自身的特点，玉器鉴定毕竟不同于玉器考古。一些考古学者对地下出土或是从农民手中缴上来的玉器都不能作出科学的判断，怎么能去鉴定更为复杂的传世玉器。一位长年从事田野考古工作的专家，在一次宴会后坦然承认'其实我并不懂玉器'，真是酒后吐真言。有位学人说得好，考古学者鉴定玉器，真的不会说成假的，但假的常说成真的。究其原因，主要是玉器研究者大多是考古出身，他们的长处是研究玉器实物，所以说来说去，最后还是用考古学方法研究玉器。"这位大佬的意思很坦率，讲得也很明白。那意思就是搞文物的和做考古的是两码事，考古人没有文物人那两下子，只会搞研究，不会鉴定文物，是只会纸上谈兵的假把式。我觉得他这话不太中听，未必都对，可也说出不少实情。

我还见过国内某大博物馆招聘员工,一位搞文物出身的馆领导宁肯要大专学历的文物爱好者,也不愿意接收名校毕业的博士生。问其何故?答曰:博物馆不是大学,不是研究所。他搞研究写文章行,可他会鉴定文物么?他能识真断假么?他了解文物的市场行情么?他万一把赝品当真品收进来怎么办?这位馆领导的话,听听也不是一点儿都不在理。后来发现,果不其然,该大馆博士罕见,硕士不多,本科为主,而各大部的主任多是文物鉴定学员。

我就是这位馆领导说过的那类考古人,不会鉴定文物,只会写点文章。不但写学术文章,还给报刊写过文物鉴赏的小品文,挣过不少能买咸菜的小稿费。譬如《大盂鼎和大克鼎的定级标准》等。我能写这类"豆腐块"文字,不代表我就能鉴定大盂鼎和大克鼎的真假。我还编写过普及性的《铜器与中国文化》书本,但并不意味着我就是青铜器辨伪的行家里手,未必能分得出哪些是刚出土的"生坑器",哪些是代代相传的"熟坑器"。考古人不如文物人可见一斑,术有专攻,业有专属,不服不行。

文物人知道考古人没他们那两下子,不会鉴定文物。考古人也自知不如文物人,没人家那些功夫。但一般的公众却不知道考古人的这个软肋,以为考古和文物就是一码事,就是整天和古董打交道的行家里手,就是挖文物、吃文物买卖这碗干饭的。你说你不会鉴定文物,谁信呢?怎么可能呢?你学的不就是这个吗?这就把考古和文物彻底"交集"在一块儿了。朋友聚会,新朋旧交,一听说你是做考古的,少不了告诉你他家有什么祖传的镯子、上辈儿的簪子,哪天请你给鉴定鉴定的话就会出来,已是普遍现象。你说你不会鉴定,不是丢面子,而是人家压根儿就不信。你说你不知道市场价格,人家不惊讶,以为你这行当有什么行规或秘笈。

所以,上面提到的那位青年教师方启就打了个比方说:"你拿着个瓷碗问搞石器的是真是假,好比是让牙科大夫治疗股骨头坏死,我能干得了吗?再说了,我们是搞学术研究的,又不是文物商店卖文物的,我怎么知道多少钱?你怎么不问问袁隆平大米多少钱一斤？"其实，何止考古界有这样的现象，经济学家被人问股票代码，建筑学家被人问商品房价格走势等等，差不多每个学科，都不乏此类问题，家家有本难念的经。

社会上的很多人不太了解考古是做什么的，常把考古与文物相提并论画等号，反映出的另一方面的问题是，他们也不了解搞文物是怎么样一回事。其实，搞文物是怎么一回事，连很多专家学者也搞不清楚，也不屑于搞清楚。比如有的考古人就说："收藏的和考古的看起来差不多，都跟文物打交道，所以老百姓经常搞混。但实质大不同：就像猎人和牧人一样，虽然都跟动物打交道，但完全跑在两条道上。不同的话语体系，说不到一块去，也没有必要对话。比方说，我宁愿去跟历史学家、人类学家或者其他什么学科的专家过招，也不愿搭理那些搞文物收藏和鉴定的人。他们根本就不在'科学'这个范畴中。"这是萝卜白菜，各有所爱，井水不犯河水的态度。

还有的考古人譬如我的师兄乔梁就说："鉴定实际就是实践掌握的经验，经眼的真东西多了，假的自然会露出马脚。考古者对所研究的领域如果没有鉴别的能力，那是有问题的。而如果让搞史前者去看书画，那无疑是风马牛不相及。"这种态度就更客观一些，也更实际一些。哪些是你研究的专长领域，你有发言权，你就有鉴别的能力。比如搞陶瓷文物鉴定的人，因为社会上瓷器多，流量大、收藏者众，可能对瓷器更了解，而对陶器就不太摸得清门道。以至于我们现在看到的陶瓷类鉴定书籍，对陶器都是一带而过。相反，考古的人特别是那些做秦汉以前时段的考古人，对陶器的断代、分期和鉴赏可能就轻车熟路得多，非但一看一个准，而且还能用这些陶器解读历史发展的种种问题，这就更是搞陶瓷文物鉴定的人难以匹敌的了。像我做先秦特别是新石器时代考古为主，我就写过《陶器鉴定五要素》之类的"豆腐块"文章，略要如下：

在文物考古界，对陶器特别是陶容器进行鉴定分析，通常依据器形、纹饰、颜色、质地、制法等五个重要因素。兹简介如下：

1. 陶器的造型往往由三个主要部分构成。如陶罐，即包括口部、腹部和底部。其中，口部又分为直口、敛口（即内收）和侈口（即外撇）。腹部也有直腹、鼓腹、束腹和垂腹之别。底部又细化为平底、凹底和圜底以及带圈足器。鉴定时一般是从底部和口部入手，腹部较次。

2. 陶器的纹饰包括彩陶、彩绘、拍印纹和刻花纹等。彩陶中多黑彩和红彩，题材以动植物纹和几何形纹为主。流行于中原地区。彩绘是北方多见，而几何形印纹硬陶则是长江中下游的商至春战时期为主。刻划纹出现在新石器时代早期，但篮纹和方格纹却是新石器时代晚期最多见。绳纹则是贯穿在陶器发展的始终，遍及各地。

以上两点常被认为是陶器鉴定的最主要方面，其他三个要素则位居其次。但陶色中常见的红、灰、黑陶，也有时代或地域之别。比如灰陶就是越到新石器时代中晚期以后越多见，秦汉时期更是普及。而黑陶却是东南沿海为主，尤其是龙山文化的蛋壳陶和良渚文化的黑皮陶最为著名。陶质的鉴定常常是区分为夹砂陶和泥质陶两种，前者多用于做炊器，后者多用来做盛器、酒器以及彩陶等。最后是陶器的制法，可分三类：手制、轮制和模制。手制的时代早，轮制和模制已是制陶技术发展到新石器时代中期以后的做法了。轮制陶器的底部能看出如树轮般的绳割痕迹，模制陶器往往是局部成型再相接为一体。

与写铜器文章但不太会鉴定不同，我写陶器文章却是能做一些陶器鉴别的，尽管我的鉴别能力在其他更有水平的考古学人眼里"三脚猫"了一点，可看个大概齐总还是能对付。举这个例子是证明上面乔梁说那句话："考古者对所研究的领域如果没有鉴别的能力，那是有问题的。"他之所以敢这么放言，我知道他作为国家文物局的专家，经常走南闯北检查验收各类考古工地，还给国家文物局的考古领队培训班带班当老师讲课，是国内看陶器的行家。

与乔梁可以比肩的，大概我大学考古班班长朱延平也算一个，他在中国社科学院考古研究所工作，经常随张忠培师外出考察工地，练就了一副火眼金睛，识年断代说区属，几乎是"手拿把掐"。当然，他俩的功夫如果说已到"出神入化"之境，那也是张忠培师带得好，张忠培师带得好，那也是苏秉琦师爷传得好，苏秉琦师爷传得好，那也是徐旭生师尊教得好。但这是考古师承真经，绝对不是文物师徒鉴宝。

老一辈和新一辈考古学家鉴别陶器、铜器、玉器、瓷器、金银器等各类器物者，其实大有人在，譬如各个省市文物博物馆等部门的文物定级，除了一些文物家要参与以外，也都少不了请考古学家参加。我孤陋寡闻，只举我晓得的说了上面几位。换言之，这足以证明前面那位文物鉴定大佬的说法是挂一漏万，带有某种偏见的。不是考古人不懂鉴定，是考古人不会鉴定而已。这个"不会"，不是鉴定不了，而是不会去做民间文物鉴宝、买卖之类的鉴定，因为有考古行规像把戒尺横在那儿。

考古人能不能做文物鉴定？那要看是什么性质的文物鉴定。像行业内部的专业行为，譬如为馆藏的文物定级，为发掘出来的遗存定性等，都是再正当不过的行业行为。再像参加单位组织的各种公益性的民间藏宝鉴定，为博物馆出境、出省的文物交流展览拣选文物，也都没有越过职业操守的底线，不会产生异议，没有不良后果。这些，都是行规所允许的，甚至有的不干还不行，因为你是吃这碗饭的，不说拿着纳税人的钱，起码国家是给你工资，你得干活才是。怕就怕身为国家公职单位的考古人，以个人身份，偷偷摸摸，半明半暗，乐此不疲地去掺和民间收藏鉴宝。譬如鉴定朋友的家藏了，譬如为哪个拍卖行当顾问了，再譬如上广播、登电视为鉴宝栏目当鉴定家了，等等，不管收费不收费，遑论拿钱不拿钱，那就有点超越行规底线，乃至红线了。其实，何止考古人，就是搞文物的人，扩而广之到整个文物博物馆界，也就是我们简称"文博"行业的从业者，原则上也都应该是能不做民间鉴定，就尽量不做为好。

不做为好的道理很简单，那就是你身为国家单位的专家学者或公务人员，像我的大学同窗李季，身为故宫常务副院长，再像我的大学师兄王巍，身为中国社科院考古所所长，他们一旦鉴定了上述的那种不该鉴定的文物，人家即便不说是你李季或王巍鉴定的，那也会说这是故宫博物院的或中国社科院考古所的权威大腕给过了的。像我要这样做，人家也会说这是复旦大学文博系的教授给看过的。他混用或借用了故宫、考古所或复旦大学这种有学术度、信誉度、公信力的公家牌子，不说去社会上招摇撞骗，就算是拉大旗作虎皮，随便蒙蒙不明真相、不懂行规的人，那也是一愣一愣的。

所以，我很少见到那些电视台鉴宝节目里，有身为公职人员的在职专家去做鉴定者，这就说明，大家尽量都遵守着这个行规，不逾矩。倒是我经常撞见一些退了休的原博物馆或文物机构的先生们，常常出镜，而且还顶着原来供职的文博单位的名头，这就过分了，有点"出轨"了。不过有一点可以基本肯定，考古人退休离职后，做这种事情的不能说没有，但我的经历中，所见要少得多，尽管他们中的不少人，还身兼各种文物鉴定委员会的委员、顾问甚至什么民间学会、协会的会长、理事长之类。

说考古人不懂鉴定，是实情；讲考古人懂鉴定，也不是诳语；唠起考古人坚决不沾文物的边，那就矫情了。以我自己为例，我兴致来了，也会去文物市场溜达溜达。2007年秋，我到北京中央党校学习的时间长，逢着休息日，竟没先去秋红尽染的香山，反倒慕名去了趟潘家园。

记得十几二十年前曾流行过一个说法，说的是外国人到北京旅游，一般要做三件事：爬长城、吃烤鸭、逛故宫。近年不少人把这说法改了，严格来说是增补了，即多出来一项：爬长城、吃烤鸭、逛故宫、去潘家园。潘家园是何等去处？竟能与身为世界文化遗产的故宫和长城并列？成为国人和外国人的新宠？潘家园位在北京市区东南部的潘家桥附近，靠近东三环，号称亚洲最大的旧货市场或曰古玩市场。潘家园大，大到不下三千个摊位，人少时几万，人众时十万，包括一万淘宝的蓝眼睛黄头发的外国人。

我去人头攒动、生意兴隆的潘家园转悠，并不会真的去淘宝，不过是见识见识而已。在一家摊位，我看到了几件刚出土的石斧，形态不同，也难称珍品，但价格不贵，几百元的要价。一问是内蒙古赤峰那一带种地时捡到的。和我一道过去的大学师兄，在中国社会科学院考古研究所工作的朱延平，常蹲点在那一带考古，他说这种类型的石器考古中常见，不像是加工仿制的赝品。我也想，为几百元的卖价，去加工打磨一种不是主流藏品的石斧，连加工的本都保不住，缺乏作假的动力背景。何况，只此一家摊位有石斧，不像甘青那种彩陶，满市场不下十家在卖，重复品多多，一看就是批量仿制出来的。

说起来，为考古者，向来不染文物市场，已是业内人的心理底线。原因多多：

一是考古人的职业是挖文物的，瓜田李下，忌讳多多。若不守规矩，也犯瘾收藏起来，恐有三张嘴也说不清藏品来路。那可不是跳进黄河洗不清，就是栽进黄海也涮不净了。所以打从国内有了考古这档子事起，像中国考古之父李济那代人就作育了"考古不藏古"的不成文戒规，犹如天条，延至于今，违者盖寡；

二是在中国，考古人的职场分布，主要是研究所和高校。这两个地界学术为上，鉴定为下。换句话说，每天见的都是地下挖出来的真品，哪还需要练就一双慧眼对器物辨伪？与搞文物的得广涉民间流传珍品的职能几无关系，鉴定等于跌自己学术地位的份儿，大有被逐出学术圈子之虞。哪个肯拿自己的学术生涯去冒险？明眼人可能早就看到，凡参与鉴宝之类节目的，压根儿就少有这两个地界的人去露脸。

三是像故宫、上海、陕西、河南、辽宁博物馆这类知名大博物馆的专家，也没几位会去掺和民间文物鉴定的。原因简单得很，这些专家都有自己的馆方背景，鉴定的好坏先不说，只要一出场，往往就会被心怀不轨者冠以某某博物馆的专家给看过的口实，抬出馆名就足以蒙人，窃得大馆名气也足够作祟了。万一哪天歹人犯事，追查到哪位专家蹚的这般浑水，坏了大馆名声。那这专家也就别想在馆里混下去了，只能认栽，毁了名声。

四是考古人常年与真品打交道，对文物市场真假混杂，以捡漏为荣的实况，实在是看低不看高，多少带点瞧不起的心理并由来日久，成了思维定式，已放不下学者的身段。

【题外话】

考古学家被经常问到的十大问题——

这件器物值多少钱?

挖到的宝物能不能放口袋里?

你怎么知道地下有文物?

你咋知道它是什么年代的?

什么时候挖秦始皇陵和武则天的墓?

考古的一天到晚钻山沟,很苦吧?

我姥姥传给我妈妈一个玉镯子,您哪天有空能给看看么?

古墓里有没有暗箭和毒气?

做考古学家的老婆没压力,你越老,她越喜欢你!

我孩子想学考古?工作好找么?都干些啥呀?挣钱多么?

贰

考古之问

考古发现哪里有

2024年春节，我编辑整理了恩师张忠培口述史《考古张忠培》，他在书中聊到他刚读北大考古专业时的困惑，觉得考古发掘挖到的多数都是砖头瓦块，废铜烂铁，一点意思都没有。我在这本《考古好玩》里也说了考古学家不屑做文物鉴定，也做不来鉴定，考古这行不兴这个。

那么有人要问了，你们做考古的整天挖的那些砖头瓦块都有啥用？不挖点金银财宝出来卖钱你们挖出来干啥？这种问题通常不用去回答，提问者通常自己会自问自答：你们研究挖出来的砖头瓦片，能研究出个啥名堂？浪费国家的钱！

说来也惭愧，我上大学学考古，是40多年前的1978年，当时我也不太知道考古到底能干什么，就想"躲进小楼成一统"，离现实社会越远越好。那个时候学考古没有现在这么多章程，就是学会怎么挖（即如何发现），学会怎么研究（即学会做学问），就可以毕业了。这两年我常开玩笑地说，我在大学学考古，就学会了四个字：发现、研究。

现在学考古可就远远不止这两样了，除了学挖和学研究外，还要学怎么保护和怎么利用，甚至还要从更高层次上学习如何传承，愣生生地多出来两三样来。换言之，发现、研究、保护、利用、传承这五个考古学的核心要素，是中国考古学这个学科发展变化过程的一个动态的缩影。现在，保护和利用已经是考古大树上长出的茁壮枝干，发展前景远大。特别是在2022年全国文物工作会议上，提出来的"保护第一、加强管理、挖掘价值、有效利用、让文物活起来"的新时代"二十二字文物方针"，更是把保护和利用提升到了全新的高度。

只不过，发现和研究依然是考古之根，并且无论什么时候都是考古学的基础。老一代考古学家和新一辈的考古才俊，都还在这两个领域辛勤耕耘，不断向圈内和社会推出新的发现和研究成果。忠培师对这样的考古学做过一个高度概括，叫作发现创新和研究创新，我觉得特有道理。

上面提到的砖头瓦片，是考古发现创新和研究创新的主角，这在不少行外人看来简直有点匪夷所思，但考古学的宗旨就是通过祖先留下来的这些遗存来复原历史的。所以，这些以砖头瓦片为代表的遗存，就成为考古学家们当作宝贝的研究对象和考古核心。换言之，遗存就是考古人要挖的宝。

那么，究竟什么是遗存呢？一般人，又怎样才能理解这个专业术语呢？其实，迄今为止，也没有人对遗存做出大家都认可的明确界定。因此在具体使用时大家往往见仁见智，内涵不一。比如：有的人将人骨、兽骨或植物种子等遗留物作为遗存；有的人把器具或遗迹作为遗存；也有的人将窖穴、墓葬和房屋叫作遗存；还有的人干脆把一个地区的古代物质文化资料都看成是遗存。另外，像"建筑遗存""细石器遗存""植物遗存""文物遗存""近代遗存"之类的说法，也不乏见。

如果归纳以上说法，明眼人可能已经看出来了，遗存大概具有这样几个特性：第一，必须是客观存在的物质实体，既看得见，也摸得着，既是形象的，又是立体的。第二，必须是和人有关的，无论是在人类诞生的旧石器时代还是在近现代。第三，小如一个米粒，大到一座古城，包罗巨细。可见，遗存包括人造物和部分与人类活动有关的自然物。

遗存这个词儿通常被划分为遗迹和遗物两大类，像前面提到的窖穴、房屋、墓葬等，都叫遗迹；而细石器、器具、种子、人骨、兽骨等，都是遗物。《辞海》对遗迹和遗物下过权威定义：遗迹是"指古代人类活动中遗留下来的痕迹，包括居室、窖穴、墓葬、岩画等遗存"。遗物是"指古代人类遗留下来的可移动的实物，如生产工具、武器、生活用品、礼仪用品和装饰品等"。

其实，《辞海》这个定义只是举例说事，并没有说出遗迹和遗物的本质。就犹如"什么是人？"的讨论命题一样，有的会说人是男的女的、老的少的、张某李某王某；有的说人属于自然界中生物发展阶段上居最高位置的灵长目，具有制造工具和使用工具以及能动地改造自然的能力。这两种定义哪个是大众化的？哪个是专业化？就不用多讲了。很明显，前者只不过是简单的分类，并没有涉及本质意义。同样的道理，专家们将遗物和遗迹的本质总结为这样的一种说法：遗物是古代遗留下来的可以移动并不会在移动中改变其形态的物质，遗迹是古代遗留下来的不可移动否则便会改变其形态的物质。这也就是说，遗物一般都能拿走，拿走了原样保持不变；遗迹通常都搬不走，一搬动就坏了，就不是原样了。

《辞海》中的定义还有一个毛病，就是限指人类过去遗留下来的物质才是遗迹和遗物。但考古学的工作范畴近年来已有越来越扩大的趋势，诸如地震考古学、天文考古学、水下考古学、植物考古学、动物考古学、冶金考古学、沙漠考古学等边缘新学科不断涌现，增加了不少非人工但却与人类相关的自然遗物和遗迹的成分。可见，考古学的研究范畴越来越有了广泛性甚至某种弹性，已经不是单独的遗物或遗迹所能涵盖的了，所以必须给一个能包罗万象的词儿，即遗存。这样看来，干考古的还不能仅仅研究砖头瓦片那点事儿，所有和古人有关的遗存都要研究。

我们知道，凡是人类活动过的地方都会留下遗存，它们有的被埋入了地下或水下，像北京猿人遗址、宝鸡青铜器窖藏、秦陵兵马俑、马王堆汉墓、曹操高陵、南海一号沉船、三星堆祭祀坑等；也有的存留在地上，如敦煌石窟、好太王碑、明代长城、乐山大佛、阴山岩画、故宫、良渚古城遗址等；还有的流传在世上，诸如书画、玺印、钱币、玉器等。但客观存在的遗存搁在那儿，它又不会说话，本身不会对考古学复原历史发挥任何作用。考古人只有根据科学的方法将这些遗存收集起来，进行整理和阐释，才能使遗存成为研究历史或人类生存方式乃至社会发展进程的真正资料。

前面说了那么多材料，肯定到处都有，该怎么去收集它们呢？考古学收集遗存的方式，大体上可以归纳为以下五种：

第一种是文献检索。人类活动后形成的遗存，有些是保存了下来的，但也有很多遗存因各种原因消失或看不到了，只留下了图文的记载，成为我们了解古代情况的唯一资料。如宋代王黼编纂的《宣和博古图》就记录了839件宋代以前的古铜器，并且对每件器物都从图形、比例、款识、大小、容量、重量、考释等方面做了较多记载，特别是该书所定的器物名称，有不少至今沿用。实际上，诸如此类的遗存著录，在正史、杂史、传记、方志，乃至笔记小说中均不乏见，甚至现代流散在国内外的文物，经过著录而成为考古研究重要参考资料的事例也不胜枚举。只要对那些已被著录的遗存进行分析，加以鉴别，去伪存真，一来可以补充和丰富现有遗存的种类和内涵，二来还可以让它们成为更有价值的研究资料。

第二种是征集抢救。遗存中的很多遗物是世代相传或未经科学发掘而流散在民间的，征集和抢救这样的传世品，也是收集遗存的重要内容。像吉林省征集的《文姬归汉图卷》、天津市征集的小克鼎、北京市在废品收购站拣选出来的班簋、圆明园十二生肖兽首等，都是文物考古研究的重要资料。另外，根据征集和抢救的遗物，还会索骥追踪去发现某些重要的古遗址或古墓葬等遗存，像云南省著名的石寨山古墓群，就是通过拣选到的虾蟆纹桃形铜矛和铜钺为线索才发现的，还由此揭示出了古代滇人文化的秘密。所以，对于流散文物，在征集或拣选时，要尽可能地了解其来源、出土地点、原存状态以及共生的其他遗物，以增加这些资料的科学价值和利用价值。

第三种是田野调查。经常有人问考古人："你怎么知道哪里的地下有文物？"这用行话来回答，就是考古调查的独门绝活或门道了。但凡搞过考古的人都知道，田野调查不仅是考古发掘的前期准备阶段，也是获取资料的重要方式，还可以有目的地完成特定的考古任务。比如我们常说文物是国家不可再生的文化资源，那么我国的文物总量到底有多少呢？国家开展的文物普查就是要解决这个问题的。同时，文物普查还是确保国家历史文化遗产安全的重要措施，是我国文化遗产保护的重要基础工作。田野调查工作适合于在大范围区域内展开，可以在相当短的时间里了解并获得大量的科学资料。像根据《国家"十一五"时期文化发展规划纲要》，国务院耗时近五年从2007年开始开展第三次全国文物普查，就是为了全面掌握不可移动文物的数量、分布、特征、保存现状、环境状况等基本情况，为准确判断文物保护形势、科学制定文物保护政策和规划提供依据。而且，从2023年开始，第四次全国文物普查工作也已开展起来了。

第四种是试掘钻探。埋藏在地下的遗存难以计数，要全部发掘，会受到人力、物力、财力、时间等因素的限制。同时，现代科学技术手段所能达到的对出土遗存的保护，也还存在着许多尚需攻克的难题，像古尸的防腐、壁画的褪色、植物种子的风化、铜器的霉斑等，都是令人头痛的麻烦事。另外，对类似于郑州市区那样的现代城市几乎直接叠压在商代城市之上的地区，要进行全部发掘，也不现实。所以，为了更多地了解和掌握地下遗存的内涵、分布和保存情况，考古上往往采取局部试掘或全面钻探的方法来收集或观察遗存。从这个角度讲，试掘和钻探也是考古资料的一个很重要的来源。

使用"洛阳铲"钻探场景

第五种是田野发掘。有人总是分不清做文物的与搞考古的之间有什么不同，以为都是一回事。比如有的收藏家上电视，电视台做字幕就会把他打出考古学家的名头来，其实这是完全错误的。因为文物收藏家不会做田野发掘工作，说白了就是不会挖，也就是不会按照科学的方法获取地下遗存，这是搞考古与做文物之间的一条界河。这也是考古学区别于古代金石学或现代搞文物的那些行当最重要的标志。田野考古发掘是收集遗存并澄清相互之间关系的最理想的手段。如果说考古调查是从"面"上了解各种遗存的分布情况的话，那么考古发掘就是具体地解剖一个"点"。而最理想的发掘，是对整个遗址或墓地的全部揭露和对各种遗迹现象的全部记录和取样。这用行内的俗话说，叫作"饱和性发掘"或"完全发掘模式"，说白了也就是对遗址来个"大揭盖"，把遗存全都挖出来。因为只有如此，才能全面地和科学地得到遗存在布局、组合、共存以及自然环境等方面的信息。诸如哪里是壕沟，哪里是房屋，哪里是墓地，哪里有道路等。这样一来，才能为往深了研究提供翔实的资料。但因为人力、物力、财力等客观原因，中国能做到这样发掘的遗址实在少之又少，比如陕西临潼姜寨遗址，已经算是考古面积比较大的了，而且还发掘出来一个史前村落，但也只是发掘了13 000平方米，实际上姜寨遗址的面积至少有五万平方米。

说到这里，大家可以看出，系统全面地发掘即第五种办法，可以获得更丰富、更详尽、更可靠的资料。我上大学时学的怎么挖，主要就是学这个。但现在时代变了，考古的观念也和过去不太一样了。考古大树上长出了新芽，像以前那样光是出于发现和研究的考古工作就不够了，要受到来自文物保护和利用的挑战。换句话说，如果都挖完了，一直挖到了没有古人生活过的早期自然堆积，即"生土"，这个地方都有什么是清楚了，可挖光了就难以原地保护特别是加以考古现场的利用了，比如公众要来感受现场的景观或古人生活的实况，就没什么可看的东西了。于是，现在的考古如果挖到特别重要的遗迹现象，比如大型的墓地，比如保存得比较好的房屋，往往就要现场保护，甚至还要营建遗址博物馆乃至遗址公园。这样就不能一挖到底，就要马上停工，像2010年前后陕西西安挖掘到的西汉张安世家族墓地，央视进行了现场直播，可直播到一半就不播了，被叫停了。为什么呢？就是陕西有关方面发现这个墓地非常重要，很可能要建一座遗址类博物馆，不能再往下面继续挖了。中国社会科学院考古研究所的研究员杜金鹏把考古上越来越流行的这种做法，叫作"非完全发掘模式"，总结得不无道理。

为了研究，考古曾经有完全发掘模式；为了保护和利用，又产生了"非完全发掘模式"。这是中国考古学适应社会文化发展需要，所必然产生的结果，也是人类自我认识的重大进步。作为国家文物局考古专家组成员的张忠培曾经对全国50多家具有考古发掘资质的单位提出建议，不是所有的遗址、墓葬都要进行考古发掘的，有些东西能挖，有些东西不能挖，是否发掘要以保护文物为前提，至少有三类文物不要挖：现在的考古学手段不能解决问题或不能采集全部信息的；挖完之后不能保存或基本不能保存的；不可替代的遗址、墓地，具有独一无二性的最好也不要挖。

可见，从过去的为了研究要多挖，到今天的因为保护而少挖，这种文物观经过了近一百年，才在中国逐步取得了共识，得到了改变。我这几年无论在学校上课还是在外讲座，经常讲到一个"百年中国考古观的变迁"的话题，想表达的就是时代在变，我们的理念也要变，理念下的考古方式也要跟着变。我曾在上海博物馆考古部看到，他们在挖到青浦福泉山一座罕见的五千年前埋藏有象牙的良渚文化大墓时，干脆用整体切割和装吊车的办法，把整座墓葬搬回了博物馆内进行清理。他们把这种考古工作叫作"实验室考古"。

不过这样的做法，有利有弊，有利的是，一是可以更仔细地做工作，二是可以保证文物的安全。但由于搬回来的遗存被剔除清理后，失去了现场性、原真性，整体文物变成了一件一件单体的文物，以后的展示和传播就很难再恢复原样。所以，考古学的发现、研究与新兴的保护、利用之间的关系，看来也是一对矛盾，这个事情怎么办？业界还没有很好的解决办法。当然，如果说最好的办法，也不是没有，那就是不挖。可有些情况下，不挖又不行，这不是考古人说了就算数的。像国家基本建设中，要建条高速公路，再像市政民生工程要兴建保障性住房，或者被盗墓贼破坏了，等等，考古人都不能不管，还是得挖，还是得清理，还是得在挖与不挖的两难中尽可能地做到两全。

怎样做到两全？我不知道。那以后会不会知道？我还是不知道。是看心情呢？还是看情况呢？抑或到时候再说呢？我更是不知道。

回到本节的话题"考古发现哪里有"上来说，还不能忽视另外一个考古新趋势，那就是作为文化遗产的考古遗存不仅在陆地上，还在广袤海域和内陆河湖中。近些年我国已经把目光从陆地上，放眼到水下考古，内河湖泊和海洋考古正在形成新的考古新域。

大家最耳熟能详的，大概是南宋初期从泉州港驶出的那艘在海上丝绸之路向外运送瓷器时失事沉没的木质古沉船"南海一号"的水下考古了。它是1987年在阳江海域发现的国内第一个沉船遗址。该沉船距今800多年，是迄今为止世界上发现的海上沉船中年代最早、船体最大、保存最完整的远洋贸易商船，为复原海上丝绸之路的历史提供了极为难得的实物资料，获得了文献和陆上考古无法提供的信息。"南海一号"是被中国水下考古事业创始人俞伟超先生命名的，成为中国水下考古的标志性起点。2019年8月，国家文物局召开工作会，发布了"南海Ⅰ号"保护发掘项目考古工作成果，沉船中共出土（水）18万余件文物，对研究我国乃至整个东亚、东南亚的古代造船史、陶瓷史、航运史、贸易史等有着重要意义，入选了2019年度全国十大考古新发现，并建成了边考古、边展示的广东海上丝绸之路博物馆"水晶宫"。

1989年以来，福建沿海也发现了不少沉船遗址和水下文物地点。包括连江白礁二号遗址、平潭碗礁一号清代沉船遗址、平潭碗礁二号清代水下文物点。2009年，浙江重点调查和试掘了清代道光年间的"小白礁Ⅰ号"清代沉船。2014年，辽宁对"丹东一号"清代沉船进行水下考古调查，根据考古实物资料，结合甲午海战档案、北洋海军舰船制造档案和海域当地的口述史料，综合判定"丹东一号"沉船应为致远舰，开启了中国水下考古对近代沉舰展开调查的新领域。到了2022年底，上海"长江口二号"清代同治时期古船，又在长江口水下8米处被打捞成功。说到深度，过去，我国的水下考古都是在不超过水下40米左右深度进行的，而在2023年，南海西北陆坡一号、二号明代沉船遗址在深达1 500米的水下被发现，并在沉船遗址核心堆积区西南角布放水下永久测绘基点，让中国水下考古从内水近岸走向远海深海。

"考古遗存水下有",标志着水下考古和海洋考古正在成为我国考古的一个新领域和新趋势。

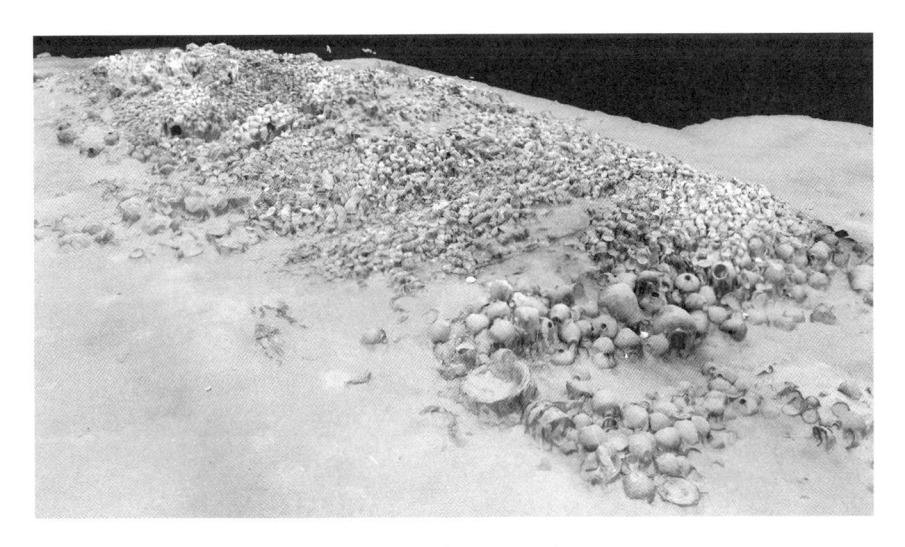

南海西北陆坡一号沉船遗址

【题外话】

考古上把没有经过人为扰动的自然堆积叫生土,把经过人为扰动的土层叫熟土。凡是熟土都可能存在人类留下的遗物或遗迹,都要发掘出来,直到清理至生土出现为止。这种过去施行"完全发掘模式"中的标准做法,今后有没有可能被"非完全发掘模式"所取代呢?

考古发现谁更牛

这个题目煞有噱头,是我从两家媒体报道的标题上,依其大意转述过来再加工的,算不算伪话题不知道,但是个微话题,可说是的。

那两家媒体的原标题是《张家港东山村遗址比曹操墓牛》《江苏新石器遗址居考古六大发现之首,胜过曹操墓》。这里,老记小编们报道的是,在江苏张家港市召开的一个东山村史前遗址考古成果学术讨论会的情况。那时是2010年,正值安阳曹操墓考古发现最受国人关注的时候,老记小编们借曹操墓的人气指数,在报道史前文化的标题上大做文章,看似有点"关公战秦琼"式的时空穿越,实则借力打力地借势,起到了足够吸引读者眼球的目的,使公众一下子就明白了这次东山村史前遗址考古成果有多么重要的价值。

我也受到时任南京博物院考古所副所长林留根先生邀请,忝列专家,去参加了这个考古成果学术讨论会。与会专家们纷纷表示,这里新发现了一个考古学上叫作崧泽文化的墓地,发现了目前长江下游最早的王一级的高等级大墓,堪称"崧泽王",年代可早到距今六千年,确切说是五千八百年。这表明,早在五千多年前的史前社会,就出现了贫富分化现象。我们过去常说中国有五千年的文明史,现在的这个发现,大有把中国文明史进一步前提的架势。所以这项成果和曹操墓一道,被评为2009年度全国十大考古新发现。

不过,在学术论证之外,我倒是注意到了一个有点奇怪的现象,那就是和同一时间里曹操墓报道后所形成的强烈社会反差相比,这个对中国文明起源有重大价值,并且理应引起更大社会轰动的学术成果——老记小编们都说了这是胜过曹操墓的考古大发现了,可社会上居然连一个站出来飙音呛声的质疑者都没有。说这又是一个像曹操墓那样考古界作假事件的,没有;说考古学家急功近利大肆炒作的,也没有;换算这又会带来几亿旅游收入的,还是没有;说地方政府受利益驱使又要吸金捞政绩的,更是没有……本来我想说:"质疑者朋友们都到哪里去了?老高喊你们快回来质疑呢!"想想这样不太好,有点叫板打擂的味道,太不厚道。不过,不说不等于事实不在,我的心虑还一下子难以滤净。

一比如:东山村遗址和曹操墓都挖了一年差不多,曹操墓一公布,像捅了马蜂窝,说考古的人你们急什么的声音不绝于耳。而今,东山村遗址也照常向社会公布了,咋就没谁出来说急不急的了呢?

二比如:曹魏高陵被定性为曹操墓,质疑声四起。可东山村遗址发现了堪称"崧泽王"一级的大人物墓葬,为啥就没谁出来说不信:凭什么你们考古人说他是"王"呢?他脸蛋子上贴标签了还是脑门子上写"王"字了?

三比如:曹操墓发现后,安阳市政府领导说要将曹操高陵建成社会效益、经济效益、环境效益为一体的三国文化考古、文物保护基地和旅游景区。质疑者置其中的社会效益、环境效益、文物保护于不顾,只盯住经济效益一说大做文章。现在张家港市的领导讲:"在对东山村遗址的抢救性考古发掘工作中,我市建造了集挖掘、研究、保护、展示于一体的场馆,给考古工作创造了良好条件。下一步,张家港将以东山村遗址入选2009年中国六大考古新发现为契机,在继续做好考古发掘的基础上,进一步做好相应的保护规划,把遗址考古现场建设成为面向大众开放的遗址公园,进一步将东山村遗址丰富的历史文化内涵挖掘好、整理好、展示好、推广好。"南京博物院院长龚良在新闻发布会上还说,"本次考古工作是由南京博物院和张家港市政府共同组织的,体现了政府和科研学术单位的结合,能够取得非常良好的社会效益,落实从考古的勘探、发掘,到保护、展示一系列的工作计划,这样是非常好的,让人民群众能够享受考古发掘的文化成果。"对于他们的这些讲话,可能的质疑者,未知又将做何新解?可惜,没一位出来挥斥方遒,横挑鼻子竖挑眼的,"这里的黎明静悄悄",静悄悄到了我反而有些质疑的地步。

还比如：曹操墓开过三次论证会，再加上中国社会科学院考古研究所12人专家组一行考察三天，有质疑者便说考古的人这是在学术走秀。可东山村遗址的论证过程也差不离，以著名考古学家、国家文物局专家组组长黄景略为首的国内文物界的权威专家到张家港东山村遗址进行实地考察。专家们现场考察后感慨良多，纷纷为东山村遗址题词。国家文物局考古专家组成员、北京大学教授严文明题为"崧泽王"；中国考古学会理事长张忠培题写了"良渚文明之源"；北京大学考古文博学院原院长李伯谦教授称东山村遗址"独一无二"。非但这样来过几批专家，我等也参与了学术讨论会。可是，居然没谁质疑这又是在学术玩票儿，又是时代性的浮躁云云。

以上等等，就不再过多对那些质疑者们起腻了，他们的出发点我想大多都展现出现代的公民意识，是非常值得肯定的，况且考古人做得也不都是无懈可击，圆满无缺。这些都暂且打住不赘，先只说明一个情况：在一般的情况下，文物考古这行当里的行家，比如鉴定文物，只需搭上一两眼，就大体判断得出是真品还是赝品了。为什么呢？因为他们靠的是见多识广，日积月累，功力练就在日常。这类似于养兵千日，用兵一时的道理，再简单不过，多说就有点矫情了。考古也一样，等级高不高，规格到不到，发掘得怎么样，做得规矩不规矩，一看也就八九不离十了，根本不在于你看的时间长短。其实就像搞历史的那样，论证个十年八年的才作数，穷经皓首才权威。只不过考古这些过程是在工地上不断积累，是在看实物中反复叠加，一句话，是在实践中磨炼出来的而已。换言之，考古靠的是常年的实践积淀，解读的功力瓷实与否，与来不来现场没有必然的直接关系。相反，假使没有功夫，不在这个行当里，即便到了现场，也不免出错，也不免误断。

下面还要啰嗦几句的，就是传媒者、老记们出的一点小误。你比如，上面说的题目就怪兮兮的。东山村遗址出有五千多年前的"崧泽王"，可曹操墓距今还不到二千年，你非说哪个牛，哪个胜过哪个，那是不是有点"关公战秦琼"了呢？没有可比性，此其一。其二，把出土文物的时代一锅煮的报道不止一两处。比如，我见到的报道里有一个细节,就是把本不是这个东山村遗址出土,但被考古人员都放在一个库房保管的另一个黄泗浦遗址的瓷器瓦当,都说成是东山村史前遗址的,还配发了照片,这就有点张冠李戴,误导大众,并对不住老记们自己的职业了。反映出有的老记还真缺乏古文化基本常识,瓷器距今也就有两千年左右的历史,怎么会出在五六千年前的遗址里呢?我不由想起了作家、导演韩寒说过一句话,大意是即便是常识,也要经常讲,反复讲,他说得不无道理。我更想起沈从文说过的话:所谓专家跟非专家只有一个很简单的区别:专家有常识,一般人没有常识。"不管什么问题,一定要在一个常识的基础上来讨论才有意义"。考古学家们在吭哧吭哧挖土时,老记小编们在慷慨激昂码字时,或是在发现历史常识,或是在传播历史常识,都不能违背常识,不顾常识,更不能总是曲解常识,误读常识。

还有的记者把遗址里比崧泽文化早的另一个时代的红陶尖底瓶,以"墓坑内橘色尖底瓶惊倒众专家"的骇人标题描绘道:"专家们对着97号墓坑内一个橘黄色

张忠培先生摩挲小口尖底瓶等陶器
(左起:林留根、张忠培、周润垦、赵宾福)

有花纹、形如炮弹状的尖底瓶纷纷发出惊喜的赞叹。这个宝贝也似乎有着神秘的身份和价值。专家介绍，它明显具有北方尖底瓶的风格，为探讨黄河中游与长江下游的文化传播与交流提供了实物资料。"

  媒体是这么报道的，而专家是怎么看的呢？那是2012年，我陪同恩师张忠培到访张家港，又跟着他摩挲了这件被记者朋友形容成"炮弹状的尖底瓶"。当时的场景，而今还历历在目。到了2016年，恩师为即将出版的《东山村——新石器时代遗址发掘报告》作序，序中他做了一个堪称教科书式的考古类型学的分析，篇幅不长，挺有意思，值得品品：

> M97随葬的尖底瓶的造型、纹饰、装饰和颜色，与黄河流域西阴文化早期同类制品酷似，甚至可以说完全一致。显示着东山村马家浜文化居民和西阴文化居民之间，已经通过某种途径出现了某种方式的文化交流。
>
>   我头一次见到这件尖底瓶，提醒林留根应对这件尖底瓶进行成分测试，看它是否是当地制造的，还是舶来品。第二次再看时，仔细端详，一番观察，终于在器表上看到了紫红色的沙粒。这样的沙粒，是我当年摸过的成卡车的西阴文化的陶器上，从未见过的。结论便从我脑子里蹦了出来：这件尖底瓶是用本地的黏土在本地制造的。
>
>   我立即将这一认识及其依据告知了林留根及考古发掘负责人周润垦，同时对他俩说，还得对陶器做科技的成分分析，并说交付分析时，不要告诉我的这些认识，以便让他们独立地做出自己的结论。
>
>   这次我看了《报告》附录的《东山村遗址出土陶器成分分析》得出的结论，和我提出的上述认识一致。至于这件尖底瓶是东山村本地陶工制作的，还是外来的西阴文化陶工制作出来的问题，还得思考，还待讨论下去。*

---

* 相比引文，稍有删减。——编者注

对这次东山村的报道，说老记小编们功德无量那是忽悠过度，可把他们偶有的瑕疵拣出一二来，也不是棒打桃花，只是提个醒而已。统而言之，老记小编也好，质疑者也罢，考古人同样，行有行情，跨行慎行，大家互勉。然而，我的提醒，我的共勉，自以为条条是道，看上去貌似能指点迷津，可弄不好反与人家老记小编的科班训练要旨正好拧着，也没一定。譬如他们会说，你们考古不乏好发现，不缺好成果，更不愁好故事，可你们讲好了么？说清了么？道明了么？什么是考古媒介题材？什么是考古传媒标题？通过什么来超越考古的学术壁垒把考古发现报道好，进而吸引更多公众来关注考古，你们知道么？如果真这样问我，我也会被问住，一般搞考古的人估计同样也会被问住。

问住归问住，但有一条是很难问住考古学家们的，那就是曹操墓再牛，它的发现也改变不了多少中国史书的原有记载；而东山村史前文化的新发现，却有可能把中国文明起源的发端，在距今5 000年基础上，再向前提前个千八百年，也未一定。

说东山村也好，论曹操墓也罢，我们明白了两个理儿：考古不能改变历史，但考古能够改写历史，更能够填补没有文字记载的历史空白，此其一；媒体人常吐槽考古人讲的都是术语连篇的"鬼话"，不说让老百姓听得懂的"人话"，媒体人也时常被考古人埋怨不说"行话"，写出来报道都是"神话"。我们更想看到的是，双方尽快想方设法与自己和解，不再话不投机地隔行对话。

【题外话】

同样是一个发现，考古给人的感觉要么是百年孤寂，要么是义愤填膺，要么是欣喜若狂，要么是感慨万千，可不可以是一种闲适呢？这跟考古务实求真无关，而是跟你我的心绪有关。

假如我们的出发点没有任何目的，兴趣也全凭个人喜好，好起于兴，兴尽而止，才是真正的、在自由心态下的观察。这体现在我们的身心里，就是生理兴奋，就是文化从容，就是一种对细节的玩味，甚或还是一种远古穿越，再甚或就是满足一下下、一丢丢我们随生带来的本能里的那点点好奇心。

考古好玩，就这样，别无他。

考古下限是何时

2009年初，我曾在一家著名的大型网站上，看到一个《新疆火焰山下发现清代干尸，胡须清晰可见》的标题。这则消息的新闻眼，可能是火焰山、干尸、清晰的胡须、完好如初的布鞋，新疆考古人员现场清理的照片等。但小编们可能不知道的是，他们的报道实际上反映了一个考古学的转变，那就是中国考古学已经开始突破那个长期以来一直镇守的时间底线，明代以后的清代遗存开始被纳入考古学发现和研究对象的范畴。2010年前后，差不多就是这个考古观念彻底转变的时间节点。

众所周知，1986年出版的《中国大百科全书·考古卷》上明确写道："一般说来，中国考古学的年代下限可以定在明朝的灭亡（1644）。"这一年代节点不但成为考古学家们的工作原则，还被写进了多个版本的考古学教科书中，让很多考古专业的从学者自学生时代就被动接受了这个观点。其实在过去，中国考古学的时间下限不但到明代结束，甚至在大学讲授的考古学，结束得还要早得多，基本上是到宋元时代就不往下面的时代教了，从事明代考古的从业人员也非常有限。其中一个很大的原因，是因为明代以后的文献很多，多到"汗牛充栋"，多到"车载斗量"，多到不需要考古费力发功。

从研究角度来说，根据地下遗存来证史的需求不那么强烈。像本世纪初评选20世纪中国百大考古发现，从旧石器时代开始往后边排，位列最后第100名的是北京明代十三陵的定陵的考古成果，没有清代考古什么事儿。换言之，中国考古学重史前、认汉唐，忽视明清的做法，是学科发展过程的时代局限性造成的。长期以来,"清代考古也是考古学"这样一个已经简单得不容再讨论的理念,一直还是距离行业视线甚远。中国每年的考古报告数以百计地出版,但仍然难以见到清代考古的专题报告,以清代考古为研究对象的成果,依旧没有成为一种学术常态,一直没有形成与其他各段考古相均衡的考古业态,也是不争的事实。进而言之,这种以编年史断代体例为参照系的学科定位理念,反映了20世纪我国考古学发展的学术进程,影响至深。考古圈如此,历史圈甚然,我很多做历史研究的朋友,即便到现在,也都还秉持着"考古不下三代"的传统观念,觉得汉唐以后的考古大可不必,有历史学研究就够了。

"洞中方数日,世上已千年"。时至今日,当近现代工业遗产都已经成为历史文化遗产保护和研究对象的趋势下,如果中国考古界还停留在传统的"考古不下三代"那种显然已经滞后的认识上,就不仅是学术发展理念创新不足和学科结构不完整的问题了,更重要的是,祖先遗留给我们的那些不可再生的清代遗存,还将面临日益严重的被毁灭的危机。因为考古学已经不再局限于传统的发现和研究层面,也就是不止于复原历史的初衷,还增加了保护遗产、利用乃至传承遗产,让文物活起来的使命。凡此,编撰于20世纪80年代的《中国大百科全书·考古卷》,已有重新修订的必要,至少一些当时看上去是代表中国考古学最权威表述的理念和知识,应该成为中国考古学前行所必须覆盖或说迭代的历史遗存了,创建清代考古学已经迫在眉睫地摆在了中国考古学界面前。

没有清代考古的提法和意识,不等于20世纪中国数以万计的考古工作中没有发现清代遗存。稍有考古常识的人都知道,晚期的地层是叠压在早期的地层之上的。也就是说,清代遗存最接近现代地表,往往在它下面才会有其他朝代的遗存。考古时,先要把清代遗存挖掉,才能发现比清代早的遗存。何况,清代离我们时代最近,保存下来的堆积一定会比前代的多得多。

这样一说,问题就来了,以往考古中挖到的那些清代遗存都哪里去了呢?一般情况下,都是被认为没有研究和保存价值给处理掉了。当然,可能也不乏个别考古学家出于敬畏祖先的考虑,另择地点深埋了。我自己亲身的经历是,复旦大学考古队于20世纪末在三峡考古中，曾经注意过对清代遗存的收集，但受到的嘲讽也不少。有一次，在考古汇报会上，我报告了一些清代当地土窑的青花瓷以及渔猎用的石网坠等发现情况，会上吐槽我"是不是没什么可挖的了"的同行不乏其人。言外之意，是我没有挖到早期的好东西，拿这些"破烂玩意"来应付汇报。倒是莅会的中国历史博物馆馆长俞伟超和时任重庆文化局王川平副局长对清代遗存所蕴含的考古信息持肯定态度，并要求各个考古队不能放弃对清代遗存的抢救发掘，打那以后，情况才逐渐得到

三峡万州麻柳沱遗址出土清代石网坠

好转。包括我们在内的一些考古队，也把发掘到的清代遗存写进了考古报告。

进入21世纪后，我们开始注意到不断有清代考古的发现和研究见诸报端。有趣的是，就在20世纪末的1999年春季，成都发掘了水井街的酒坊遗址，从地层叠压堆积和器物的类型学排序上，可将明、清、民国乃至当代都连接起来，延续五六百年未曾间断。这次发掘后来被评为1999年度全国十大考古新发现。

2003年初，在中国社会科学院考古所有关中国考古学理论研讨会上，学者们还就考古学研究的时间下限问题进行了讨论。会上提出的观点认为，考古学下限随着时代和考古学研究本身的不断深入而向下延伸。是故，建议以辛亥革命或五四运动为下限者有之，认为可以到新中国成立之前，甚至"文革"时期者也不乏见。尽管这些讨论当时并没有在业内形成普遍的认同，但有一点是可以肯定的，那就是考古学的研究下限已经引起了大家的注意，并开始成为一个不能再熟视无睹的论题。就在这一年，2002年开始考古发掘的江西景德镇珠山明、清御窑遗址，

贰　考古之问　095

在继1999年成都水井街酒坊遗址后，入选全国十大考古新发现。

几乎与此同时，陕西省文物考古研究所还发掘了李氏家族墓地。李氏家族墓地位于陕西关中渭南大荔县，总面积约200万平方米，从乾隆朝延续到民国末期，是迄今为止陕西境内发现规模最大、等级最高、墓葬结构最为奇特、石刻工艺最为精湛的清代后期大型墓葬群，在全国范围内也不多见。考古发掘源于2000年末的人为破坏，在2001年经国家文物局批准后进行了抢救性发掘。这也反映出从国家局到地方省所对清代历史文化遗产的保护与抢救，已经开始引起重视。这要搁在20世纪，挖这么晚的清代遗存，恐怕连报批通过都会有异议，都会有障碍。

陕西省的这次考古尽管在当时还属于凤毛麟角，一时也难成气候。但中国考古界毕竟跨越了传统定规，不说是破冰之举，也属筚路蓝缕，并于发掘后很快出版了名为《大荔李氏家族墓地》的考古报告。清代考古出报告，这在过去从未见到，我觉得这可不是小事。于是，我和研究生冯小妮便合写了一篇推介这本报告的书评《清代考古学的新启示》，发在2005年6月15日的《中国文物报》上。

我们提出，这批清代考古资料，给我们多方面的启示：大荔墓地与一般墓葬发掘后进行研究解释的资源不同，因为该墓地所属家族还有相关的后裔在世。这就提醒我们，晚近时代考古发掘除了可以应用较多的历史文献以外，还有来自该家族后裔的口述传承信息能进行研究时的参照，甚至在适当的情况下，还可以提取到诸如体质遗传方面的信息。换言之，通过考古发掘成果所重建的历史，可以采用"三重证据"甚或"多重证据"方式，即地下地面遗存资料、历史文献、相关人物的口述、现代生物遗传技术等。

如果从中国考古学时间下限的角度，说《大荔李氏家族墓地》出版的象征性意义与其本身公示的大信息量的内涵可以等身的话，那么，清代考古学理论与方法的进一步认知、建设和完善，无疑是这本考古报告给我们的又一个新启示。无独有偶，那一年正当我们写书评的过程中，恰逢2004年度全国十大考古新发现公布，令人欣喜的是其中又有四川绵竹剑南春酒坊遗址入选，其年代既包括清代，也包括一部分民国时期。而且，发布这个消息的《中国文物报》，在当天还报道了黑龙江讷河市学田乡发掘一处明清墓葬。这距时不久发生的一连串清代考古成果，给人的感觉虽然还不那么浓郁，离渐成正果之象还隔着季节，但仿佛清代考古的"春之声圆舞曲"已在响起了。

凡此等等，这意味着在21世纪前后的几年里，清代考古开始正式进入考古界的工作界面，成为过去一贯被忽视的考古学的发现和研究乃至保护对象，成为中国考古观变化的阶段性也是标志性的事件，为历史时期考古下限补齐了过去只到明代结束的短板，也为现代考古的登场开辟了先河。

如果说，中国考古学长期以明代作为时代下限的话，那么到了2000年前后则后延到了以清代为下限的阶段。除了上面提到几处有代表性的成果以外，清代考古逐渐增多的趋势已经形成：

2005年，湖北发掘了武当山遇真宫遗址，出土了大量明清时期遗存。同年，江苏清理了苏州虎丘观音殿清代同治年间的建筑遗址。

2006年，江苏清理了包括清代建筑在内的陕西会馆建筑遗址。

2008年，湖北清理了包括清代墓葬在内的多个时代遗存。

2007、2009年，江西发掘了包括明末清初时期在内的高安华林造纸作坊遗址，获评全国十大考古新发现。

2010年，河南发掘了荥阳后真村、官庄，发掘了清代墓葬、水井、窖穴等遗迹。

2011年，山东发掘明清时期京杭大运河七级码头、土桥闸与南旺分水枢纽遗址，获评全国十大考古新发现。

2012年，辽宁发掘了沈阳汗王宫清代遗址。

2014年，辽宁对"丹东一号"清代沉船（致远舰）进行水下考古调查，获评全国十大考古新发现。

2016年，湖南发掘了明末到清代的桐木岭冶炼遗址，获评全国考古十大新发现。

2017年，北京市文物局发布年度7项重要考古发现，清代考古占到其中的5项。

2018年，辽宁庄河海域甲午沉舰遗址（经远舰）水下考古调查，获评全国考古十大新发现。

2021年，浙江温州发掘年代跨度从北宋延续至民国时期的朔门古港遗址，获评全国十大考古新发现。

撮举以上实例，我们不难看到，清代考古已成气象，除了陆地考古成果，清代水下考古，从沉船调查发掘，到水下建筑遗址、沿海港口码头、海塘遗址调查等，从陆岸到海岸，再到海洋，清代的占比已非常亮眼，虽不说连年，但隔年获评个年度十大考古新发现，已成现象。像"丹东一号"沉船遗址的形成年代是1895年，距今不过130年的历史，可以说是我国考古学实践活动年纪最轻的对象之一了。

相关链接

金属沉船腐蚀速度

20世纪沉船中以金属沉船最常见，海洋文物保护研究结果显示，在海洋环境下金属平均腐蚀速度为每年0.1 mm，每100年就是10 mm，这与两次世界大战时建造船只的铁皮厚度接近，若是放任其在水下自然腐蚀，不做及时救捞，在可预见的未来就会消失。

明眼人看出来了，用"之一"表述"丹东一号"沉船遗址是最年轻的对象，是想说还有比它更年轻的考古对象。那就是彼得罗巴甫洛夫斯克号沉舰（VMF Pr.82 Petropavlovsk）调查和青岛海域近代军事水下文化遗产调查。前者是2011年中国国家博物馆、中国文化遗产研究院与俄罗斯"伊斯克拉"海洋搜寻中心合作在旅顺港外水域开展的水下考古调查对象，主要目标是寻找1904年日俄战争中沉没"彼得罗巴甫洛夫斯克号"沉舰，并确定了一处磁力异常区域。后者是寻找青岛第一次世界大战时期的军事文化遗产的调查对象，目前已确定了数艘近代军舰遗存的线索。这都意味着我国水下考古学已经把研究对象的年代下限，突破到了20世纪以来。

其实，比上面年代更晚的考古发现已经突破了清代的年代范畴，进入了20世纪40年代的现代时期。比如，美国对1941年12月7日在珍珠港因日军偷袭沉没的亚利桑那号战舰（USS Arizona），就展开了水下考古研究，而且还建成了一座纪念馆USS Arizona Memorial（亚利桑那号军舰纪念馆），怀念珍珠港偷袭中丧生的1 177名亚利桑那号战舰上的美军官兵。我2015年去参观访问时，还了解到一些幸存的老兵们在做志愿者，而且很多老兵去世后，也希望自己能够下葬到舰内，与牺牲的战友们共眠水下。

亚利桑那号军舰纪念馆

在我国，1966年和1970年，中国科学院考古研究所等单位就对山西大同煤矿和吉林辽源煤矿"万人坑"进行过考古调查，举办日本侵略中国罪行展览。20世纪80年代，黑龙江文物考古部门对侵华日军第七三一部队旧址就开始了调查，2000年和2008年先后进行过两次勘测以及清理。2013年起，为纪念抗战胜利70周年，黑龙江省文物考古研究所又按照考古工作规程的要求对旧址进行了更为全面的发掘，揭露了俗称"四方楼"的细菌实验室和特设监狱等七三一部队旧址中最为核心的要害部门遗存，出土了1 000余件足以实证日本侵略者直接犯罪的实物证据，出版了《侵华日军第七三一部队旧址：细菌实验室及特设监狱考古发掘报告》，我还参加了考古报告的评审活动，并给报告做了序，着重回顾了我国考古学研究时代下限后延的实践过程。

这次发掘的考古领队、报告主编，也是我的大学同寝同学李陈奇指出，侵华日军第七三一部队本部旧址曾是世界历史上规模最大的以战争为目的进行细菌武器研究和制造、活人实验的军事基地，是以危害人类和自然为代价发动细菌战争

侵华日军第七三一部队旧址

的策源地和大本营,"其反人类性质堪比纳粹德国的奥斯威辛集中营"。接下来,他们还将按《七三一部队旧址保护与展示总体规划》,建立考古遗址博物馆,进一步为爱国主义教育基地提供更为真实的遗迹与遗物证据。2024年春节,哈尔滨冰雪旅游热期间,前往该旧址参观的游客流量大增。

所以,当代考古工作的社会实践已经走到了考古学研究下限的传统界定前面,像2023年度全国考古十大发现评选的入围名单中,还有吉林省磐石市红石砬子抗日根据地遗址,吉林省文物考古研究所在红石砬子遗址发现了各类抗联遗迹3 300余处,确认了该遗址是以红石砬子山脉为核心体量最大、内涵最为丰富的东北抗联根据地遗址群。可见,我国考古发现和研究工作的年代下限范围,至少已经向下延伸到了1949年中华人民共和国成立。换言之,曾经是那么遥远的考古,离我们的现代生活越来越近了。

考古奖项谁来评

2009年末,考古界发布消息说,河南安阳发现了曹操墓。一时间,不是风生水起,而是烽烟四起。铺天盖地的质疑声,不是一片,而是一国。冷门考古,从未如此引起公众的关注,出人意料,实为幸事。公众热情,从没这样被考古激发,可喜可贺。但不少人提出的质疑,却又好像不太了解考古这一行的基本常识。身为考古界一员,我曾在博客上就一些考古ABC做过解释。

有网友说:"田野发掘报告为何迟迟不公布?是没底气?还是压根没有?没有严谨的发掘报告就有造假的嫌疑!任何人都可以质疑!"首先应该肯定,前面那位网友了解考古这一行有考古报告这么一说,是有点在行的质疑者。

但这位质疑者好像又不太了解考古行业的工作流程,就非常主观地给出了结论,认为不发表报告就是造假,这就有点缺乏考古常识了。因为考古工作的流程中,首先,要完成三个环节,才能正式地把考古报告发表出来。这三个流程是先发掘,一般需要一两个月或更长时间;然后,还要对发掘的资料进行整理,这也需要一两个月或更长时间。但有的时候,也可以边发掘,边整理,以加快进度;最后一个环节是解释,也就是研究发掘所获的资料,诸如资料所属的年代、资料的文化性质、资料制作或使用者的身份等,这还需要一定的时间。

曹操墓是在基本完成了上面提到的三个流程性的环节后,才新闻发布式地对外发布发现和研究成果的,但这种成果的发布不一定就非得采取考古报告的方式。因为中国考古的刊物不多,但要发表的各种考古发现和研究成果,长年积累下很多很多。通常情况下,一般的发掘报告和研究性文章没有一年半载是排不上号,发表不出来的，等上个两三年才能发表出来，也非罕见，都是常事。更何况，考古报告的编写还要颇费工夫，大型一点的报告，几十万字甚至上百万字，几百张图和照片，就算不分昼夜地写，每天画，天天拍照，那一年半载能完成，都算快的了。编写完了报告，还要到出版社编辑出版，还要有正式出版的书号等，那又得一年半载下去。这样到正式的报告出来，一般都两三年出去了。

在这种情况下，为了让学界和社会尽快地了解到最新的考古发掘成果，考古界流行先在考古杂志上发表简报的做法，一般万八千字左右，配上一小部分最精要的图和照片。像曹操墓这样有重大影响的考古简报，杂志社一般都要网开一面，尽量往前面编辑、排版、印刷，那也要至少半年的时间才能正式出版。曹操墓的考古简报在2010年《考古》第8期上已经发表了，应当说，曹操墓年初发掘结束，在半年左右时间里就发表出来，这在考古界不算最快的，也是相当迅速的了。

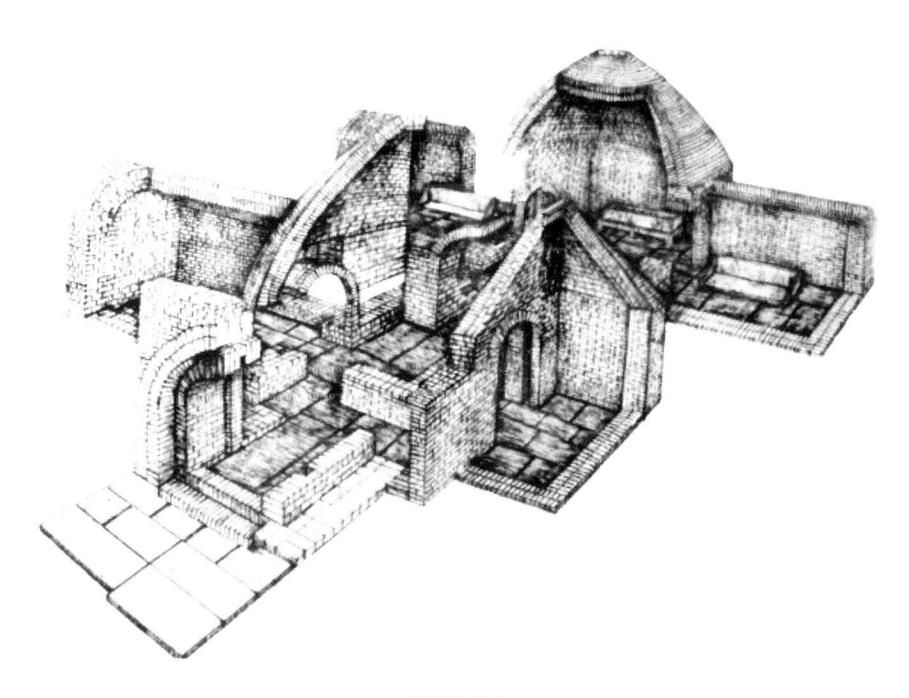

曹操墓墓室

除了发表简报以外，如果有重大考古发现，考古界近些年还创新了更快捷的办法来周知业内，那就是采取每到年底前后，都举行本年度考古发现成果发布会的方式，利用各种多媒体手段，由发掘者进京向广大同行和考古权威机构介绍最新的发掘和研究成果。这就比发表纸版的报告或简报，要迅捷得多了，极大地促进了行业内部和各省市之间的广泛学术交流。这种汇报交流会，过于专业，社会性的记者参加得少，专业报纸如《中国文物报》、专业网站的记者来得多。但像曹操墓这样重要的发布会，也会请社会文化口的记者前来参加。换言之，这等于说也是一种不同于纸质考古报告的新兴考古成果发表形式。这几年，为了更加满足广大社会公众的知情权和对考古的热情与关注，一般的重大考古发现还开展了新闻发布会的形式，向全民公开发现成果和研究成果，请行业内的权威专家来讲解发现的价值和意义。曹操墓的最早公开，就是先采取了这样的方式。所以，回到本文开头那位网友的质疑上面去，我想我这样的一串释疑，是不是已经能解惑于那位网友了？

还有的社会人士臆断："为什么那么多考古学家不发表意见，就是不同意曹操墓的定论，用保持沉默的方式表示反对。"这样的说法有没有道理呢？不能说没有，但又是不太全面的。比如我就遇见过一位身在北京的中国考古学会的常务理事，想听听他对曹操墓发掘的看法。因为北京的消息集中，从事考古行业的人多，权威者众。但他回答我说，他一没有去过考古现场，二没有参加过考古成果发布会，还不好妄下判断。真要说话，得等到正式发表的考古报告出来。可见，不少考古专家之所以还没有发表意见，正像上面提到的那位专家说的那样，还没看到过第一手发掘的资料，还在等待正式考古报告的公开发表。

上一篇博文发出后，没料到又导致新的质疑声音延展过来。比如一位网友在我的博客留言讲："报告都没有出来，这里已经是十大发现，凭的是什么？一张嘴吗？"还有另一位网友也说道："我们的常识是报告出来后，经过社会检验，没有异议，在（再）来评什么十大发现不迟。十大发现难道只是几个专家想给谁就给谁吗？那样的十大发现有什么意思，关起门来，每天都有几亿发现啊。"——那好，我这就顺着这类质疑，再尝试着说说考古界是怎么评选十大考古发现的这个不太为公众所关注的常识。

中国考古界评选每一个年度的十大考古新发现，是从20世纪90年代初期开始的，迄今已经差不多搞了30年了。这个评选是从每年度国家文物局正式批准的数百项考古发掘项目中选出十个，由最著名的考古学家组成评委会，没有商业元素介入，以科学水平为唯一标准，评选活动成为人们观察中国考古新进展的标尺和窗口。对评选本身有没有学术异议呢？以前也有的，但多是在考古界内部，属于螺蛳壳里做道场，譬如：标准科学与否？评选客观公正与否？但这些异议，没像这次的曹操墓那样传扬到社会上去，更没有惹出这么多的是是非非。

十大考古新发现的评选机构，不能说是纯官方的，而是在国家文物局的指导下，主要由中国考古学会、中国文物报社主办。参加评选的专家，过去主要是以中国考古学会等在京单位的老专家为主，这样比较好召集，也比较节省费用开支。近些年，为了更加民主，更加具有广泛性，就逐步扩大到也聘请各地有代表性的中老年专家参加评审。十大考古新发现评选，一般在每年的5月份公布结果，从层层海选到终审揭晓，前后要近半年时间操作。

那时候，全国每年申请抢救和发掘的考古项目在500个左右，现在翻倍了都不止。从这些考古项目中最后评出十个发现，不是像网友质疑的那样，就是几个专家关起门来，想给谁就给谁的。这些专家都是终审，他们是在全国众多专家初审推荐的基础上再做最后投票的。全国的这些专家由各地考古研究所和大学等单位的考古人员组成，像我前些年也曾经作为地方性的推荐专家，向北京方面提出自己的海选名单，一般要推荐五十个左右，我那年也推荐了曹操墓参加最后终审的候选。

所以这里可以非常负责任地解释给质疑网友的是，北京的终审是建立在海选这样的初步推荐基础上的，并不是几个专家一开始就关门投票。其实，海选和海推之后，还有一个中间程序，就是根据海推票数的多少，再把排名靠前的25个候选的项目名单，发表到《中国文物报》这样的专门报刊或网络平台上公示。

最后的终审，是在公示后，择日由这25家单位的项目负责人到北京，向终审的评委做面试一样的PPT当场汇报。经过这样的程序后，投票的结果才得以揭晓。参与报道的中外媒体都在几十家以上，一些报刊甚至推出专刊特稿，足见社会各界特别是新闻媒体的关注程度了。换言之，这个评选已经成为海内外关注中国考古界的一项重要活动和考古成果社会化传播的权威品牌。

令人欣喜的还不止这些，那些入选十大发现的考古遗址会很快得到相关方面应有的关注，很多遗址会被公布为各级重点文物保护单位，面临的破坏和各种威胁得到遏制，科研和保护条件得到改观，甚至在得到有效保护之后被合理地开发和展示出来，成为拉动当地社会文化与经济发展的重要动力。从这个角度说，全国十大考古新发现的评选活动，已经成为人们考察中国考古学和文物工作新进展的一个十分重要的标尺了。

全国年度十大考古新发现的推荐和评选，除了层层推选，还要有相应的标准。这用著名考古学家、中国考古学会前理事长徐苹芳的话说，就是评选一直坚持着三个原则：第一，发掘是否经过国家文物局的审批？第二，考古是否严格坚持了田野操作规程？第三，考古发现是否具有重要的学术价值及其社会影响力？像曹操墓的最后当选，那也是要完全符合以上原则才行。当然，这三个标准制定得科学与否？评选的结果客观公正与否，是否会侧面助长了考古就是挖宝的思想以及考古人的浮躁心态，那也不是一点质疑的声音都没有，但总的来说还是经得起当代和历史检验的。

最后要回答网友质疑的是：参评的项目一定要是上一个年度的考古发现，而不是前年、大前年的发现。这就框住了一个时间的上下限，不可能像网友说的那样，等"报告出来后，经过社会检验，没有异议，再来评什么十大发现不迟"。因为通常情况下，一般的报告整理发表出来，一般都要两三年甚至更长的时间，那就不能参加这个有年度规定的评审了。换言之，除非你不申报参加评选，慢慢地做整理，一点点地搞研究。这用我们民间的俗话说，就是我不跟你玩这个游戏还不行，那就又当别论了。

【题外话】

1. 曾有考古学家对《二十世纪中国百项考古大发现》一书中各项考古发现的契机，做过一个非常有趣的分类统计，发现三种情况：一类是随机性发现，即非考古学家在非考古活动中的偶然性遇见，占31%；再一类是配合基本建设的抢救性考古发现，占10%；第三类是考古学家带着学术目的的主动性发现，学术性强，占59%。

其实，这仅仅是对百项考古大发现的统计分析，带有一定典型性，但是否具有普遍性，还很难说。进入21世纪以来，我国正式立项的考古发掘，有80%都是配合基本建设的。其中，很多项目又是考古学家从盖楼筑路、建设开发区等国家或城市基本建设工地中抢救出来的，中国的考古发掘实际上就是在推土机下对文化遗产的抢救。读者诸君又是如何看待这个问题的呢？

2. 曹操墓的发现与研究，丰富了我们对曹操和他那个时代的考古认知，补充了"三国"的历史拼图。对曹操和三国时代的演绎与想象植根于中华民族，也影响了整个东亚，闪耀于中华文化的璀璨群星之中。2024年春节，中国社科院考古研究所安阳站的前站长唐际根教授寄来他的新作《此处葬曹操》，之前他还写过《曹操墓真相》，一并推荐给读者诸君吧。

修旧如旧是多旧

2009年，为庆祝复旦大学文物与博物馆学系创办专业25周年，我邀请南京博物院院长龚良来做讲座。龚良是我们系聘请多年的兼职教授，平日里实实在在地为我们系的学科建设做了不少工作。这次他专程从南京前来开讲，有一个细节给我留下了印象，有一个话题引起了我的思考。

是什么细节给我留下了印象呢？就是他列出了好几个讲座题目供我们拣选，比如大遗址保护与江苏的实践、江苏小康生活与博物馆群建设、文物博物馆审美欣赏等。我挑了后一个题目请他讲，原因是我们国内在如何进行文物、考古、博物馆的审美鉴赏方面，不说几乎空白，也是乏善可陈，创建不多，无甚气象，是个亟待填补和开发的学术范畴以及面向社会公众服务的领域。何况我曾说过，如果我们连审美都不会了，那又如何能辨丑呢？！

是什么话题引起了我的思考呢？我主持了他的讲座，全程听下来，受益良多。好讲座是给人知识的，好演讲是启迪人思想的，他的讲座既有知识又有思想，我边听边悟，还想到了我国文物、考古、古建、规划等领域中，涉及保护的一个相当主流的理念：文物保护不能"修旧如新"，而要"修旧如旧"。据说，这个概念可以追溯到1935年梁思成撰写的《曲阜孔庙建筑及其修葺计划》，该计划提出了要尽可能在修缮中，保存或恢复建筑的原状。我觉得这个理念有讨论的空间，不但在学术上要厘清，在实践中也要可操作才行。

说起来，我考虑这个问题时来已久，2008年3月我在一家平台开的博客上还草拟过一幕《"修旧如旧"是多"旧"》的文字。文中举例提出：北京故宫是明清两代使用过的皇宫，我们维缮时是修旧成明代的样式？还是修旧成清代的风格呢？我们的公众到底愿意欣赏明代皇宫，还是想看清代皇宫呢？故宫人告诉过我参观故宫的门道：低头看明代建筑基址，抬头看清代建筑风貌。那现存的故宫到底还有多少明代孑遗可看呢？由此我指出，作为文物保护主流意识的"修旧如旧"理念，不但有深化概念的必要，还有实际操作时绕不过去的棘手问题。

我提这样的问题不是矫情，而是源自学习裴文中和张忠培等前辈在实践中认识到的遗址形成过程研究理论模式。这种模式的要义是考古通过建筑遗迹复原古代人的生活，要尽可能地还原出五个与建筑有关的过程才是最理想的：

1.建筑前的地貌和堆积过程，2.建筑时的过程，3.使用时的过程，4.废弃时的过程，5.废弃后的过程。

显然，这是把一个遗址或遗迹，看作是一个动态而非静态的载体，通过观察其在长程性变化中的一个个过程，来复原造成这些变化的人的行为方式。

对照这个模式，可见我们上面说修旧如旧的故宫，是修成明代的，还是修成清代的呢？其实这还只是一个浅问题。比这更棘手的是即便修成清代的，那究竟是修成建筑时的清宫呢？还是修成使用时的清宫呢？抑或是修成废弃后的清宫呢？也就是说，我们公众看的到底是哪个时段的紫禁城呢？再换言之，我们现在看到的故宫，其实只是民国初年废弃后成为故宫博物院的那个故宫，最多是复原到了溥仪和慈禧太后时代的那个清末的故宫而已，包括有些摆件还是溥仪被逼离开皇宫时的原样，但这显然已经不完全是乾隆时代或者更早的顺治、康熙时代的皇宫原样了。

可见，我们究竟复原到明代还是清代的皇宫尚不足以解决，倘若再向公众呈现康熙或者乾隆乃至溥仪时期等历代皇帝的皇宫，就是个更难的问题了。麻烦还没有解决的是，前些年我们在2008年奥运会前花大力气大修过一次的故宫，都是按照原真性的国际修复标准做的保护，雕梁的雕梁，画栋的画栋，几如原初，崭新亮相给世人了。但这究竟是故宫建筑时的样子？还是故宫使用时的样子呢？反正它不是溥仪离开故宫时的样子，即不是在废弃过程时破败的样子了。

这里面有点矫情但却不无学理的问题是，这是不是违反了"修旧如旧"的原则呢？因为按照这个原则，那就应该复原成溥仪离开皇宫时的原旧状态才是啊？！怎么能像现在这样"修旧如新"呢？这里的"旧"是什么样的"旧"？这里的"新"是什么样的"新"？是旧中有新？还是新中有旧？2024年春节过后，我看到有人写的一篇文章，也讲到了"修旧如旧"这个很有中国特色的说法：

> 究其原因则是"修旧如旧"中两个"旧"字的中文理解：其中仅就"旧"字的字面意思所指代的时间线索来看，至少存在三个层面：
>
> 一是初成之时的"旧"；二是某一历史时期的"旧"；三是乡村状态的"旧"。
>
> 所谓"修……如……"，究竟要以哪一个时间节点作为操作的标准？目前仍存在很大的争议。虽然对于"修旧如旧"的概念至今没有统一的说法，但不影响其成为目前最为大众所接受的且朗朗上口的原则表述。

由此可见，"修旧如旧"的理念没错，问题还是在怎么理解这个理念上。换句话说，假如提出"修旧如新"的概念，也不至于被批判得一无是处。问题是如果我们把古建筑复原到它建筑时的原样，而不是废弃时的旧样，那不"修旧如新"怎么行呢？换言之，"修旧如旧"应该坚持，"修旧如新"也不应貌似有理地被轻易而又简单地摒弃。而不是要么极端到南极，要么极端到北极，自以为道理满满，实则矫枉过正，结果招损的是文物，误导的是公众，混淆的是理念，坏菜的是文化。

举个例子，现在我们去故宫，很多人会注意到故宫的宫墙外面种有很多高大的树木。这些高大的树木超过宫墙的高度，密集处甚至遮蔽了宫墙，甚至直逼故宫角楼，这已经不是20世纪初期宫墙外面只是一些低矮小树那种以宫墙为主的景观了。因为树木的长年生长，越长越高大，是不是影响了原本巍峨耸立的故宫宫墙的天际线？暂且不说，就说正是因为这些树木过于高大，还成了盗贼逃跑的借力物。

近年故宫一角

民国故宫一角

  那是1987年，东北人韩古林潜入故宫，偷盗了珍妃印后，被安保人员穷追不舍，他慌不择路，居然爬上了10米多高的宫墙，从宫墙上朝着墙外一棵大柳树就跳了下去。那棵柳树离城墙2米左右，他跳下去时正好借助了茂密树枝的缓冲作用，摔到地上时居然还没怎么摔伤，多亏周围有群众围上来，他才没有逃脱。恩师张忠培那年刚从吉林大学调任故宫博物院院长个把月，就遭逢了吉林来的小偷，有人吐槽说是他把小偷从吉林"引来的"。恩师说这不但是他倒霉，还着实冤出了大头。当年这事引发了他对故宫安全的优先级重视，遂出台了"平安故宫"的全新工作理念，排在他追求"平安故宫、完整故宫、历史故宫、学术故宫、大众故宫"工作目标的首位。这是另外的话题，读者诸君若有兴趣，可以去翻我新整理编辑的《考古张忠培》一书，此不赘述。

众所周知，故宫内的很多地方是不种树的，但宫墙外却不乏大树。为了防止有人顺着大树爬上来，故宫隔几年就要请绿化部门彻底清除那些接近城墙的树干柳枝。由此可见，我们看到的故宫到底应该是什么时候的皇宫，不仅存在故宫本身的问题，还有故宫周边环境景观变迁的问题。这一点，搞文物保护的专业人员应该清醒，公众自己也应该懂得辩证的审美，这才是龚良讲的学会如何欣赏祖国历史文化遗产之美的真谛。该修新如旧的时候如旧，该修旧如新的时候如新，文物本体和文物周边的景观都要相互兼顾，不能顾此失彼，这才真正符合文物保护的原真性、完整性标准。

故宫如是，中国其他地方的文物保护，也有不少这类案例可供分析。我印象很深的一件事是，有一年，我在美国的表哥带女儿来上海，我带她去看浦东的高楼大厦，她说美国太多了不要看，非要看传统的里弄街区，于是便带她去看了上海"新天地"那一带城市更新的老街区改造项目，包括老石库门、"中共一大会址"。

到了会址，不料表侄女看着那修葺一新的会址，居然提了个令我惊讶的问题。她问我："不是1921年在这里开会么，都快100年了，为什么像新建筑似的呢？"我马上想起了文化遗产保护应该"整旧如旧"的业训，但面对她的提问，一下子还真就有点蒙住了。

我不免感慨：发现问题、分析问题、解决问题的"三基"教育规律，特别是在第一环节的发现问题，而且是在从小培养孩子去独立发现问题上，美国做得相当厉害。中国在这个起跑线上，是管孩子做规矩太多了些，在让孩子不能干什么和鼓励干什么上，美国好像做得更好些……艾隆·马斯克（Elon Reeve Musk）近年办学校就把发现问题、分析问题、解决问题作为要旨，而且他认为最难的就是发现问题。实际上爱因斯坦也早就说过"发现一个问题往往比解决一个问题更重要"。一句话，这都是我们常说的：发现问题等于成功了一半。

不过说起来，"中共一大会址"的保护性修缮，一直贯彻"五年一小修、十年一大修"的原则，像2021年为建党100周年所做的修缮工程，与建党80、90周年时的那两次大修相比，是工艺上的改进和材料上的创新，首次采用了更接近原来石头材质的进口石粉，进行外立面修缮和内层墙面粉刷，力求"修旧如旧"，在外观和质感上更接近20世纪20年代石库门建筑的原貌。旧址原貌和内部布置也尽可能地保持1921年的原样，会议室家具均按原样仿制。

不过，"中共一大会址"的"修旧如旧"过程远不止这些，还可举出不少例子来：比如50年代初期刚修复时，室内挂有马克思像、列宁像以及毛泽东"星星之火，可以燎原"手迹。这年冬天，国家文物管理局局长王冶秋从北京来参观一大会址。之后，他说了一番很重要的话："革命历史纪念馆的布置应该完全恢复当年原状，使来馆景仰者能想象当时情景。"于是，马克思像、列宁像、毛泽东手迹被取下来，因为当年开会时，墙上没有也不可能公开地挂这些标志。

如何使"中共一大会址"的布置接近于原貌，还曾有过这样一件事：据一大代表李达等人回忆，一大会场是布置在楼上的。而另一位一大代表董必武重游旧地后说："当年开会不在楼上，而是在楼下，会议室应该布置在楼下。"他的理由是："当时不似现在，人家有女眷，我们怎么好走到楼上去开会呢？何况那时我们的会议还有外国人参加。"董必武在楼下还指着一扇窗说："这儿原先好像是道门。"纪念馆工作人员经过仔细查看，那扇窗当初果然是一道小门，后来下边砌了砖改装而成窗子的。这表明董必武的记忆是准确的。从此，"中共一大会址"的会议室，也就由楼上改为楼下，恢复了历史的原貌。

然而，完全恢复历史原貌也是不可能的，像当年一大会址周边的马路，属于法租界，是以法国公董局总工程师望志的名字命名的望志路，当时的门牌号是望志路106号和108号。1943年侵华日军和汪伪政权废除了"望志路"这一路名，改用广西兴业县县名来命名，称为"兴业路"。"中共一大会址"成了兴业路76号和78号。这些，都已经不是当初开会时的原态了。而且，当年"中共一大会址"周边环境还有些偏僻，路侧还有些农田，现如今，这里早已是高楼林立，成为沪上最繁华的地段淮海路了。"中共一大会址"所在的老石库门区域，早已被淹没在高楼林立的楼海之中，从空中俯瞰辖区几如建筑洼地。只能说小环境还算真实，但大环境早已时过境迁，当年不再。其实，"修旧如旧"或曰"修旧如新"，都是相对的、辩证的，都不可能完全还原出历史真实，像"中共一大会址"原来属于法租界，会议中因被法国巡捕发现才转移会场去了嘉兴南湖的，但我们总不能为了还原历史而还原历史，再造出个法租界吧？！

中共一大会址周边的大环境

2007年年底，上海市政工程管理局收到了一封寄自英国一家设计公司的来信，信中说，上海外滩著名的外白渡桥的"桥梁设计使用年限为100年，现在已到期，请对该桥注意维修"。2008年4月，为配合外滩综合交通改造及地下通道施工，外白渡部分被从原处拆下，送往上海船厂进行大修，经过约一年的大修后，2009年3月大桥以原貌回到原地。

这次大修，政府和施工方都非常强调修旧如旧的文物修复原则，为保护老桥历史风貌，铆钉、油漆等作为外白渡桥的标志部分都被最大限度地"还原"。为了保持老桥上的镶嵌铆钉的特色工艺，修缮工程负责部门特地从国内找来专业技术单位，共更换铆钉6万多个。我的博士导师葛剑雄甚至还曾建议，不要随意处理这些铆钉，最好作为2010年上海世博会的纪念品。我们由此不能不欣慰，多年来广建高楼、普造大桥、猛钻隧道的新上海，在创新的同时越发懂得了"守旧"，体现出对城市文化记忆与史脉的尊重和爱惜。

外白渡桥被整体搬运去厂里修复

　　保护城市历史文化风貌没错，保护有价值的历史建筑也值得赞赏，问题是"修旧如旧"在越来越成为社会基本共识和文物保护常识的今天，到底把文物修到多旧才是旧呢？是最初建成的形态？还是后来的某一个历史时期？比如外白渡桥当初建成时，桥面铺设的是电车轨道，后来改成了现今的柏油路面，这次大修也不可能还原到当初的原状。但有的细节还是恢复到1907年建成时的样态，那就是外白渡桥两边的人行道将铺上木质材料，从而保持桥体本来的"古色古香"。而铺设的这些经过挑选的上等户外木料，虽然基本能扛住风吹日晒，却也不再是原木了。看来，"修旧如旧"是多"旧"还真是个问题，有关部门和专业人士不应该仅仅停留在这个初级的理念上止步不前，否则貌似比"修旧如新"先进的"修旧如旧"的理念，会在今后引出新的问题，应当及早引起重视才是。

不仅"修旧如旧"过于概念化是个问题，怎样修旧也不乏讨论的空间。比如我们到一个博物馆看青铜器，几乎清一色的是完好无损地陈列在那里供观众欣赏。实际上，我们知道这里面的不少青铜器都是经过修补矫形的。但一般观众很难看出哪里是原真的，哪里是后来修补上去的。像著名的司（后）母戊鼎的一个鼎耳，当年曾经被锯掉后遗失，现在的鼎耳是仿造另一个鼎耳补配的，几可乱真。据专业人士讲，青铜器的修复所用的烙铁焊接工艺，在焊接时必须锉焊口，不但会对青铜器造成损害，还会在焊接处改变青铜器的金相结构，这实际上已经破坏了文物的原真性。

中国古代书画装裱也和青铜器类似，传统修复的做法通常是将补的部分以精湛的做旧技术处理得和原物难以分辨。对这种修复"补全"的作旧，主张黏接而不是焊接的西方专家一直认为，文物修复中应遵循真实性、可辨识以及最小修复干预的原则。而像中国这样的做法，是以破坏文物的历史真实性为代价，以求符合一部分人的社会审美观念需求，其结果是部分地制造了假文物。

中西方关于文物修复的理念有区别，是一个事实，是不是一定要逐渐趋同，需要今后加大讨论。记得我前两年在北京开考古学年会，会上发了一套国家文物局颁布的《中华人民共和国文物保护行业标准》。我翻看过其中的一些，比如《石质文物保护修复方案编写规范》中就明确指出，一是保持文物的历史真实性，禁止凭主观想象去臆造或创造；二是坚持最小干预原则，不得刻意修复石质文物的残缺；三是要保证可识别性，即修复部位与原有部位要能识别，色调要协色处理，做到"远看一致，近看有别"等。

南京城墙清凉门修缮后的砖石新旧分明

从新近出台的一系列我国文物保护行业标准上，再回头看"修旧如新"的故宫或"修旧如旧"的外白渡桥，是不是做到了类似的这些标准？我看还是不要盲目高兴，而是持谨慎乐观的态度更可取些。

【题外话】

最近有文章指出：文物修复包括研究修复、展览修复和商业修复"三类修复"。

研究修复的目的，是为考古学研究提供实物资料，常见的做法是把文物表面的污垢、泥土清理干净后，将断裂的部分连接、黏结成型，缺失的部位用石膏补配完整，无须上色；

展览修复多是出于展览展示需要，以满足观众在观赏过程中，对完整的文物

易于产生的认同感和美学感受,这就要对修复的完整器物,再做出纹饰、色泽的统一性修复;

商业修复的目的是将残破的文物,复原到可以当作完好商品交易的效果。这种修复不仅要做到将破损部位恢复成原有的形状和颜色,还要进行技术处理,使该器物的色彩、纹饰、质感都呈现出几可乱真的视觉统一性。

——你觉得上面这个说法怎么样?

长城为何不叫长墙

2023年12月22日，第78届联合国大会一致通过决议，将中国农历新年春节确定为联合国假日，体现了国际社会对中国以及东方文化的认可和尊重。据说，许多国家和地区把春节作为法定节假日，全球约五分之一的人以不同形式庆祝春节。春节被列入联合国假日后，还意味着联合国机构将避免在每年春节当天举行会议。

"中国年"升级为"世界年"后的2024年，是中国农历的龙年。2月6日，联合国秘书长古特雷斯（António Guterres）发表龙年新春致辞，在不到一分钟的视频致辞中两次提到"dragon"：

在龙年到来之际，我谨向大家致以最亲切的问候。

（I am pleased to send my warmest greetings as we usher in the Year of the **Dragon**.）

龙象征着活力、智慧、守护、吉运。

（**The dragon symbolizes** energy, wisdom, protection and good luck.）

古特雷斯秘书长两次提到"dragon"，而没用"loong"，引起了很多争议，甚至还有人联想外延到了中国的龙舟节"Dragon Boat Festival"，认为有必要改为"Loong Boat Festival"。这些讨论是耶非耶，先不去评议，而叫我想到的却是"长城"一词的中外表述方式及其历史文化内涵。

那是2022年8月下旬，在荷兰举行了第25届罗马边墙大会（LIMES XXV）。中国长城首次组团参会，向国际学术界介绍中国长城考古成果，并以中国长城和英国哈德良长城的"双墙对话"为契机，推动两大边墙研究领域的交流合作。

哈德良长城（Hadrians Wall）位于英国不列颠岛上，是2000年前罗马帝国占领不列颠时，由罗马帝国君主哈德良主导修建的一条石头和泥灰构成的防御工事，长约120公里，高约4.5米，底宽3米，顶宽约2米，筑有堡垒、要塞、瞭望塔、壕沟、定居点等，目前残存高度平均约2米。

哈德良长城与英国安敦尼长城、德国日耳曼长城共同组成了几千公里长的古罗马边墙体系，都是漫长的古罗马边墙的重要组成部分。1987年哈德良长城和中国长城一道，被列入了世界文化遗产名录。

从上面的英文中不难看出，罗马边墙和哈德良长城其实并没有用英文"long"（长）之类形容词来做表述。哈德良长城英文的"Wall"，常指墙壁、围墙、城墙、屏障，并无"城"的含义，可直译为"哈德良墙"，或据其建筑材料属性译为"哈德良石灰墙"。同理，罗马边墙"limes"一词的原意是石灰，后来成为古罗马边境城墙的专有名词，尽管也不乏写作"Roman Wall"者。这就是说，"哈德良长城"很可能是我们翻译成中文时，对标中国长城的叫法的一种中文语境的表述，而

哈德良长城

"罗马边墙"则是从戍边防御功能角度的译法。

无独有偶,把中国长城翻译成英文"The Great Wall"源于何时?何人?何因?也颇值得考证。举个例子,1903年最早来中国对长城进行专项田野调查的英国皇家地理学会会员威廉·埃德加·盖洛(William Edgar Geil),后来出版《中国长城》一书。他既没用英文"长"(long)之类的形容词,也没有用"城"(city)的名词来翻译长城,而是写作了《The Great Wall of China》。而今,联合国教科文组织的世界遗产名录上,长城的英文就写作The Great Wall,可直译为巨大的、极大的墙,甚至是伟大的墙,并已成为世界通用的长城的英文专用语了。

一百多年前,盖洛来中国考察长城时是否了解长城称谓难以考证,但中国最早把长城称作"长城",可以追溯到公元前5世纪。据最新面世的《清华大学藏战国竹简》中的《系年》篇记载:"(公元前441年)齐人焉始为长城于济"。可见,长城修建史可以上溯至2 400年前,亦即长城之谓也已经被叫了两千多年了。

说起来,长城在历朝历代尽管也不乏长堑、墙堑、塞围、界壕、边墙、边垣等称谓,但却鲜有长墙的叫法,而是一直流行长城名称,这是因为长城并非只是一道道长长的防御墙之故。

回顾历史,修建于东周秦汉、隋唐五代、宋辽金明等十多个历史时期的长城,是一个包括镇城、卫、所、堡、敌楼、烽燧和长城线性墙体等组成的纵深防御体系。还包括壕堑、界壕、敌台、马面、水关、铺房等单体建筑,此外还有采石场、古驿站等相关遗存。随着岁月迁移和戍边需要,这些星罗棋布的关口堡寨渐渐从屯兵驻军形成城镇聚落,在长城脚下和沿线落地生根,繁衍生息。所以顾名思义,长城虽然是长长的城墙,但又来源于"城",是城的扩大和延长,或者说城是由其演变而来。

最新长城资源调查显示,各代长城资源分布在我国15个省市区的500多个市县,遗存总量43 721处。其中单体建筑超30 000处,关口城堡超2 000座。这和罗马边墙或哈德良边墙一样,有些资料说哈德良长城当时由约1万罗马士兵防守,一个堡垒可以驻扎500到1 000名士兵。在和平时期,很多士兵和当地居民通婚,并融入当地社会。他们还雇当地人驻守堡垒，逐渐形成以堡垒为中心的小村镇。哈德良长城早已不单单是一堵石墙，而是一个繁忙的军事区，甚至是一种生活方式。

但和哈德良长城主要是石墙不太一样的是，由于长城所处位置和周边环境条件的不同，长城的修筑方式和材料方面，各时代、各地区采取了"因地制宜、就地取材"的做法。现存的长城墙体，有土墙、石墙、砖墙、木障墙等多种建筑方式，还有用芦苇、荆条砌筑的墙体，而大家印象中最常见的砖、石长城，占长城墙体总长度不足25%。

正在修缮的北京箭扣段长城

说到长城长，根据文物和测绘部门的全国性长城资源调查结果，号称"万里长城"其实不止1万里。秦汉及早期长城超过1万公里，明长城总长度为8 851.8公里，加在一起，总长超过2.1万公里。

这么长的长城目前大部分区段是残损的遗址形态，这既是长城的历史形态、自然形态，也是客观形态。按现存状况分为"保存较好""保存一般""保存较差""保存差"和"已消失"五类。被设定为"已消失"的长城绝大部分都没有真正消失，只是被掩埋于地面之下，通过科学的考古调查和勘探工作可以被确认。

人为破坏长城的行为，固然是长城保护当前面临的一大难题，但是自然力是威胁长城的最大杀手。而在诸种自然力中，破坏力最大的是水患、地震和风沙。此外，还有雷击、酸雨、植物根系等对长城的破坏。在北京箭扣长城公告牌上我看到过一句提醒游客的话，留下的印象挺深：除了照片什么也不带走，除了脚印什么也不留下。

话说开头,我们回到本篇题目和前面去。中国人叫"长城"不叫"长墙"由来已久,外国人叫"哈德良墙"或"罗马墙"也经年日久,各有各的语境,每有每的句法,自有自的文化传统,都无可厚非。但在翻译成跨国语言时,音译也好,意译也罢,看得出来,还大都是以自己国家的习惯表述方式来处理的。这就像1814年英国来华传教士马什曼《中国言法》一书,虽然把中国的"龙"字注音为"Loong",但不会改变西方文化中源远流长的"Dragon"的广泛使用一样,我们把"Hadrians Wall"翻译过来,也不叫"哈德良墙",而叫"哈德良长城"了,盖洛赋予了中国的文化表达之故。

最后再说一下,我们每个人的身份证上,都印有长城图案,你注意到了么?!但是作为国家的名片,不少人对长城的了解其实并不深,常常存在认知上的误区。

说起长城,不少人都容易联想到秦始皇修长城、孟姜女哭长城,以及长城沿线民族之间对峙征战和流血冲突等景象,长城甚至被误解认为是暴政、战争的代名词,一些研究者甚至将其视为封闭保守的象征。全面客观认识长城的历史作用,需要为长城正名。

从历史整体看,修筑长城是为了防守,有效规避了战争。作为调整游牧和农耕两种生产方式的手段,长城大幅度减少了军事冲突。不少长城关口都是茶马互市,是农耕民族与游牧民族经济、文化交流融合的窗口。长城内外双方互相依存,谁也离不开谁,它是中华民族融合的标志,对中华民族"多元一体"格局的形成起到了积极作用。

从当代价值讲,长城作为线型世界文化遗产,既是经济、军事、文化交流的窗口,也是建筑、艺术、文化的展现。它将所经之处的区域联系在了一起,将不同民族和文化元素融合在一起,形成独特的长城文化。长城代表着守望家园、守护和平,代表着防御与和平相处,而非扩展和侵略。长城是中国古代高超的军事建筑建造技术和建筑艺术水平的杰出范例,有着保护国家和民族安全的无与伦比的象征意义。长城早已成为各民族普遍接受的中华文化的象征,"大江南北、长城内外"变为形容祖国辽阔领土的常用语。

长城蕴含着团结统一、众志成城的爱国主义精神;坚韧不屈、自强不息的民族精神;守望和平、开放包容的时代精神。长城,已经与中华民族的命运紧密联结在了一起。

【题外话】

2004年5月,我在复旦大学的同事、历史地理学教授满志敏给欧洲航天局发信,纠正他们5月11日发布的从太空中拍摄到的"长城"卫星照片,其实是一条流向北京密云水库的河流。随着欧洲航天局在官网上公开"认错",又一次引发人们对"太空中到底能不能看到长城"这一话题的兴趣。

美国宇航员塞尔南(Eugene Andrew Cernan)说,他用肉眼看到了长城;中国宇航员杨利伟说没有看到长城。前者的最低轨道高度大约是160～320公里,后者的高度是343公里。目前学术界普遍的说法是看得到和看不到,都有可能,都很正常。读者诸君怎么看?

有多少古墓没有门

我时不时被电视台找去做点古墓考古的节目，主持人们都挺客气。见到我，有的会说考古里面道道多，每回和你做节目都有点犯虚，觉得自己考古知识不够用；还有的说最好有时间能到复旦去听你讲课，充点氧，要不然和你对不上话茬，接不住梗。

有一次，和一位很有流量的香港名人做节目，他素以能说会道著称，去之前我还有点心虚。可哪承想那台节目做下来，我成了主咖，他成了配角。连主持人都奇怪他的状态，问他今天怎么了？他说，在考古专家面前，我不太敢说话了，怕露怯。

他们这些话与其说让我听得耳顺，能当补药吃，还不如说真有自知之明，不是那种假客套。这不是我多厉害，而是考古的力量。这个力量中很大一部分是魔力，因为在考古面前，你可以提问题，但你很少能解题，也不会揭开谜底，揭了也没人信，因为你不是考古这一行的，没有专业性，更没有权威性。

其实，一个人如果跨行出位，聊侃自己行当以外的事情，就算达人，也不过初中程度而已，弄不好也就小学那点水平底子，没几个人能说到点子上。就像我在考古行做了半辈子，也时不常因为行有分工，业有所隅，识有所囿，不敢瞎掰胡诌。我曾经给一个总裁班作古代铜器讲座，一位学员带来一块祖传的佩玉叫我给看看，我愣是不敢断定是仿玉还是琉璃。这就是说，即便身在考古行，也不能包打天下。像我是做先秦考古的，一般性瞄瞄陶器还将就，能说出个四六。但叫我看汉代的物件，我就挺打怵的了。而你捧件宋元的瓷瓶子来叫我瞧个门儿清，怎么可能？再叫我看明清书画，那更玩儿完。

学了考古入了行，才知道行有行道，门有门规，鱼有鱼路，虾有虾道。这压根儿就不是常人想象的那样，既然你是吃考古这碗饭的，给什么古董宝贝，你都能火眼金睛，辨真识假，坐贾议价。其实呢，术有专攻真把式，能耐不济瞎鉴宝，像有的电视台播出的鉴宝节目里，不知哪里请来的那些所谓文物收藏协会的专家，啥都能鉴定，啥都敢鉴定，什么话都能说。我反正做不到，而且我还相信真在考古行内做的，没谁能做得到。即便公家安排做公益鉴宝活动或文物定级评审，那也是瓷器分瓷器组，玉器分玉器组，铜器分铜器组，没谁能上下左右前后古今，都能通吃的。

分工精细的考古是这样，主持人这行也不是想说啥说啥，想指哪就打哪。广识多博，不断充电，自我加压，也成为他们这行近几年的一种流行。我认识的几位主持人还真不食言，本来都是播音主持专业出身的老把式了，当红如星，却不走穴串场，一个个再考到复旦来攻硕读博，腾出工夫在职读书，扩大视野，增添素养。来听我课时，也都素颜轻装，不施粉黛，弄得我同班来上课的其他学生对不上号，我不介绍，都不会相信他们竟然就是电视上每天露脸的新闻女主播或名牌访谈栏目的酷帅主持人了。

不过即便学习，毕竟不是专攻，也还是不免有外行问题问出来。有一阵子，电视台和我做了几期汉代马王堆女尸考古、汉代海昏侯墓考古、唐代乾陵考古、明代定陵考古的古墓考古系列节目，做之前总编有点担心，说大晚上的讲古墓，会不会吓到电视机前的老人和孩子呀？万一被举报了可就麻烦了。没承想，担忧全解除，收视率飙高，大大超出了栏目组的预期。总编和编导都增强了信心，决定把古墓考古系列做下去。

那天做到秦始皇兵马俑考古节目，主持人就问到了墓门的话茬，在她的概念里，仿佛中国的古墓都该有一个墓门似的。我那时候喜欢舞文弄墨写博客，就像我现在时不时还发个"考古老高"的微博。我在博客上说到挖不挖秦始皇陵的话题，就讲如果挖秦陵得先把封土，也就是坟头挖去才能挖出墓室。有些网友便留言说:"找到秦陵的墓门进去不就得了么,哪有你忽悠得那么复杂,非得来个大揭盖啊?"

显然,古墓在一般的行外人看来都该是有墓门的,就像我上面提到的主持人一样,比如电视上播放的盗掘乾隆皇帝或者慈禧太后的陵墓,根本不用费劲巴力地去掉封土,只需掏个洞,寻到墓门,用大木头撞开或用炸药炸开,端枪举火把就能冲进地宫。地宫里面的空间,也都大到可以横着膀子逛的程度,盗墓贼只管撬棺、扒尸、掠宝就行了。历史上有没有这样的事情呢?有的。但实在是多乎哉不多也,从考古这么些年发现的情况看,中国的绝大多数墓葬其实都没有墓门。

中国古墓,大多无门,是因为坟墓的营建结构有一个漫长的历史发展变化过程。一般人可能知道也可能不知道,通常的墓葬结构,一部分在地下,另一部分在地上,是由地下的墓室和地上的坟头两部分构成的。但早到一万多年前,人类刚出现把逝者埋埋的葬俗时,最多就挖个小坑埋上了事,甭说坟头,恐怕连口像样的棺材都没有。到了孔子生活的那个时代,中国人可能才开始有了在地表以上,用土堆筑起坟头的做法。所以孔子讲过古代"墓而不坟",这话的意思可以理解为孔子时代才有了"坟"的概念和做法。历史一晃,已经发展到距今两千多年的春秋战国时期。就是说在此前的七八千年里,人死后下葬的墓可能都是不堆表土,不做坟头,就是挖坑埋人了事的。

这种没有坟头的墓葬,用考古行话叫"土坑竖穴墓",简称"土坑墓"。就是埋葬时从平地向下挖个深坑,放入棺木和随葬品,讲究点的贵族人家,再在墓口铺上大木头做盖,盖上面再覆上厚厚的土,埋得严严实实。但时间久了,当初盖墓口的木头就会腐朽,造成塌方,墓室里就被塌方掉下来的土填满,再无空隙。不言而喻,这样的墓葬肯定是没有墓门的。

不做墓门的情况,到了西汉特别是进入东汉以后才发生了改变。原因是从那时开始,砖被大量应用到建造墓室中来了。人们用坚硬耐腐的砖砌起四壁,墓顶也像造拱桥那样用砖券起来,行话叫"券顶",结实耐用,这才有条件使墓室变成了一个有物理空间的大房子,里面下葬的灵柩和葬器,基本上就不再会被塌方的

曹操墓门洞和封门砖

土填埋了。这种墓行话叫作砖室墓，也叫横穴墓。换句话说，从前做土坑墓是往深挖，像在商周时代做王陵，下挖十几二十米深的不算什么；东汉开始流行往宽了挖，不那么提倡非得深埋了。

甚至，有很多讲究人家的砖室墓，还做了可供反复出入的砖门。什么意思呢？就是这类讲究家族有人去世，按当时的习俗要合葬在一个墓室里。先逝世的人先埋进去，多年以后，家族又死了人，可以把墓室用砖堆砌的砖门打开，再埋人进去。之所以一个墓室里能先后埋葬很多人进去，关键是砖室墓牢固不塌方，墓室里面没有被泥土塌方埋没，有足够的空间可以再利用，技术进步和丧葬习俗就这样完整地结合到了一起。从这个时候开始，中国的墓葬才越来越多地有了墓门，但不是那种有门枢的整块石板的推门或拉门，而是有了门框或门洞，然后用砖封砌的空门，比如河南安阳曹操墓就是这样的门式。

发展到宋元特别是明清时期，可推拉的石门作墓门的现象成为流行，像用大理石或汉白玉石材做墓门，更是帝王及其贵族阶层的独尊，成为一种高端流行和社会身份等级的规制。比如已经考古发掘的明代定陵，地下宫殿距地面27米，由前、中、后、左、右五个高大宽敞的殿堂联结而成，全部是拱券式石结构。前、中、后三殿之间，各设一道结构相同、全部用料石构筑成的券门，券门下是两扇高3.3、宽1.7米的汉白玉石门，重约4吨。石门制作工整细致，又十分合理，大部由原石雕凿而成。中殿左、右两侧有两条甬道，通向左、右配殿，甬道口装有青

定陵地下宫殿

石门,形体较小。定陵地下宫殿采用了很大的料石砌筑成拱券式的石结构,能承受较大的压力,采用明挖法施工,将覆盖土夯填密实,又精心做好四周的防排水设施,距今虽已有400余年,但无一处塌陷,很少出现渗漏水现象。考古发掘时,只要想办法打开一道道石门,即可进入各个大殿,直接清理那些棺椁葬具和随葬品。

由此可见,不管三七二十一地一说到古墓就想到该有墓门,是对考古常识缺乏全面了解造成的想当然。如果现在我在课堂上,一定会再敲敲黑板强调一遍:墓史的实况是,绝大多数情况下和绝大部分时间里,中国的古墓是没有门的。这也就是说,秦代是早于西汉的王朝,所以秦陵十有八九也会是土坑竖穴墓,也会被塌方的填土埋实,墓室里面也不太可能存在空间。换言之,挖秦陵不可能只挖一个洞,找到墓门就能直接进去。这样一来,如果真挖秦陵的话,就只能大面积地先把封土挖掉,才能露出整个墓室的墓口平面来,才能再深挖下去,直到挖到秦始皇的灵柩。一句话，秦陵可能和中国绝大多数先秦墓葬一样，是没有像定陵那样的特制墓门的，所以，不可能采用挖定陵的办法去挖秦陵。

就这样，我不但经常要和那些编导或主持人解释中国古墓不是一直都有墓门，而且往往还要纠正她们经常把古墓防盗设施叫作"机关"等不太靠谱的说法。但想想她们又不是专业出身，不懂那么多术语，也情有可原。何况从公共传播上看，说"暗道机关"，谁都能听懂，不需要解释，属于不绕弯子的"直给"，直达受众，何乐不为？

但我有时不免还会想，以后媒体平台如果能招聘一些文物考古专业的学生，把更专业的表述输入给编导们甚或受众们，让大家都更在行一点，再专业一些，恐怕那些过于外行或票友的说法，就能减少许多了。我也不用像唐僧那样一天到晚、反反复复地念叨那些作为考古基本常识或考古 ABC 科普的车轱辘话了。

【题外话】

好像在哪儿看过作家、导演韩寒说过的一句话：常识要经常讲。

都是常识了，还要经常讲吗？从有没有墓门这个话题来看，好像是要经常讲。有多少古墓没有墓门在考古界是常识，出了考古界就未必是常识，甚至还会产生误识。考古的任务，不是也不可能把每个专业术语都要变成专业常识甚至公共常识。但作为一个学科，有责任也有义务为增添社会常识贡献自己的学科力量，让更多的专业知识成为社会公众的常识，应该成为包括考古学在内的所有学科的常识。你说呢？

哪位古代名人遗存多

近年来，媒体朋友没少采访我，问我怎么看名人故里之争的话题。对这类争夺古人遗址来吸引大众注意力的文化现象，甚至不乏地方政绩和行业利益驱动下的资源经济博弈，我基本上不太掺和这些争战，谨言慎行。但这类区域经济和传统文化的激烈竞争，也没少叫我想到另外一个话题：中国古代的名人中，到底谁的遗存保留到现在的多呢？

其实，这类多少有点学术八卦的问题，不少公众还是颇感兴趣的。我也蛮感兴趣这样的问题，或者说不得不多琢磨点这类问题，因为总有人问我这样的问题。譬如给学生上课的时候，譬如有时候遇见考古爱好者的时候，像前一阵子我还被一位中国台湾地区杂志的编辑给问住过。她的问题是：请推荐一本中国发表资料最全的考古报告。

说实在话，我当时还真被她问蒙了，冷不丁一下子回答不出，没接住这个梗。第一，我原来不太琢磨这样的问题；第二，我受到过的科班教育里，老师基本上不直接教哪个最好，一般都是告诉学生哪个不好，比较普遍的是说这本书哪里挺好但哪里又不太好，反正不肯定一件事物，也不否定一件事物。学生越往高年级了学，越知道评介一件事物是复杂的，是没有标准答案的，一不是一，二也不是二，三不三，四不四的。一言以蔽之，越说越糊涂，而不是越解越明白，那学问就大了。这用老百姓唠的嗑，就是不靠四六。

说是这么说，可我回答编辑提出的简单问题，总不能绕个大弯子，给人家一个四六不靠的答案吧。那就答非所问，把简单的事情复杂化了。于是我憋足脑筋硬答如下：早年的考古报告，写遗址最好的是《西安半坡》，写墓地最好的是《元君庙仰韶墓地》和《白沙宋墓》。近些年的中国考古报告发表的资料都很全了，就我了解的长江下游来说，上海的比如《马桥》等，浙江的比如《南河浜》《新地里》《好川墓地》《跨湖桥》等，江苏的比如《高城墩》《鸿山越墓》《邱承墩》……太多了，很难全部罗列。没想到我这个略显复杂，是多个而非一个的答案，还挺令她满意的。

言归正传。中国古代名人成千上万，如果除去那些帝王将相，到底哪位古代名人留存到现在的遗存多呢？我觉得能沉淀过滤出来的，恐怕明代航海家郑和算一位。早在1985年，为纪念郑和下西洋580年，受交通部及其相关筹备部门的委托，我曾参加了为期约一年的有关郑和文物古迹的野外调查工作，范围包括当时国内所知与郑和生平活动有关的绝大部分区域或地点，并写出了我平生第一篇专业学术论文《郑和下西洋与福建关系的考古学观察》，还主笔撰写了《郑和史迹文物选》一书，由交通出版社出版。最近几年，不止一次参加过有关郑和的各种会议，了解到郑和遗存又有了一些海内外的新发现和新成果。

他的遗存，有好几个特点是一般古代名人所缺少的：形式种类的多样性、分布空间的广泛性、文化价值的独特性，这被我笼而统之地归纳为多态性。郑和遗存的种类之多，可列出一摞来：

云南郑和父亲马哈只墓及墓志铭

泉州伊斯兰教圣墓和郑和行香碑

南京郑和奏建并祈求海晏河清仪式的静海寺和残碑

福建长乐太平港郑和船队"伺风开洋"驻泊基地和《天妃灵应之记》碑

《郑和家谱》

南京牛首山郑和墓

南京马府街郑和府邸

制造宝船的南京龙江船厂遗址和巨型舵杆以及绞关木等构件

南京郑和维修过的弘觉寺塔

郑和重建和督造的南京伊斯兰教净觉寺

南京大报恩寺与琉璃塔遗址

南京龙江关纪念海神天妃保佑郑和船队回国的"御制弘仁普济天妃宫之碑"

反映郑和下西洋友好往来的南京南郊今文莱国的浡泥国王墓

江苏太仓浏家港郑和下西洋起航地及天妃宫遗址

太仓发现的六次随郑和下西洋的船队武官周闻墓志铭

福建长乐船队进出太平港航标的三峰塔遗址

福建南平发现的郑和铸造的铜钟

郑和曾多次遣官并亲自前往致祭的福建湄州岛天妃妈祖庙遗址

福建泉州九日山郑和船队祈风祭典的摩崖石刻遗址

云南图书馆发现的郑和施印《五华寺大藏经发愿文》牌位

北京西城区新街口三不老胡同郑和故居

反映郑和下西洋友好往来的山东德州苏禄国王墓

郑和重修陕西西安清净寺和重修清净寺碑

上海宝山为船队导航的御制烽堠碑等

2002年浙江平湖发现郑和署名的《妙法莲华经》长卷

如果说以历史学为代表的其他学科对郑和的研究，比较多的是关注郑和一生的史实及其产生的非物质文化遗产价值的话，那么文物考古领域取得的上述成果，开拓了以郑和遗存的物质文化遗产特性为研究对象的新领域。需要特别指出的是，郑和遗存的特殊性还在于我国历朝历代的人物不但很少有人具备如此国际性的身份和经历，而且也很少有人能有如此众多的遗存保留至今，并几乎分布近半个中国的区域。这些郑和文物史迹显示出以下一些特点：

第一，郑和遗存的内涵得到了极大的充实，从文物考古角度构建起了从郑和生平、郑和与宗教、郑和船队与科技、郑和下西洋活动及海内外影响的基本框架。

第二，随着文物考古工作队伍的发展，由专业文物考古学者参加的调查、发掘成果愈加显示出资料新、证据足、影响大等特点，彻底改变了单纯依靠文献研究的局面，不仅正在成为历史时期考古学的重要组成部分，而且已经在各学术领域对郑和研究中初步占据了自己的一席之地，具有了一定的参与权和发言权。第三，郑和遗存开始纳入各地文博事业管理与保护的范畴，有些具有重要历史文化价值的遗存陆续被确定为各级文保单位，甚至已经和正在成为世界遗产。通过投入经费、配置专职人员和研究机构、创办专门刊物、建立富有地方特色的资料档案等途径，有效地促进了对郑和遗存的管理、保护和研究。第四，政府级的重视程度大大加强，特别是云南、江苏、福建等几个"郑和文物大省"，纷纷投巨资加以保护并举办大规模的展示活动，云南和南京还建立了郑和公园和郑和纪念馆等。郑和下西洋壮举所产生的物质文化遗产和非物质文化遗产价值正在成为国家和地方纪念郑和活动的主题。

泉州伊斯兰教圣墓和郑和行香碑

我们当年在国内做的郑和遗存的调查和研究多限于国内，而国外有关资料的收集、整理和解释，不但是全面研究郑和遗存的重要组成部分，而且还使郑和遗存研究逐渐成为国际性课题的重要前提。这就需要我国文博事业和研究人员朝国际化研究方向发展，吸引更多国外学者进行互动研究，郑和遗存不失为又一个既具备了条件，又能够操作的学术资源和平台。令人欣喜的是，近些年我国考古走出去，在南洋和东非等地，还发现了一些可能与郑和下西洋相关的古迹与文物等。

经过在国外的考古发掘，如今我们得知，郑和船队所到的30余个国家中都有明初青花器物或残片出土。比如2010年，中国政府启动了中国—肯尼亚拉穆群岛地区联合考古项目，探寻郑和足迹。来自中国国家博物馆、北大考古文博学院和肯尼亚国家博物馆等机构的考古学家们，对肯尼亚蒙巴萨、拉穆群岛地区和马林迪等非洲东海岸的陆上与水下文化遗存的遗址和遗物进行了系统考察与发掘，发现了宋元、明万历、清康熙等朝代的中国瓷器。换言之，比起我们早年做的国内郑和遗迹调查，近年来，郑和海外遗迹调查已经和正在成为郑和考古的新课题和新亮点。这类跨文明的考古对话，使得郑和也随着中国考古的国际影响力不断变大而更加名扬海外。

可以想想看，中国古代名人中有哪位能有如此众多的遗存保留到今天呢？又有哪位名人的史迹能像郑和那样，不但遍布云南、福建、江苏、北京、上海、浙江、山西、山东等几乎近半个中国的地界，还远涉西洋、非洲呢？可以这样说，郑和该当中国古代名人中走出中国最远的人了吧？！这是我所以强调郑和遗存具有空间分布广泛性的缘由。换言之，郑和出中国而远足世界的行迹，即便汉代张骞、唐代玄奘、明代徐霞客这样的古代名人在世，也只能望其项背、自叹弗如了。我印象中还曾见北大教授林梅村说过，郑和在永乐皇帝去世前不久，出使过苏门答腊岛南部的旧港。但是这次出使的任务，是册封苏门答腊岛侨领施进卿之子承袭明朝旧港宣慰使，并没有算进通常所说的"郑和七下西洋"之列。否则，郑和至少是八下西洋。

至于郑和遗存具有文化价值独特性一说，我这里仅举几小点，就能证明不是一般的古代名人所能堪比的：哪一位能像郑和那样在东南亚、红海直至非洲都留下过遗存？哪一位能像郑和那样至今还被国内外隆重纪念？哪一位能像郑和那样具备那么大的国际性知名度和影响力？并且不拘于纯学术研究的范畴？从这些角度来说，非但百姓，就是古代帝王，恐怕也没有几位能傍上郑和者。

郑和在普罗大众的社会文化记忆中，是人们耳熟能详的西洋航海家。其实，这就像大部分人只知道他姓郑，而不晓得他原本姓马一样，并不了解郑和在其一生中，还曾在中国国内留下很多足迹，他的生平也不都与下西洋有关。他在国内活动的空间跨域之广，一直没有引起人们足够的关注，专门的学术研究也多见缺失。这对于全面还原和评介郑和这样一个历史人物，显然是远远不够的。远的不说，就说我所在的上海，又有多少人知道曾经有位上海人是郑和船队的成员呢？我在2007年写过介绍这位船员的短文，登在《新民晚报》上，取名《郑和船队的上海人》，节选如下：

> 明永乐十五年（1417年），郑和在太仓浏河口准备第五次下西洋，在江南等地招募船员。上海医生陈常应募参加，从事出使西洋中的航海医疗保健和救助。后又两度随郑和远航，先后到过30个国家，史书上记载他随郑和下西洋时，"恭勤厚愨（音却），上官皆器重之。"寥寥数字，却真实地记录了陈常所取得的业绩。
>
> 陈常成为后代上海人的自豪，乃至有人称他是上海史上最早的国际旅行家之一。其实，只有经历了"平生足履所不到，目见人所不知，未尝自多"的陈常自己，才最知道远航西洋的艰辛。《松江府志》记录了他的独白："临终但日：今生不葬身鱼腹矣！"
>
> 随郑和七下西洋的10多万人中，能被记载下名字者不足50位，陈常煌列其中，是上海最早的有名字在录的古船员。而随船的大约150名医官中，仅3人有载，陈常又是前往次数最多者之一。今编《上海卫生志》称其为上海最早出国的医生，是上海有史以来第三位有名字流传至今的医生，被著名的

《古今图书集成·医部》列入我国古代医术名流列传。

近现代的上海名人我们知之不少,古代上海名人我们知之不多。历史总是这样,时代越久远,能够成为历史记忆的人物越稀少。换言之,那些近现代的上海名人究竟能有几多会被载入史册,恐怕还要经受"浪淘尽千古风流人物"的淘洗。可我相信,陈常作为随郑和下西洋的上海人,不但现已成为上海历史人物,还能成为上海的未来记忆。

真正的历史繁复异常,无数的名人你来我往,但哪些事件能成为历史记载,哪些名人能成为后人的群体记忆,并且得以世代流传,往往都充满了不可思议的奇迹,看似偶然,仿佛必然,又有些神助。换言之,古代名人不少,但能留下遗存的很少;能留下遗存,且又能保留到现在的更少;能像郑和这样留下这么多遗存的,简直是少之又少。郑和留给我们后人的,远不止他在国内的这些考古遗存,也远不止他出洋的那些文化遗产。如何走近郑和,如何识读祖先,怎样还原历史,我们的目光还很肤浅,我们的认识还有局限,我们的脚步还显蹒跚。

至此,话说到本文开头,如今那么多名人故里之争,争李白、抢曹操,甚至子虚乌有地撕扯起了西门庆大官人和潘金莲,等等,可怎未见与郑和有关的诸多省市出来打郑和牌呢?是为问。

顺便还不能不说到,不少小编老是把我文章的题目修改成与我原标题走样状态,几如"标题党"之嫌,会让观众以为我有哗众取宠之癖。比如我写这篇"哪位古代名人的遗存多",经某网站推荐到首页时,被改题为"国际知名度最高的古人",后又被某网站文化版编辑成"争西门庆大官人不如抢郑和"。折煞我也,徒呼奈何。

这种改动,其实是我的文章被编辑们按照自己的理解,做适合于他们的传播理念而重新解读了。尊重原创,与不复制原创并有所发挥,我有时倒更愿意看到后者,因为被改动过的标题甚至内容,为唤起别人的联想或用途,派上了用场。换言之,有时被重新阐释,可能不完全依照原创,有更大的社会文化启蒙价值,也未可知。

【题外话】

郑和史迹文物那串名单中，泉州伊斯兰教圣墓和郑和行香碑、泉州九日山郑和船队祈风祭典的摩崖石刻，在2021年被列入了"泉州：宋元中国的世界海洋商贸中心"的世界遗产名录。福建莆田与郑和下西洋有关的遗迹、南京牛首山郑和墓等，好像也都列入了"中国海上丝绸之路"的世界遗产预备名单。

但那串名单中，有多少全国和省市级的各级文物保护单位我没数过。读者诸君有兴趣的话可以捋捋，标个分布地图，做个线路设计，没准儿变成郑和史迹探寻之旅，岂不妙哉？！

叁

考古之事

神秘考古　神而不秘

考古这一行，说起来很神秘，道白了挺简单。

考古很神秘，原因有二。一个是古人留下来的遗存里，有许多费解之谜、难解之谜、未知之谜；另一个是常人不太了解考古的门道，以为考古人火眼金睛，能掐会算，身怀绝技。所以考古人也好，非考古人也好，都写过不少解谜考古的书。像北京大学考古文博学院教授李伯谦和徐天进二位，早在20世纪90年代，就主编过《考古探秘》的书。后来光是与此同名的书，国内外就有好几个人写过的不同版本，都是通过对一些考古现象的解释，想告诉公众，那些考古之谜到底是怎么回事情。

考古之谜的产生，很大程度上是因为考古学家对考古发掘的结果太难解释，揭不开谜底。这既成就了考古的魅力，又见证了考古的无奈。一方面，大部分考古发现的现象，的确是一时半会难以解释清楚的，日积月累谜题越来越多。所以有人说，考古学既是使用感叹号最多的学科，也是应用问号最多的领域。因为一个考古新发现，往往会带出N个新问题，而N个新问题又可能会引出N^2个，甚至无限多个新解释。另一方面，即便就算能解释，专家之间的看法还有很多是互相矛盾的，公说公有理，婆说婆有理，依据各有所持，结论可能相反。这还不算，如果再加上非专业专家的解释，抑或再加上考古爱好者的演绎，事情就更加复杂，甚至扑朔迷离。像我们长期叫惯了的商代著名的"司母戊鼎"，后因改称"后母戊鼎"，就差点闹出一场不小的风波。

事情是这样的：2011年3月中旬的一天中午，中央电视台新闻频道《新闻30

分》简要报道了一条国家博物馆将举办青铜器展览的文博新闻，主持人将大众熟知的"司母戊鼎"播成了"后母戊鼎"。很快，就有多位网友在微博上指出了这一"错误"："在中国凡有小学文化水平的人，都见过此图，也基本能将这三个字读准。而今天央视新闻30分的记者却N次将'司母戊'读成'后母戊'。羞煞吾等！"在不断转发中，评论中心点已引申到了新闻从业者素质的讨论上去。那么，央视记者和主持人，是否犯了这样一个低级错误呢？

司母戊鼎铭文

下午，央视主播发表微博说，播报事先是查过资料的：早在20世纪70年代，学术界就曾有人建议把"司母戊"改为"后母戊"。因为商代的字体较自由，可以正写，也可以反写。所以"司"和"后"字形可以一样，而意思上此处更接近"商王之后"的意思。国家博物馆网站微博上也说："此鼎初始被定名时，专家释读其上铭文为'司母戊'，然而随着更多同时期青铜器被发现，目前专家多认为应当释读为'后母戊'。但由于中小学历史课本的广泛宣传，目前司母戊鼎、司母戊大方鼎等名称更为有名。"

　　由此可见，不同的学术见解，不仅存在于业界内部，还会影响到社会上去，大家都来掺和，闹出不少动静。像"司母戊"或"后母戊"之间到底哪个对？冷不丁看上去像个谜面，实际上谜底早已被揭开，这就比较好办，一解释清楚，很快就会获得大家的理解，甚至还从中获得了新知。所以，已有的学术发现和研究成果，如何能转换成一般的社会文化常识，身为考古者就有向公众解密的责任和义务。我也想掺和一下这类考古解谜的事，譬如像下面这样，介绍一下考古工作的三个流程。因为我以为，把考古工作一步一步的流程弄清楚一些，考古可能就不再那么神秘了。

　　考古工作的三个流程，说起来很简单，就是发现、整理和研究。发现哪里有遗存，是考古的第一步，通常叫野外考古，行话又叫收集遗存的过程。野外考古完事后，为了把收集到的遗存进一步纳入研究之中，就需要对各种发掘后得到的标本和遗迹现象加以整理。于是，这就成为考古工作的第二步，或第二个流程。这个流程不在野外操作，而是回到了室内工作，也叫室内考古，说白了又叫"沙发考古"。但是，整理不是考古的终结，整理是为了研究。所以，研究就成了继发现和整理后的第三个流程。研究通常也不在野外进行，也属于"沙发考古"的一部分。

这样一来就很清楚了，考古工作从收集遗存的发现之旅开始，然后是整理和研究过程。如果机械地把这三者平摊下来，考古工作的时间大约是三分之一在野外，三分之二在室内。这就不是一般人理解的考古人一天到晚都在野外的那种印象了，所以每当有人问我考古是不是很苦？我就用这样的工作流程来回答，往往还真能改变问话者对考古工作的原有误解。

被俗称为"沙发考古"的整理工作，既包括对发掘到的器物碎片的拼对、修

考古整理陶片场景

复、登记、统计、绘图、照相、摄影、造册，又包括对遗迹现象、自然物乃至可能有的文字进行鉴定和考释，还包括对遗迹特别是遗物进行类比分析等。所有这一切，都是为一个目的——确定遗存的年代关系和空间关系，也就是它们都是什么时代的，是什么地方的，是本地生产的，还是外面传播交流过来的。

遗存属于什么时代的？往往是优先级要搞清楚的事情。考古上经常采用两种年代学的定位概念，即绝对年代和相对年代。绝对年代指可以明确的具体年代，如隋唐长安城建于开皇二年（公元582年）。相对年代指难以确定具体年代，只能推定遗存在时序上谁早谁晚的大致年代，比如仰韶文化早于龙山文化，这个房屋比那个墓葬早。可具体早多少年呢？不太清楚，有可能早一千年，也可能早一百年，也就是个约数，不确指。确定绝对年代，既可以采用自然科学如碳-14测定的方法，也可以采用社会科学的手段，如根据历史文献的记载，来考察有文字的遗存年代，像甲骨文、金文、货币、墓志、碑刻等。但从实际情况看，没有文字的遗存往往大大多于有明确文字记录的遗存，所以，考古学研究往往采用相对年代来确定遗存的时段，特别是那些文字发明以前的史前时期遗存。

确定遗存的相对年代，主要应用考古学上叫作层位学和类型学的手段。考古学中的地层，由于土质土色的不同而呈现出上下堆积的差异，这种差异有早晚区别，即先堆的在下头，后堆的在上面；后堆的可以压着或破坏先堆的。所以，通过这种探讨堆积时序关系的层位学手段，就可以确立遗存之间的相对年代关系。梁思永1931年发掘河南安阳后冈遗址时，就是按土质土色的方法，分辨出著名的"三叠层"，正确地解决了商文化、龙山文化、仰韶文化三种堆积的遗存之间的相对年代序列，成为中国考古学的经典范例。读者诸君可千万别小看这三个地层关系，它的发现等于是把中国3 000年前从商代往前推，直到6 000年前的时代脉络，一下子搞清楚了。打个比方，这就相当于把摊在地上的一堆骨头，拼出来一副脊梁骨，有了脊梁骨，再构架历史的骨架就容易多了。

如果说层位学的考察，最适用于确立一个遗址中遗存堆积之间的相对年代，那么类型学在确立相对年代方面,要比层位学有更广泛的功能。因为在层位学基础上,通过类型学手段所确定的典型遗存及其序列,往往具有文化标尺的意义,它可以跨空间地域比较不同地点的遗存相似度,来确定相隔千里的遗址之间的年代关系。比如,对河南偃师相当于夏商时代的二里头文化四期遗存的相对年代关系确立以后,不但解决了二里头遗址本地遗存的年代关系问题,而且远至上海发现马桥遗存,也因发现了和二里头遗址鸭形壶这种器物形态的相似性,解决了马桥遗址也处于夏商时代的年代问题。

马桥遗址鸭形壶　　　　　　　二里头遗址出土鸭形壶

如果举个我们身边的例子,这就有点像在中国和美国发现了印有肯德基logo的纸杯,上面都是那招牌似的桑德斯上校的头像,我们就大体上可以判断出远隔万里中美两国的纸杯,可能属于同一时代。假如我们在同一个垃圾场里,发现不同时期的各种肯德基纸杯,那我们还能根据纸杯纹饰、颜色、纸质、形状的不同,分辨出不同时期的纸杯。

由此可见,即使互相之间不存在直接的层位关系,但只要确立了一个典型遗存的时序标准,并以类型学的比较为途径,哪怕只有一两件器物或一两个组合性的遗存相同或相近,也可以标识出不同地方所发现的遗存之间,可能存在着相处

肯德基商标的变迁

于同一时代的相对年代结果。甚至还可以根据谁出土的数量多，谁发现的数量少，来判定谁影响到了谁。假如二里头遗址的鸭形壶多，马桥遗址的鸭形壶少，那就说明马桥遗址的鸭形壶很可能是从二里头遗址传播过来的，如果反过来也一样，同理。按说，这就是所谓的文化交流了，二者之间是怎么交流的？为什么会交流？这就把问题深化了，甚至还会变成科研课题。这是另话，按下不表。

二里头和马桥遗址鸭形壶的比较研究，显然不是在野外得出的结论，而是在室内得出来的。换句话说，把遗存整理出来，包括把发现的器物年代断定下来，考古工作还没完事，还要转入考古工作的第三步，即解释遗存的过程。通俗地理解，就是我们一般人所说的考古研究过程了。鸭形壶的比较研究，就属于这个环节的工作。

苏秉琦说过："考古学是一门科学，发现（包括一些重大发现）仅仅是它的一个环节，它能给我们以启发，却不允许我们满足于现状。如何解释这些发现，或者说用什么样的理论、方法来指导我们正确地解释这些发现，才是最重要的。"从这里面我们可以看到，前面已经说过的收集遗存和整理遗存的过程，事实上都是为解释遗存服务的。然而，服务不等于解释，或者说不等于解释的全部。也就是说，经过收集而得到或经过整理而完善的遗存材料，其本身是否就能表述某种历史上的事件、场景和发生、发展过程等等问题，还取决于对遗存内涵的解读。

应当说，历史时期有文字的遗存，有些是直接记录了历史上所发生事件的，如郑和下西洋时所刊刻的《天妃灵应之记》碑，就记述了郑和下西洋的时间、出发和到达地点等信息；再如甲骨文中也有某一个王在某次狩猎前的卜问和狩猎后收获的刻辞；包括甲骨在内的20世纪初前后的敦煌文书、汉简等三大文物发现，有一个共同的特点：就是这些文物上面都有文字，这给考古带来了解读的可能，所以它们在历史学等学术方面，就产生了无与伦比的轰动效应，丰富了我们的知识体系，甚至改写了某些历史认知而成为信史，等等。但郑和下西洋的目的是什么？他的船队为什么选择该时该地出发？为什么要至此地而不至彼地？另外像商王为何要狩猎？凿挖敦煌藏经洞的原因等诸如此类的疑问，却是遗存本身很少回答或者未予注明的。有文字的遗存尚且如此，那么本身无文字的遗存，它们为什么被生产、被使用、被废弃，也就更加叫人丈二和尚摸不着头脑了。事实上，即使是有文字的遗存，往往也不过是证明了历史上曾经发生过什么事情，以及发生在何时、何地而已。至于说为什么会发生和怎样发生的问题，实在是包括有文字的记录在内的所有遗存都不会一一作答的。因此在这个意义上来说，仅凭遗存本身是很难复原历史真相的。这就是说，遗存本身在复原历史上有相当大的局限性。

张忠培说过这样的话，考古学遗存本身是形象的，要透过遗存探讨考古学文化所体现的那部分人类历史规律时，首先得把形象的遗存和它们之间所呈现出来的形象关系译成语言文字。遗存的解释是考古学研究中不可缺少的一个过程，它的基础是遗存的收集和整理，而它的指向则是完成考古学复原人类历史的目的。

目前，遗存的解释往往是在比较下完成的，比较的对象主要是文献资料、民族学资料和实验性研究。在中国，由于历史悠久，有长期积累的文献传统和边远地区大量的少数民族生活的"活化石"，所以常常采取或比之于文献，或比之于民族学材料的办法。而西方特别是北美，则因历史发展短暂和科学技术进步，多采用的是实验研究验证假说以及民族学调查相结合的办法。前些年，这种手段及其相关的理论也开始逐渐传入我国，如"新考古学"理论的引进、"民族考古学"的兴起等，都是在这种背景下为找到一种解释遗存的途径所做的尝试。但国外的各种理论和学派是否适宜于中国这块土壤，是否能对中国特有的遗存做出合理的解释，尚是一个有待验证的未知数。实际上，中国自己的一些学者也已在考虑如何解释遗存进而揭示人类社会发展规律的问题，并进行了相当有益的考古学实践，像"区系类型""谱系""文化因素分析""历史文化区和亲族文化区""聚落""实验室考古"等方法与理论的提出、借鉴与实践,即是如此。

上面提到的"实验室考古",得到了从国家文物局领导到考古学家的普遍认同。事情的起因是这样的:2007年5月,位于山西省翼城县东的大河口西周中期墓地被盗。山西省考古研究所报请国家文物局批准,于2007年起进行了全面钻探和发掘。了解到墓地分布面积4万余平方米,埋藏西周墓葬1 000余座。其中,在M1的四周墓壁上,发现有放置漆木等器具的壁龛11个,还清理出若干青铜器、原始瓷器、玉石器、骨器、龟甲、鹿角、蚌器、贝等。中国社会科学院考古研究所原所长王巍认为,大河口西周墓地是一个诸侯国国君级别的墓地,它的发现揭示了不见于历史文献记载的西周"霸"国的历史及文化,并为研究西周时期的分封制度、器用制度和族群融合等问题提供了宝贵的实物资料,填补了中国对西周时期考古研究的一项空白。这次考古独具特点的一项工作,是考古发掘清理程序结束之后,对已经显露出来的脆弱质遗物进行了现场应急处置保护,对墓内的多个壁龛、漆木俑、盾牌及兵器部分等实施套箱起取,并运至中国社科院考古研究所文化遗产保护研究中心进行室内考古发掘和文物保护。

说起来,这种实验室考古的办法,最早在20世纪30年代河南安阳殷墟发掘著名的YH127甲骨坑时,李济他们就搞过整体提取,运到位于南京的历史语言研究所,经过几个月的努力,专家们共剥离出有字甲骨17 096片,出土甲骨数量之多,被誉为"地下档案库"。近年,有些省市也越来越多地使用了类似的做法。相对于传统田野考

实验室清理和复原的山西翼城西周螺钿漆木罍

古，实验室考古具有环境可控、时间可控、节奏可控、可全方位发掘、运用各种仪器设备、更好的安全保障等优势，可使考古工作更细致，获得的信息资讯更详实。这次山西翼城西周墓地的考古实践，更是把这项工作推进到了学科建设和考古发展的前沿。大家认为，中国社会科学院考古研究所进行的实验室考古理论与实践探索，逐步明晰了实验室考古的工作特点、要求、流程和模式，体现了我国考古学现阶段的最高水平，是中国考古学的发展方向，是中国考古学新的学术生长点，在国际上亦属先进，对于中国考古学的发展具有示范意义。国家文物局计划与中国社会科学院共同推动在考古研究所文化遗产保护研究中心基础上，创建"实验室考古国家中心"，建设一个集考古科研、文物保护、教育培训、服务公众的国家级实验室考古基地，带动全国各地的实验室考古工作。

实验室考古表明的一个考古学取向，是发现、研究、保护乃至利用为一体的研究范式。这就和历史学主要是通过复原历史而通古今之变的做法，有了更大的区别，二者原来所共有的学术语境也渐行渐远。我经常参加历史学科的学位或项目评审，历史学家们最关心的是史料够不够和历时性的叙述方式足不足。而考古、文物以及博物馆则既有历时性的过程研究，又有现实性的鉴定、断代、检测、保护，甚至还有与历史学浑身不搭界的科技博物馆乃至遗址公园的策划、营建、开发、利用等，面向的是现实甚至未来的发展。我还曾提出考古工作曾经面对过去，而今还要面对现在，今后更要面向未来，能不挖就不挖的主张。这些考古学的新理念所代表的考古新趋势，使考古学越来越走上了与史学分道扬镳的道路。

老一代考古学家通过半个多世纪的努力，用大量考古发现书写了体现考古资料和信息的中国史，使考古学在史学界获得了一定的地位和话语权。但现在，用考古资料撰写新的中国史的任务，尽管还是考古学依旧要持之以恒的责任，但更广泛意义上的文化和社会需要，又向考古学提出了更高的要求。这就是为未来保护过去，为子孙保留现在，为文明弘扬传统，为中华传承文化。我想，这才是考古学从历史学科分化出来之后，所要肩负的一级学科的担当和义务。

中国人的原始脸

我们在教科书上看到的北京猿人复原像，作为中国第一批世界文化遗产的标识性元素之一，一直以来都是在国内外影响最大、最古老的中国人容貌。

但大家可能很少想到这位北京猿人像是男还是女？教科书上也鲜有提及，乃至许多人一直想当然地以为这座雕像复原的是男性。其实如果观察仔细的话，雕像胸部的女性特征还是不难看出来的，而且古人类学家们复原的还是一位中年女性。

北京人复原像

那么，这尊雕像是怎么复原出来的呢？是凭空想象的艺术创作？还是确有所本的科学复原？这得从一百年前考古发现的北京猿人化石说起。

1921年起，北京周口店遗址开始发现猿人牙齿化石，1929年到1937年间，又陆续出土了5个头盖骨以及脑颅、面骨、下颌骨残片等，共有40多个人的个体。这些发现为复原奠定了一定的实物资料和科学基础。

最早进行北京猿人像复原的是苏联著名人像整形复原专家格拉西莫夫（Mikhail Mikhailovich Gerasimov），他从20世纪30年代开始，塑造了几尊北京猿人男性和女性的复原像，其中比较有名的是根据第2号头盖骨复原的女性雕像。

众所周知，头盖骨化石只是一个完整头骨的头顶顶骨部分，而要复原人像，还需要面骨、下颌骨、牙齿化石等，并且最好都属于一个完整个体的头骨。然而遗憾的是，考古发现的都是不同个体的不同部位的化石。这样一来，格拉西莫夫只好选取和二号头盖骨大小比例接近的别的个体的下颌骨残片、牙齿，把它们整合拼对成一个相对完整的头骨，并参考了欧洲古人类尼安德特人（Homo neanderthalensis）的面骨，对面部进行了塑形。

1940年以后，德国体质人类学家魏敦瑞（Franz Weidenreich）又指导斯旺夫人（Lucille Swan）根据比较完整的第11号头盖骨，以及可能是属于同一头骨的一块上颌骨和一块腭骨，又选用了另一个老年女性的下颌材料，复原了北京猿人的全部面骨。面骨外面的软组织复原，则参考了西南太平洋岛屿的美拉尼西亚人（Melanesians）等材料。

比起格拉西莫夫来，魏敦瑞是北京猿人研究专家，见过全部考古标本，他是用一个相对较为完整的头盖骨作为依据，参考复原的面骨和下颌骨材料也相对多些。所以，被认为是比较符合实际的复原方案。

1959年，中国古人类学家吴汝康、吴新智和王存义在魏敦瑞复原方案基础上，参考了大量现代中国人头部软组织的测量和统计数据，又进行了重新复原北京猿人女性雕像的工作。

中国学者复原方案与魏敦瑞方案有一定的相似处，但主要不同点是，魏敦瑞方案是中间大上下小的脸型，发际偏低，发型整齐地梳向后边，像

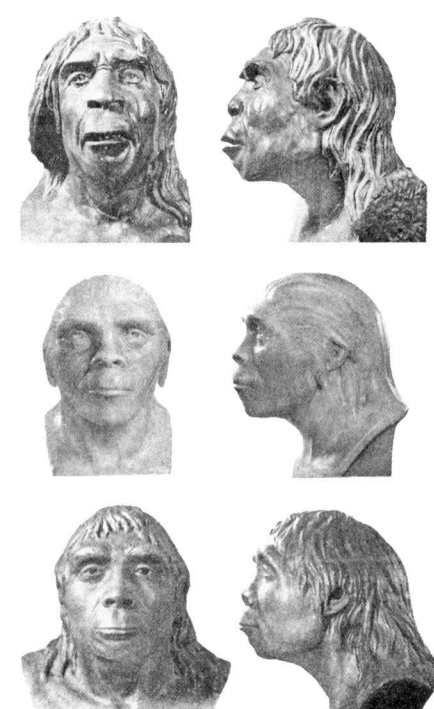

各种北京人复原像
（上　格拉西莫夫复原像；中　魏敦瑞复原像；下　中国学者复原像）

是一个少女；而中国学者复原的脸型，上下部都较为宽阔，发际较高，头发呈波浪形向后自然地披开，看上去是与头骨年龄较为接近的中年妇女形象。

换言之，中国学者复原的北京猿人像，面部短宽，头骨低平、眉骨粗大突出、颧骨较高，鼻子扁平、吻部前伸、嘴巴突出、下颚短小，比较真实地反映了中国地域性特点，呈现了北京猿人的面貌，成为北京猿人头像复原的标准像。

然而，尽管半个多世纪以来，北京猿人标准复原像一直是我们教科书上和博物馆里的不二之选，并成为一代代中国人的群体历史文化记忆。但由于毕竟不是根据一颗完整的头骨复原出来的，所以原真性还是要打折扣的。即便时至今日，已出现了比半个多世纪前更先进的复原手段，比如利用高精扫描头骨的计算机三维容貌复原技术，精确度可以达到毫米以内，但再次重塑北京猿人像也未必可行，原因就在于没有发现完整的北京人头骨化石。

俗话说，东方不亮西方亮。1989和1990年湖北十堰市郧阳区的学堂梁子遗址先后出土了两颗完整的头骨化石，引起轰动。先后被评为"七五"全国十大考古新发现和1990年全国十大考古新发现，1992年还曾荣登了国际顶尖学术期刊《自然》杂志。著名古人类学家贾兰坡教授高度赞誉郧县人化石，称其意义可与"北京猿人"第一件头骨发现相比，并亲自命其名为"郧县人"。

人们不禁要问，一颗头骨化石的发现竟然如此重要吗？这还要从中国古人类头骨化石的发现情况说起。我们翻开旧石器时代考古专业教科书或人教版中学七年级历史教科书，都会看到距今180～170万年的云南元谋人、160～120万年的陕西蓝田人和70～20万年的北京猿人等内容。但细心的读者不难看出，100万年前后尚无典型标本出土。换言之，新出土的郧县头骨化石的年代，处在东亚古人类近两百万年演化历程的中间环节上，承上启下，填补了这一时段上的年代缺环和古人类演化空白，而且实证了我国百万年的人类史。

早在20世纪，著名考古学家苏秉琦就提出了中国具有百万年文化史的命题。近年，我们又提出了中国具有百万年人类史的新论，郧县人头骨化石的相继发现，无不实证了这一学说的科学性和可信性，对于探索世界人类起源，实打实地作出

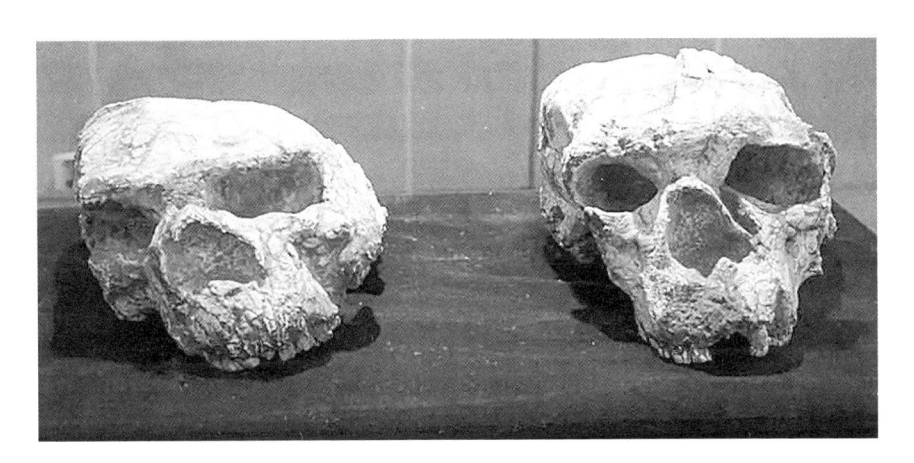

郧县人1号、2号头骨化石

了中国贡献。

比起北京猿人来，尽管这两颗头骨出土时已经变形，头骨压扁了，面骨扭曲了，脑容量难以测量精准，生物信息有些遗失。但毕竟是完整的头骨化石，复原出来的人像应该更加"保真"。2016年前后，湖北省博物馆牵头多家科研单位，以"湖北省郧县人头骨化石高精度扫描及相貌复原研究"为题，集中了古人类学家、刑侦专家、三维复原专家、旧石器时代考古专家的集体智慧，联合攻关。历时八年，于2024年12月26日，在湖北省博物馆发布了"郧县人头骨化石"复原像，揭开了郧县人1号、2号的"神秘面纱"，完成了世界上首次对距今100万年前的古人类头骨化石相貌复原的科研工作。

有人会问，这样的相貌是如何复原出来的呢？郧县人相貌复原主要分为两个步骤：第一步借助高精度工业级扫描仪，精确扫描头骨化石，构建出科学精准的头骨化石模型；第二步根据人体解剖学规律，通过雕塑、绘画、计算机图像等造型技术手段，还原出眼睛、鼻子、嘴巴、耳朵、肌肤、毛发等细节，从而重现了百万年前郧县人的生前面貌。

这次复原的两具郧县人头骨化石，1号头骨为女性、2号头骨为男性，年龄都在25至40岁之间。他们眉弓突出、鼻梁粗大、毛发茂密，具有早期原始人类的相

叁 考古之事　　153

郧县人1号、2号头骨相貌复原

貌特征。复原成果还显示，郧县人的男性长有胡须，女性头发较长；突起的眉弓部位，男性比较粗壮，女性则较为圆润；再如额头部位，女性相比额头会竖起来一些、平一些。

考古发现总是给人以新的惊喜，在郧县人1号、2号头骨化石复原成功之前的2022年5月18日，这也是距郧县人1号头骨化石发现整整33年后的同一天，考古人员在同一地点的不远处，又发现了一颗同一时代的更为完整的人头骨化石——"郧县人3号头骨"。一时间，各大主流媒体纷纷予以报道，还登上了热搜榜。翌年，这一重大发现成果上榜2022年度全国十大考古新发现。

与郧县人1号和2号头骨化石相比，3号头骨化石的完整性、规整性更佳。这颗头骨化石颅形饱满，眉弓明显隆起，包括眉脊的额骨、眼眶、顶骨、左侧颧骨和颞骨及枕骨左侧，形态清晰，都没发生明显变形，重要解剖学特征多未缺失，能够测得精准得多的数据，能进一步准确研究当时人类的脑容量。中国科学院古脊椎动物与古人类研究所高星研究员说，郧县人处于直立人演化历程的关键节点上，3号头骨是迄今欧亚内陆发现的同时代最为原真性、最为完整性的头骨化石，是探讨直立人演化及其在中国乃至东亚地区起源与发展的重要证据。

郧县人3号头骨化石

这么说吧，发现古人化石难，发现古人头骨化石更难，发现完整的古人头骨化石难上加难，发现一百万年前的完整而且原真度极高的古人类化石更加难上加难。正是由于3号头骨化石没有受到地层挤压产生明显变形，保留的信息比之前发现的1号、2号头骨化石更加丰富完整，这也助力了1号、2号头骨的科学复原。换言之，假以时日，待到郧县人3号头骨化石再复原出来，实在是令人从现在起就要翘首以待的事了。

郧县人头骨化石也被写入了最新修订的人教版七年级历史教科书，青少年们在第一时间就能了解和学习到最新的考古成果，践行了考古成果尽快转换为社会、文化和教育成果的公众考古目标。换言之，如果允许我从公众考古传播和文物活化利用角度，看待这一次郧县人3号头骨的考古发现和1号2号头骨相貌复原成果，我觉得这不但从专业学术利用上为早期人类演化史提供了重要资料，还具有社会文化利用上的文化传播价值和遗产利用价值。因为我们通过最新的古人类相貌复原技术手段，看到了一张比北京猿人更古老的与中国人有关的"原始脸"。

【题外话】

1897年，法国画家保罗·高更（Paul Gauguin）创作了一幅布面油画，主题是《我们从何处来？我们是谁？我们向何处去？》（Where Do We Come From? What Are We? Where Are We Going?），现藏于美国波士顿美术馆。

该画呈现了不同性别、不同年龄的人物形象，向人们展现了人类从生到死的三部曲：最右边的是一个刚刚诞生的婴儿，象征着人类的诞生；中间是一个正在采摘苹果的青年，预示着人类的生存发展；最左边是一个老妇的形象，代表人类的生命将终结。

整幅作品蕴含的哲理，引发人们对人类和人生命运的深层思考。

碳-14技术不是万能法器

2024年2月中旬，中央广播电视总台《东方时空》栏目推出了一档针对"国之大家"的挖掘式纪实采访节目《吾家吾国》，节目以"为人民留史，为社会留记，为人物立传"为初心，对我国历史事件中的重要相关人物进行全方位的影像记录，通过富有温度的真诚对话，撰写"中国国家影像人物志"。其中，有一期以"雕刻中国考古学时间之轴"为题，采访了20世纪50年代毕业于复旦大学物理系的仇士华和蔡莲珍夫妇。他们二人1965年在中国社科院考古研究所创建了我国第一座碳-14科技考古实验室。

碳-14的科学原理不是我要赘释的，翻检一些工具书马上就能得到详解。比如在权威的《中国大百科全书·考古卷》上，就有仇士华和蔡莲珍二位先生所撰写的词条，说碳-14是"利用死亡生物体中碳-14不断衰变的原理进行断代的技术"，"一切死亡的生物残体中的有机物以及未经风化的贝壳都可用来测定年代"。

如果再往前追溯一下，我们还可以了解到，碳-14是碳的一种放射性的元素，1940年由美国科学家马丁·卡门（Martin Kamen）等人发现。1949年，美

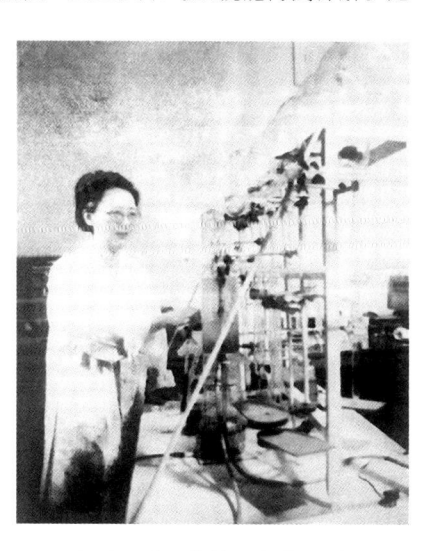

1965年我国建立的第一个碳-14实验室

叁 考古之事

国芝加哥大学教授维拉德·利比（Willard Libby）应用碳-14原理发明了放射性碳素测年法，用以确定考古学、地质学等遗迹和遗物样本的大致年代，因此获得了1960年的诺贝尔化学奖。细心的朋友会发现，仇士华和蔡莲珍1965年创建的我国第一个碳-14实验室，距离这个1960年的诺贝尔化学奖不远，这说明我们的考古学发展，当时紧紧跟住了这个科学前沿的发明和发现。而实际上，中国科学院考古研究所副所长夏鼐于1955年就在《考古通讯》杂志撰文介绍了刚问世的碳-14测年技术，并建议在国内建立实验室进行年代测定工作，仇士华和蔡莲珍在《吾家吾国》节目中回忆道，当时夏所长从中国科学院高能物理研究所引进了他们二位，并给了他俩一本碳-14测年技术的外文书。由此，他俩走上了从0到1的中国碳-14实验室创建之路。

碳-14测年技术的基本原理是放射性元素 ^{14}C 的衰变规律。众所周知，碳是生物体内常见的一种有机物元素，具有稳定性强、不易反应等特点。生物在生存时都要呼吸，其体内的碳-14含量大致不会改变。但生物死亡以后，体内碳-14得不到补充便开始减少，浓度按照衰变规律逐步降低，即经过5 730年的半衰期，浓度就会降低一半。人们根据死亡生物体内残余的碳-14成分，就可以估算考古出土的动植物或其他含碳物质的大概死亡时间。

考古学发现的各种古代遗存，绝大多数都是没有文字记录的，因此如何确定遗存年代便成为重要的问题。碳-14测年法发明以前，考古学多是根据地层学和类型学方法来判断年代。比如20世纪30年代梁思永在安阳殷墟遗址发现著名的"后冈三叠层"，即商代地层下面压着龙山文化地层，龙山文化地层下面又压着仰韶文化地层。按照越在下面的地层年代越早的堆积原理，确定了商代最晚，龙山时代居中，仰韶文化最早的年代早晚序列。

然而，"后冈三叠层"的地层关系只是证明了谁早谁晚，这在考古学上叫作相对年代关系，但具体早多少年或者晚多少年的绝对年代关系问题，其实并没有得到根本解决。而碳-14测年技术的出现，则突破性地解决了这一难题。尽管这种测年技术还存在着一定局限性：生物死亡5万年后 ^{14}C 浓度衰变至极低，测年的准确性不太稳定，碳-14测年范围大多界定在距今5万年。但这对于考古学目前主要研究的是一万年以来的人类社会历史来说，已经是点亮了大大的绿灯了。所以，人们都说这项碳-14获诺贝尔奖项，对考古学发展产生了"革命性"的影响。

然而，普通公众对这一革命性的技术，既不太了解，也不太清楚碳-14原理强调的"生物体""有机物"，说白了就是碳-14技术的测定对象一般是古代遗留下来的有机体的物质，如植物体和动物体材料，包括人体骨骼等，反而把碳-14技术神话化了。比如前几年我曾在《中国文物报》上读到一篇《谈文物鉴定的几个误区》的文章。文章提倡用现代科技手段来鉴定文物，想法可嘉。但该文反复强调可以借用碳-14手段来鉴定金属古钱币，言凿词切地说，这样做"岂止是丰富了祖国钱币文化，更能刷新金属冶炼史，幸莫大焉！"。

我当时即生疑窦："难道碳-14能鉴定金属钱币吗？"众所周知，古钱币中除了纸币、贝币等，多是用金属材料制作的圆钱、刀布类无机物。显然，用碳-14技术测定无机物，有点风马牛不相及，有点扯反弄拧了。

我身在考古这一行时间久了，多年来，不断有行外朋友和文博专业外的学生来问我碳-14的问题，不少非专业人士岂止以为碳-14能鉴定金属，它还能鉴定陶器呢。比如在前些年烽烟四起的曹操墓真伪争论中，不少网友就拿碳-14断代技术说事。比如一位网友说："赶紧对墓碑做碳-14检测，真假立辨！"也有一位网友这样说："建议中央出面干涉，对出土的石碑做碳-14检测，这样很快就能知道到底谁在撒谎！"还有一位曹操墓的质疑者在博客上说，国家博物馆曾经收过一批河南洛阳农民造假的北魏陶俑，"历史馆的专家虽然从肉眼上看这批文物是真的，但还是不放心，馆里便使用考古中常用的高科技断代手段碳-14进行检测，发现这批在年代上与北魏完全吻合"。

可见，碳-14断代技术在不少人眼中简直就是文物考古中的万能法器，无所不能。一旦用上它，文物的真伪立马就能见个分晓了，历史的真相瞬间便可大白于天下了。虽然，这类相信科学技术的初衷值得肯定，普通公众能知道这项技术已实属不易，文物考古受人关注的程度，也由此可见一斑。但不了解任何科技手段都有其局限性的想法，却是要纠偏的，更是要科普的。换言之，不能对陶瓷器、石器等缺乏碳元素的文物进行断代检测，就是碳-14技术的局限性。

碳-14技术的一般适用范围在5万年以内，样品少了或者被污染了，误差率可能还更大。通常考古学家宁肯把它做参考性的数据，而不太作决定性的证据。中国社科院考古研究所研究员、时任安阳殷墟考古工作站站长的唐际根就曾对"为什么不对争议最大的石牌做碳-14或热释光"的问题，做过回答：

"石牌是否是现代人造假，用碳-14或者热释光测一下年代不就解决了吗？"很早以前某某某先生就在其博客中提出这样的建议。这样的想法虽然很好，却是典型的想当然，或者"知其然，而不知其所以然"。

碳-14测年法需要碳样，石牌为青石质的，如何能够利用碳-14测年？热释光测年法则要求被测试的样本曾经受热（例如陶器被烧过），同样的，作为青石材质的石牌显然无法满足这个条件。说这是"想当然"，是因为即使退一万步讲，即便利用碳-14或热释光可以得到石牌的年代，对于鉴定石牌是否造假也并无帮助。如果造假者选用古代的材料刻上字，碳-14或者热释光岂不也是白做？

碳-14技术不能包打天下，不等于从事文物考古工作的科技人员束手无策，别无新法。他们还创新发明了不少可用于无机物断代的技术手段，已经比较多地运用到了文物鉴定当中去。像我们大学招收硕士研究生也经常出这样的考题："请你列举利用科学技术断代的主要手段。"标准答案中的关键词有：碳-14断代、古地磁断代、热释光断代、树木年轮断代、铀系法断代等。其中，像古地磁断代、热释光断代等技术，对断代窑、炉、灶、砖、瓦、陶瓷等受过高温且具有磁性的古代遗存，就多可以测定出未知年代样品的考古年代来。

比较令人欣喜的是，文物考古中的这些科技断代技术手段，近年不但在考古界得到更多的利用，在文物收藏界和鉴赏界也受到了广泛的关注，大家希望能在传统的经验式鉴定的基础上，增加鉴定手段的高科技含量。最近就经常看到有人来我们复旦大学现代物理研究所，希望能利用该所应用离子束物理教育部重点实验室的PIXE（Proton induced X-ray emission）技术，解决一些诸如瓷器、玉器等藏品的真伪疑虑，而且这项技术令藏家更感兴趣的，还在于可以进行文物的无损测定。

由此可见，业有分类，专有所功，没有哪一种技术手段能包鉴百器，断代所有。这是要提请朋友们在知晓新技术鉴定手段时注意的。同时也想到，从事文物考古特别是科技文物考古的行家，能不能也多关注一下科技手段的普及化呢。如此，则赏界藏家之幸，则高科技手段应用之幸，则文化遗产保护与利用之幸，则质疑、较劲或掺和文物真伪问题但尚需接受一点科技考古普及之惠者之幸矣。

古尸何以不腐

我这些年前前后后、陆陆续续在电视台做了一些古墓发现或盗墓挖宝之类的节目,讲过一些"鬼故事"——女编导们常这样戏言,说尤其是夏天录播时,看个汗毛倒竖,想个心惊肉跳,还能祛暑,也不知道她们这是什么编导逻辑?

有一次,上海电视台纪实频道的《往事》栏目找我做了长沙马王堆汉代女尸的节目。无独有偶,我的节目播出前,央视教科文频道《文化中国》栏目也在播出一历代盗掘古墓的系列访谈节目。话说回来,《文化中国》中的嘉宾正讲到兴头上,是十六国时期后赵皇帝石季龙盗掘春秋晋国赵简子墓的事。嘉宾说,石季龙挖着挖着,挖到了积炭层。主持人问他什么是积炭层?他解释道:是古代防止盗墓的一种做法。闻听此言,我愕然于面,脱口道:"这可有点忽悠观众了!"

这位嘉宾不从事考古,却是网上名人,能把盗墓小说写得销量飙高,读者广众。普通话叫有两下子,东北话叫有两把刷子,上海话叫模子,反正不是我们这种一天到晚靠码学术文字的人所能比的。不过,嘉宾把知识点讲错了,总不是个事。脱口秀节目再娱乐,也不能一点儿都不较真儿。那积炭墓到底该做何解呢?

其实,这在考古来说,是个简单到常识的概念。那就是古人下葬时,要把大量的木炭埋在棺椁周围,利用木炭的干燥属性来防潮吸湿,以保障棺椁、随葬品和墓主人能长久保存。这在古代文献中也早有记载,比如《吕氏春秋·节丧》中就说:"题凑之室,棺椁数袭,积石积炭,以环其外。"汉代的高诱解释道:环,绕也,石以其坚,炭以御湿。可见,积炭墓与嘉宾扯玄的什么防范盗墓没有什么关系,而是防腐的招数。倒是文献中讲的"积石",才是防盗的设施,等我哪天谈这个话茬时,再专门说叨这个事,且当后话。要之,积石与积炭,前者防盗,后者防腐,防盗是防盗,防腐是防腐,不是一码事,不能一锅煮,更不能瞎忽悠。

积炭这种战国秦汉时期流行的墓葬防腐设施,多是有头有脸的上层社会才有权配用的,借以象征身份地位,绝不是一般没有实力的百姓随便能使用的,再说用也用不起。积炭的做法起源颇早,早点的像山西晋侯墓地、陕西长安井叔墓就有发现,时代可以上到西周时期。晚点的像长沙发掘的著名西汉马王堆女尸墓里,积炭的厚度甚至达到了40至50厘米,清理出来的木炭不少于5 000公斤,后来运了四卡车才装完。据发掘者熊传薪等考古学家回忆,挖墓当时有人顺便捡了几块炭带回工地的食堂,放进灶里,火力还不小。大量木炭的出土,在社会上出现谣传,说马王堆挖出吸了"地气"的木炭,用它熬水喝,可以治疗"气痛"病。于是,工地附近的不少农民、市民和医院的病人,利用夜间偷偷拿走不少木炭。没办法,考古学家只能将木炭全部运回博物馆,找专人看守,才算保留下来一些。

马王堆一号墓考古发掘场景

古墓的防腐除了积炭的做法，还有一种用"白膏泥"的招数。白膏泥是考古上的俗称，学名叫作"微晶高岭土"，简称"高岭土"，因江西省景德镇高岭村而得名。高岭土是一种纯净的黏土，黏性大，渗水性小，潮湿时呈青灰色，也称"青膏泥"，晒干后呈白色或青白色，考古常叫它"白膏泥"。因其质地细腻，密封性好，具有良好的可塑性和耐火性，今天还大多用在陶瓷生产中。

考古发现的白膏泥，一般填塞在椁外。像发掘马王堆女尸墓时，一些有经验的老技工以前挖多了这样的墓葬，本以为这个墓里的白膏泥最厚不会超过半米，却没想到最厚处竟达1.3米。这就意味着当初是用白膏泥把墓葬密闭厚实地包了起来，几乎连气都不透，几如现代的真空包装一般，完全能达到绝氧防腐的保护效能。马王堆女尸能保留下来，与厚厚地填充木炭和白膏泥这两种至为重要的保护材料有必然的关系。

其实，真正使马王堆女尸保存下来的原因又何止上面两点，而且完整保留下来的也不止女尸本身，还有深埋的墓室、盛殓她的棺椁、随葬品乃至附着的各种菌等。这里，节选一段当时我做节目的访谈内容，看看还有哪些古墓防腐的措施：

主持人：一具尸体怎么能够在经历了2 000多年仍然保存得那么好？

高蒙河：要先看物质自然损坏的原因，一般有三个：物理的原因，比如湿度、温度、光线、气压；化学的原因，比如有害化学成分对物质的损伤；生物的原因，比如虫类、霉菌、细菌的侵蚀等。

主持人：女尸之所以保持不朽，看来是由一系列综合因素造成的。

高蒙河：对。具体的原因我可以概括为八个字：深埋、密封、绝氧、棺液。基本原因是密封深埋，造成一个长期的绝氧环境。也就是先要建造一个完全不漏气、不渗水的真空式的墓室。很重要的原因是因为独特的墓室结构，椁室放置在约20米深的墓坑里，四周是半米厚度不等的木炭，木炭外是1米厚的白膏泥，然后在墓坑里填满了土，再夯实。

主持人：封闭的墓室结构，让女尸彻底与外界隔绝。

高蒙河：其实还有一个非常重要的证据，当时棺材打开的时候不是有不少液体嘛。对棺液检测发现，它呈酸性，主要是钾氨酸、丙氨酸、乙氨酸，都具有一定的杀菌、抑制细菌生长和繁殖的作用。

主持人：这个液体是古人当时有意放进去用来防腐的吗？

高蒙河：这个到现在也还是一个谜。因为尸体本身腐烂会产生一部分的尸解水，下葬的时候可能也会洒一些酒，或放置一些酒，木制的棺椁也会含有一定的水分，土壤本身也不完全是干燥的，这些都会是棺液生成的原因。

其实，在这个棺椁周围其他放置随葬品的箱子里，也有大量的水存在，不止女尸棺内有棺液。所以可以肯定的几点是：第一点，这些棺液不可能完全都是尸体身上分解出来的尸解水。还可以肯定的另一点是，棺液客观上是起了保护尸体的作用。第三个可以肯定的是，棺液究竟是怎么形成的我们还不知道，到现在还是一个谜。

主持人：其实能解开2 000多年尸体那么多的疑团，以当时70年代的科学水平已经很不容易了。

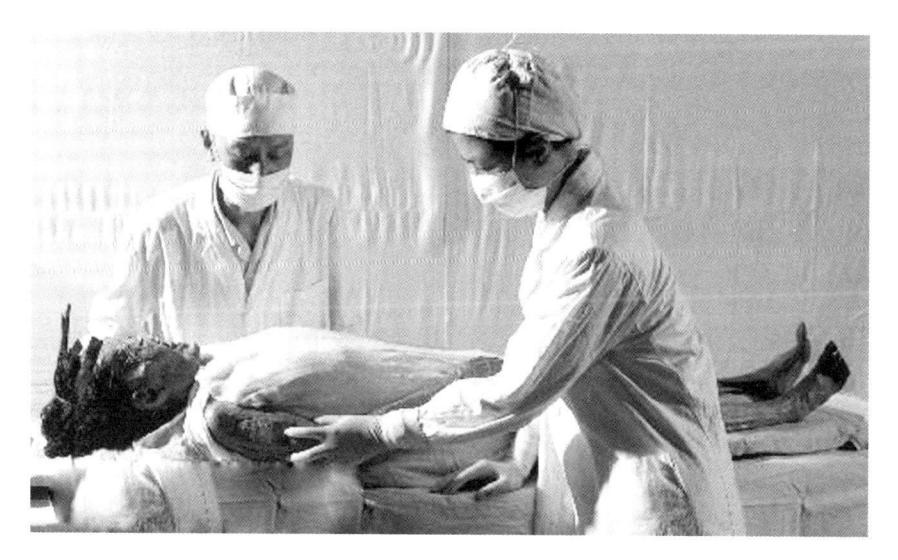

马王堆女尸医学检测场景

高蒙河：是的。当时周恩来总理做了好几次批示，他就说过，马王堆尸体在地下保存了2 000多年，我们至少要保护她200年不腐朽。

主持人：看来，发现尸体是偶然的，但古代保护尸体的方法达到的科学水平不是偶然的。

高蒙河：是的。马王堆女尸不朽不是偶然的，但这不等于说我们能永久保存这具古尸，这是不可能的。换句话说，腐烂变质是必然的，保存完好是相对的。我们的目标就是如何延长尸体腐朽的时间，发挥整体科研合作优势，使她"延年益寿"。

像上面说到的这类古尸或古墓防腐、防盗的考古发现传奇，我这些年在电视台没少做访谈。有一年暑假，我得到朋友告知，说电视台正在放你的节目呢，我便打开电视机。一看才知道，电视台是天天播放，几乎把我讲过的历次节目，一集连一集地连续放了差不多有半个月。这一连播倒是启发了我，何不把它们辑在一起出本书？无独有偶，一天，编导来电，要我把这些录播过的节目整理出个名单目录来，说想向台里的制片人报报选题，看看能不能出一套《考古学家讲古墓传奇》之类的出版物。你看，她也想到了这里面的社会效益和市场机会。尽管我知道这事多数是灵感而已，真做的话还不一定弄得成。但我还是抽空整理了一下，做了个简要的策划说明，给她回了封信。不过直到今天，也没再有下文。

没有下文没关系，但古墓、古尸的研究却是科研课题，常有新成果出来，常有读者和观众喜欢看。2024年初，又有报刊编辑找我约稿，我不想"炒冷饭"，就又找了些新资料，整合了一下新老科研成果，重写了一篇，复录于兹，聊备一格：

古人的丧葬观念和近现代不太一样，他们既希望逝者的灵魂不朽，还祈望死者的遗体不腐。1972年发现的长沙马王堆一号汉墓女尸，就是罕见的一例，从中可见古人在遗体防腐上的种种技术和智慧。

马王堆女尸的真实身份，是长沙丞相利苍的夫人辛追。经医学检测发现，尽管时光已逾2 100多年，女尸形体完整，全身润泽柔软，部分毛发尚存，部分关节还可弯动，血管清晰可见，软组织比较丰满尚有弹性，与新鲜尸体相似，堪称遗体防腐学上的奇迹。鉴于这是世界上前所未见的一种特殊类型的湿尸，学术界遂将其命名为"马王堆尸"。

"马王堆尸"不同于我们很多人熟悉的"木乃伊"干尸，干尸是通过"富贵之家，人有亡者，以刃破腹，取其肠胃涤之，实以香药、盐矾、五䌽缝之"的方式，再加上在干燥缺水的环境下，尸体体液迅速蒸发，脱水干化，可保尸体不朽。

干尸体中的水分多少，是与能腐蚀尸体的体内微生物细胞的存亡息息相关的。因为尸体内的微生物细胞的各种新陈代谢过程，都离不开水。而干燥会引起微生物细胞失水，会引发细胞内盐分浓度增高或蛋白质变性，导致细胞生命活动降低或死亡，这就能及时抑制细菌的生长繁殖，推迟或终止了腐化酶解尸体的过程。

但是"马王堆尸"这种湿尸并没有失水，出土时，尸体还浸泡在约80升的无色透明棺液之中，那又是怎么做到尸身不腐的呢？

首先，马王堆女尸发现时，身着丝绵袍和麻布单衣，足蹬青丝履，面盖酱色锦帕。下葬时用丝带将四肢系缚起来，外面紧密包裹了20层丝、麻的衣衾，又捆扎了9道组带，还覆盖了两件丝绵袍。

其次，马王堆女尸被安放在一重又一重由大到小的一椁四棺内。一口套一口的四口棺材内外，都涂刷了油漆。

再次，在棺椁上下和四周，填塞堆满了木炭和白膏泥，然后再一层层填土，夯实固封。木炭达到半米厚，共一万多斤；白膏泥也有1～1.5米厚。

木炭是具有许多细孔的无定形碳，吸水防潮性能好。白膏泥的化学成分是二氧化硅、三氧化二铝、氧化铁以及硫、钙、镁、钠、钾等，黏性强，可塑性好，含水分多，渗透性极低，阻断了内外空气和水分的交互流通。

最后，马王堆女尸的墓葬向地下深挖了一个20米深的墓穴，棺椁放入后得以密封。墓葬在地上还堆出一个20米高的坟丘，人工层层夯筑而成，可防止雨水渗入墓穴，减少了来自地面的影响。

以上各项措施，既使尸体得到了密封保存，又使墓穴椁室与外界完全隔绝，基本构成了一个高标准的温度精度±2℃的恒温、湿度精度±5%以内的恒湿、缺氧、腐败微生物无法生存的环境，排除了物理、化学、生物等因素对尸体以及棺椁的腐蚀作用。再加上棺液还有抑菌、杀菌以及抑酶的效用。凡此种种，共同构成尸体能够保存下来的综合因素。

由于墓室密不透气，大气中的气体难以进入墓中，加上腐败真菌是好氧微生物，它们只有在有氧气情况下才能生长繁殖。当它们在不断地新陈代谢中，一点点耗尽墓室中的氧气之后，生命活动也就停止，走向死亡了。

这时墓室中，已经形成了所有生物都无法生活的一个绝氧的微环境，一切生命活动也都停止了。墓室的温度、湿度、气体成分和气压等，都达到恒定状态，墓中尸体从此不受任何侵害，不再腐朽，得以完好保存。

文物保护标志的颜值

中国有两样东西不太受看、颜值不高，一个与活人相干，一个与逝者有关。与活人相干的是身份证之类证件上的照片，大多难看到不像本人的地步；与逝者相系的是全国各级文物保护单位的标志牌，既不统一，也不规范，有些到了简直不忍卒睹、难以合影留念的程度。

我们国家的文物保护法及其附属的相关条例规定，凡是被列为文物保护单位的古建古迹，都要贯彻落实"四有"原则，即有文物保护标志，有保护范围，有保护组织或人，有科学记录档案。我们这里要说的，就是其中的文物保护标志。

由于考古职业的关系，我没少去遗址现场观摩各级文物保护单位，有时顺手拍摄一些竖立的标牌座碑，以兹纪念。时间长了，发现这些标志千奇百怪，五花八门。如果用形容词来描述，那简直是珍贵历史文化遗产脸面上的疥癣之疾。我简单归纳了一下，至少有八大毛病，或曰"八大难看"，甚至叫"八大丑"也不为过：

一、用料不统一：有的用水泥、有的用石料，甚至有的用砖砌，还有的干脆用木材做。

二、颜色不统一：有的是水泥本色，有的是上色涂黑，或涂白、涂灰、涂褐等。常年无人清洗养护，斑斑点点，长满青苔等。

三、大小不统一：大的一人高，小的半人大，薄的一掌厚，厚的宛如墙。

四、用字不统一：字体不统一，有黑体、楷体，也有仿宋体，还有行书；繁体和简体也间杂使用，甚至还有用民间流行的那种不规范的减笔字者；有的留白，

叁　考古之事

用字不规范的文物保护标志

有的画漆，有的套红，还有的描金；有的字大，有的字小，更不在话下。

五、格式不统一：有的简单至极，两三行完事；有的款式繁缛，五六行字，多如麻。

六、称呼不统一：有的叫"全国"，有的称"国家"；有的不写行政省市名，上来就著"我省"，难怪有人纳闷：我省是何省？

七、置放不统一：不讲究空间位置，不讲究章法，不注意周边景观，戳起来了事，有的还挂在墙上，多少有些损坏文物建筑本体之嫌。

八、标注不统一，只有汉语，没有英文对应，更没有达到中英日韩"四语"等多语种标准，开放的国际化程度很低。

中国文物保护单位标志之难看，之不耐看，之缺乏统一设计理念和艺术性，都堪称世界之最，遍布目前国内施行的文物保护点、区级文物保护单位、县级文物保护单位、市级文物保护单位、省级文物保护单位、全国重点文物保护单位6种

有损坏古墙之嫌的文物保护标志

级别，大多没有严格执行国家早就制定的有关文物保护单位标志的统一标准。

　　说起来，新中国最早的文物保护措施，在解放战争期间就已经开始实施了。1948年解放军包围北平城（北京），为了避免在战争中破坏城内众多的文物，邀请清华大学建筑学教授梁思成组织编写需要保护的古建筑名单。梁思成根据营造学社对中国古代建筑的调查和研究情况，编撰了《全国重要建筑文物简目》，其中共登录古建筑450余处，供解放军进攻北平和解放各城市、地区时参考。随着北京和平解放，文物完好无损，简目虽然没派上用场，但为后来摸清文物家底和适时公布文物保护单位提供了重要参考。

　　新中国成立以后，全国上下处在一片火热的建筑热潮中。大江南北，从城市到农村，到处看得见建设工地以及刚刚耸立起来的新建筑，但这样的建筑热潮不免会与历史文物建筑发生矛盾。而且对那些数不胜数的文物古迹，国家当时还没能做到心中有数，不了解现存文物的状况，保护文物也就无从谈起。据时任中国文物学会会长罗哲文回忆，1953年，北京市曾召开会议，与会人员就某些文物该不该保护的问题进行了激烈讨论。时任文化部文物局局长的郑振铎表态说："要对北京有价值的文物进行彻底调查，调查清楚再来讨论保护的问题。"

文物普查摸家底的工作自此从北京开始，逐渐发展到全国。到1956年，当做过全国文物普查之后，共确立了几千处文物保护单位。后来由于受"反右""大跃进"等运动的影响，这项工作受到一定程度冲击。直到20世纪50年代末期，才开始制订第一批全国重点文物保护单位名单。1960年11月，国务院第105次全体会议讨论通过，并公布了第一批180处全国重点文物保护单位。

据说在讨论第一批名单的会议上还闹出过一个误会。当时主持会议的是陈毅副总理，他坐下以后，看到讨论的文件，忽然间站起来说："我不能主持这个会议。"

当时大家很紧张，问道："陈老总怎么不主持会议了？"

陈老总说："我们有五千年的文明史，我们有这么多的文物，你们提出来才保180处，如果后代子孙说这次会议是我陈毅主持通过的，后代子孙是要骂我陈毅的，我不能主持这个会议。"

当时文化部的齐燕铭急忙向他解释说，这是第一批，还有第二批、第三批。这样，陈毅同志才表示同意。

时光荏苒，截至2022年，光是国务院核定公布的全国重点文物保护单位，就已经有了八批，共5 058处，加上各省市区县刊布的文物保护单位，更是数都难数。我估计，随着新的全国重点文物保护单位申报评选以及全国文物普查的进行，还会增添更多的各级文物保护单位。这些文物保护单位的标志如何搞得更规范，更符合时代进步的要求，就更不能不提了。

其实，早在1963年，文化部就颁布过《全国重点文物保护单位保护标志制作说明和标志式样》，后来国家文物局于1991年又发布了《全国重点文物保护单位保护范围、标志说明、记录档案和保管机构工作规范（试行）》等相关文件、法规，从适应我国文化遗产保护、管理领域标准化的战略要求出发，增加了对文物保护单位说明牌的部分要求，规定了各级文物保护单位标志的形式、内容和使用规范：

- 标志须标示该文物保护单位的级别、名称、公布机关、公布日期、树标机关以及树立日期等。
- 树标机关为省、自治区、直辖市人民政府。
- 标志形式采用横匾式，自左至右书写。
- 标志牌比例为横三竖二。标志牌最小为60×40厘米，最大为150×100厘米，可根据文物保护单位的具体情况选择比例适宜的尺度。
- 除文物保护单位的名称可用仿宋字体或楷书、隶书等外，其余一律用仿宋字体。
- 保护标志应采用石材等坚固耐久材料，颜色要庄重朴素、显明协调等。

到了2008年，由国家文物局提出、全国文物保护标准化技术委员会归口、敦煌研究院起草制定的《文物保护单位标志》国家标准已由国家标准化管理委员会等部门发布，2009年初正式实施。该标准增加了对文物保护单位说明牌的部分要求，包括标志牌正反面内容、标志字体的格式、标志树立的地点和方式等，并附有文物保护单位标志示例。

可见，国家和各级政府，在包括文物保护单位在内的历史文化遗产保护方面的制度越来越多，投入力度也越来越大，几百万上千万乃至上亿的钱都花过，区区一个标志牌又能花几个钱？显然，这不是钱的问题，不是做不好，而是没管理好，没当回事来贯彻执行的问题。这都反映出我们的管理上还需要进一步统一规范，需要不断制定量化的标准和细化的制度。区县级要有区县级的标准，省市级也要有省市级的样子，国家级更要有国家级的形象。甚至还可以向社会广泛征集，设计出统一徽标图案。这方面，国内有些遗址做得好，就应该推广；有些国际上有模式的，就应该学习。像世界遗产的标志，就是我们改进现有各级文物保护单位混乱标牌的参照物，如借鉴一下，定有裨益。

世界文化遗产清沈阳故宫标志牌

在全社会越来越关注历史文化遗产保护的今天，文物保护单位的标志牌看来也要在具体的实际工作中加以落实、增强执行力才是。一句话，中国的文物保护标志不能再自说自话，想啥做啥，愿意怎么弄就怎么弄了。否则，对不起祖宗，对不起遗产，也对不起学术发现，还对不起参观者和纳税人。于保护不利，于利用不利，于让文物活起来的方针不利，于我国乃至于各级政府的文化形象不利，于传承和弘扬中华文化的软实力不利，于增强中华文明的传播力和影响力不利。

【题外话】

在中国现有的全国各省、市、自治区中，上海是极少数几个没有世界文化遗产的地方了。目前，"崇明东滩候鸟栖息地"被列入了"中国黄（渤）海候鸟栖息地（第二期）"世界遗产预备名单；"新场古镇"也被列入了"江南水乡古镇"世界遗产预备名单；上海还加盟了"中国海上丝绸之路"申遗城市联盟。尽管都是与其他省、自治区、直辖市捆绑式的联合申遗项目，但有总比没有强，你说呢？

我国的考古教材好点了

我国设置考古专业及其相关学科的大学，目前已经有近百所了，如果再加上虽然未设考古专业，但因有文史类专业而开设《考古学通论》类课程的话，每学年考古课教学的覆盖率已经相当可观。

最近几年，又出现了两个新的情况，一是随着我国申报世界遗产进展所带动的政府和公众性文物保护意识的提高，不少高校中的相关专业诸如新闻、艺术、国际政治经济、法律、旅游等学科也开始将《考古学通论》类课程作为推荐的选修课甚至必修课。二是随着教育改革的进程，不少大学开始实施"通才"教育的战略，学校和系里都希望将过去只对文博和历史学专业开设的《考古学通论》课程，也能面向包括理工医科在内的全校本科学生开设普及课程，同时尽可能地在课程名称上更加公众化。

从我所在的上海复旦大学看，这种普及课程的名称经过我们的反复讨论后，定为《考古发现与探索》和《考占与人类》适时推出，全校各个院系的文理工医学生都可以选课，而且校方多安排在百人以上的教室上课，每学年有近两三百人选修考古，差不多占到了每年入学新生的1/10左右。校园网上选课的结果大出我们的意外，可以用"火爆"一词来形容，甚至连本系的不少学生都因迟后落选而叫苦不迭。

学生喜欢考古，考古课程有了，但我们面临的尴尬更大：既没有相应的普及性通论教材，更没有可供百人以上教学环境用的电子版多媒体教材！逼上梁山的办法是任课教师组织学生查找资料，制作了大量的幻灯片和视频资料。教的问题勉强解决了，但学习用的教材还是没有着落。国内外考古新进展的资料除了教师自己能找到以外，学生课下的学习更是无米可炊。

说起来，复旦大学还是国内比较早就开设文物考古专业的高校，迄今为止，已经为国内外培养和输送了千余名专业文博人才。但自1984年专业成立以来的20年间，《考古学通论》这门课一直缺少适合基本专业教学的高质量教材。作为任课教师，每个学年结束时在教务部门发放的教学效果测评表上，我都会填写上教材滞后之类的话语。而在每个学年开学前，也只好极不情愿地在教材科的征订单上列出一两本早已经是10年甚至更早年出版的通论类的教材，而且是否能如期购得、有无库存尚是个未知数。其实，复旦大学考古教学面临的这种情况，据我了解在其他高校也普遍存在，早已经不是个别的现象。如今，面对不断增加的对考古类课程的需求，我国考古学教材的滞后性，已经成为推进考古教学进程的"瓶颈"，严重限制了考古教学的发展和深化。

我国可用于考古学通论的教材编写与出版，一直滞后于考古教育进程的状况由来已久。记得我1978年进入吉林大学考古专业学习时，当时能看到的通论类或概论类教材只有考古所编的《考古学基础》（1958年）和吉大编写的《工农考古基础知识》（1978年），后者尚能购得，前者只能借阅，窘况可想而知。后来情况有所好转，陆续见到《考古工作手册》（1982年）、易漫白《考古学概论》（1985年）、夏鼐主编《中国大百科全书·考古卷》（1986年）、蔡凤书等主编《考古学通论》（1988年）、孙英民等主编《中国考古学通论》（1990年）、张之恒主编《中国考古学通论》（1991年）、安金槐《中国考古》（1992年）、郭立新主编《考古人类学》（1998年）、知原《面向大地的求索——20世纪的中国考古学》（1999年）等，有关国外的相关参考教材也相继有美国詹姆斯·赫斯特（James Hurst）著、秦学圣等译《考古学概论》（1987年），英国格林·丹尼尔（Glyn Daniel）著、黄其煦译《考古学一百五十年》（1987年），李连等编著《世界考古学概论》（1989年），布鲁斯·G·特里格（Bruce G.Trigger）著、蒋祖棣译《时间与传统》（1991年），杨建华《外国考古学史》（1995年）等见于发行。按理说，这些出版于20世纪的种类不乏的著作，无疑为通论课的教学带来了莫大的方便，在一定程度上促进了考古学教育的发展，但存在的问题仍旧相当突出：

第一，出版数量少，再版周期长。这类著作的出版数量有限，一般只有几千册，甚至不足千册。市场供应量和覆盖率不足，销售周期短，再版周期长，而且有的书黑白或彩色图版量大，成本不低，价格不菲，超出了一般学生和普通公众的经济承受能力。这与西方考古学著作的出版量判若云泥，像加拿大考古学家布鲁斯·G·特里格那本被誉为"所有有思想的考古学家的案头必备之作"的《考古学思想史》，自1989年面世以来，其英文版已经销售逾25 000册。

其次，知识更新慢，甚至有错误。大部分著作多出版于10年前，甚至20年前，即便再版也是"炒冷饭"式的重印，知识更新的速率缓慢，难以反映日新月异的考古新发现和研究新成果。而且更为重要的是，一些最新成果往往已经修订了过去的结论，但在教科书中传授的却仍然是陈说旧解，例如，著名的国家一级文物、商代重器司母戊大方鼎的重量，1991年测试的结果早已重新定为832.84千克，但通论书中，却仍在沿用原来的875千克的旧说，反映出在教科书编写方面引进最新学术结论的明显滞后性。

更有甚者，前些年《中国文物报》还曾披露过中学教材封面的文物照片有误一事。新版九年义务教育三年制初级中学教科书《语文》第一册封面所采用配套照片是一件中国古代建筑构件上的石雕柱础。众所周知，中国古代建筑大多为木结构，需要在基础上置放石墩式的柱础来支撑木质梁柱，与地面隔绝，避免梁柱潮湿腐朽，同时也美化房宅。教科书上的这件柱础上雕刻着荷花和仙鹤，画面情趣盎然，并取荷鹤谐音，寓意合家欢乐、和好百年。但遗憾的是，这件充分反映了祖国历史文化的精美文物，却被摆放颠倒，雕刻的图案也成了荷鹤倒立状，荷花下面的水波纹也都上了天。此事一出，反响颇大，不少读者纷纷写信致函有关部门质疑，要求改正。

教科书是教师传道解惑的工具，是学生学以通达的范本，尤其是对正在接受初等教育的学生来说，他们主动分辨专业成果的知识背景能力有限，主要还是通过教科书吸取知识，武装头脑，传承祖国优秀文化。如果教科书有误，其后果可想而知。如果教科书滞后，也难以适应21世纪人才培养的目标要求。所以，对于教材编撰者乃至实施一线教育的教师而言，严谨学风的育成水平、知识养料的纳新程度、学术动态的关注范围等，都将成为能否担纲新世纪教育师范者天职的检验标尺。另一方面，对于从事祖国历史文化遗产研究的专业学术领域而言，适时地面向社会公布所取得的科研成果，也应当成为义不容辞的责任。不言而喻，这也正是司母戊大鼎新重量以及柱础倒置问题带给我们的教示。

再次，国际化程度低，新成果引进慢。在我国，所谓的考古学通论的内涵除了考古学发展史部分，实际上很少涉及各国的考古情况，严格地讲，只能说是中国考古学的通论。尽管一些译著会弥补这方面的不足，但你会发现那些国外的著作也多已出版了十几二十年以上，中国考古学通论教育的国际化程度和更新速度，明显存在需要大力加强和加快的迫切性。

第四，横向缺乏一体化，纵向缺少贯通性。除了《中国大百科全书·考古卷》以外，融古今中外考古学内涵于一体的考古学通论著作，在国外已经不乏其见，但目前在我国还处于胎动和翘盼阶段。这既与我国这样一个世界考古大国的地位很不相称，也与实现我国考古学在世界考古之林中的强国地位尚不合拍。

第五，专业程度过强，读者定位偏狭。我国考古学通论类著作的读者定位往往过于强调专业性，这是学科发展所必须的，本无可厚非。可是这样的纯学术通论体教材，常常是学术术语浓郁，理念深涩奥晦，同时这类课程又大多安排在大学一年级讲授，即便对刚入学的专业学生也犹读天书一般，不经讲解无法领会精要，更不必说非专业学生和一般公众以好奇和兴趣为主的自学己悟了。所以，我曾开玩笑说，在文科中所有的学问都能自学成才，可唯独自学考古学的成功率最低！

我还记得好像是多年前，《读书》杂志刊登过一组文章，邀请几位了解并关心考古学状况的学者讨论了考古学的问题：

葛兆光在《槛外人说槛内事》中说：大量编号的标本犹如一系列编码数据，

冷僻生涩，宛若天书，犹如谜团。给资料广泛使用造成了相当的难度，用也不是，不用也不是，看上去规范整齐的考古报告常常冷冰冰地使人无法运用想象力。

陈平原的《文学史家的考古学视野》一文讲：考古学有一套"不足为外人道"的理论术语，阻碍了普通人的接受与欣赏。我明明知道正在削价出售的考古报告很有学术价值，可就是没有勇气把他们抱回家，原因是读不懂。

李零《说考古"围城"》也深有同感：圈外人看考古报告犹如读天书，不知所云，不但不知道怎么找材料，也不知道怎么读材料和用材料。考古学专家自己对遗存的定性也常常是见仁见智，让行外想利用考古资料的学者无所适从。

另外周一良还曾戏言：如果哪个考古学家能写出一份让历史学家看得明白的考古发掘报告，他愿意捐出全部积蓄作为基金，对作者以奖励。

这些学者说的尽管不是考古学通论的问题，但我国的考古学通论教材中程度不同地存在这类毛病，也是实情。

看来，是否能够编写和出版一种以至多种适合一般读者的公众考古学通论，使之成为考古学与公众之间联系的纽带，乃至作为国民爱国主义教育的生动教材，促进全民意识上的对人类历史文化遗产的热爱和保护行动，看来已经是摆在新时期考古人以及关心考古事业发展的出版等行业面前的一件不容再忽视的事情了。

我1993～1995年在日本进行学术交流期间，曾对日本学术界和出版界重视考古学教育和公众化的做法产生过浓厚兴趣。记得那是在东京大学做访问学者时，有一天从文学部部长、考古研究室主任藤本强教授处得到一本他的新著《物語る日本列島史——旧石器から江戸時代まで》，这是一本用考古资料描写日本列岛历史的全新著作。著名的同成社在发行广告中是这样介绍该书的："大胆地利用近年膨大的发掘调查结果，从考古学的角度构筑了日本的通史，是期待已久的最新版'日本考古学概说'！"

此后，我还陆续看到不少类似的用考古资料撰写的图文并茂的日本史和考古成果介绍，有些相当于我国出版的《新中国的考古发现与研究》等学术性的著作，但也有大量是权威学者主持编撰的直接面向公众的版本，如前奈良国立文化财研究所所长坪井清足先生监修的《図説：発掘が語る日本史》、日本第四纪学会组织编写的《図解・日本の人類遺跡》等等。

　　2001年暑期后开学，我带的一位日本研究生从日本回来，送给我一本新版的考古学教材，是由日本考古界元老、著名的东京大学名誉教授江上波夫先生监修的《考古学讲座》，而参加编写的42位专家，几乎都是日本考古界最著名的学者，例如芹沢长介、大塚初重、森浩一、樋口隆康、加藤晋平、国分直一等等，而且其中还有近1/3是来自其他相关学科如民族学、古代史、西洋史、民俗学、动物学、植物学、化学、建筑学、地质学、理学等方面的知名学者。

　　翻阅这部自1976年出版后到1998年已经第8次印刷的新书，才发现这是继浜田耕作名著《通论考古学》1922年出版后，又一部全面向公众展示包括日本在内的世界各国考古学历史和现状的煌煌巨著。而这本书出版的目的除了纯学术以外，令我惊讶的还有专门面向一般读者的学生版。江上波夫先生在序言中对此指出，这样做的原因是为了满足公众日益兴起的对考古学的关心，和为将来准备踏上考古之道而正在热心探索中的学生们解惑。这与该书在"凡例"中注明的编辑宗旨是一致的，即一方面是为今后有志于考古学学习的人们提供更容易理解考古学研究的方法和成果的概要，另一方面也可以用作大学考古学概论的教材。

　　考虑到读者群的购买能力，该书并没有配发大量图版，只在卷首插放了一页正反两面的彩版，且软皮而非精装，降低了成本和售价，一本16开400多页的著作售价只有3 400日元，几乎只有同类书籍的一半价钱。但却独具匠心地在大部分页面上采用了上半部分文字叙述，下半部分配线图、黑白照片以及详细说明和注释的做法，其用意很明显，就是为了努力缩短一般读者阅读文字部分时的困难，体现出哪怕在形式上也充分为公众考古学的发展极尽能事的人文关怀。

　　在书后的附录中，该书还列出了最主要的可以延伸阅读的40多部考古参考书，包括8本日文和西文考古辞典，10本考古概论和概说著作，7部考古讲座版本，12本考古学入门和方法论著作，4部考古学史著作。并在最后还附有各国重要遗址索引和名词索引目录、执笔者简历以及可以使初学者一目了然的各时代遗存分布图。

我翻阅该书的最直接体会是，几乎所有我在前面提出的问题和面临的困境，在这本书中仿佛一下子都得到了解决。在中国，实际上也不是没有这样的著作，比如上面提到的夏鼐主编的《中国大百科全书·考古卷》，可谓煌煌巨作，权威性自不必说，但这种辞书性质的著作不利于做教材用，又是显而易见的。倒是上面还曾提及的《考古人类学》，在编纂体例和内容上有点类似日本的《考古学讲座》，但其出版于1998年，而且只有区区1 200本的发行量，时过境迁，数量有限，做考古教材的可能性，已不足具。从而更加期盼已经有了100多年历史和半个多世纪教学历程的中国考古学学科，也能早日出版这样一部甚至数本有利于考古教育，更有利于考古学公众化和普及性的具有中国特色的著作，以赐我以教，以惠人以习，以传业于众，以弘扬于世。

这样的期盼在本世纪起，不再望梅止渴，而是曙光初现。考古界和考古人陆续做出了不少的努力。像考古杂志社编著了《二十世纪中国百项考古大发现》（2002年）、陈淳著《当代考古学》（2004年）、曹兵武著《考古学：追寻人类遗失的过去》（2004年）、陈淳著《考古学研究入门》（2009年）、张之恒主编《中国考古通论》（2009年）、刘庆柱主编《中国考古发现与研究（1949—2009）》（2010年）等。另外国外的著名考古论著，像保罗·巴恩（Paul Bahn）主编、郭小凌等译《剑桥插图考古史》（2000年），科林·伦福儒（Colin Renfrew）等著、中国社会科学院考古研究所译《考古学：理论、方法与实践》（2004年），温迪·安莫西（Wendy Ashmore）等著、沈梦蝶译《发现我们的过去：简明考古学导论》（2007年），布鲁斯·G·特里格（Bruce G. Trigger）著、徐坚译《考古学思想史》（2008年），戈登·柴尔德（Childe, Vere Gordon）著、安志敏等译《考古学导论》（2008年），罗伯特·沙雷尔（Robert J. Sharer）等著、余西云等译《考古学：发现我们的过去》（2009年）、马利清等主编《考古学概论》（2010年）、钱耀鹏主编《考古学概论》（2011年）、赵东升等著《一看就懂的考古学》（2012年）、韩建业等主编《中国考古通识》（2021年）等一批考古学的著作，也纷纷面世。

更加令人欣喜的是，2015年，教育部启动的马克思主义理论研究和建设工程重点教材《考古学概论》出版了。该书以马克思主义为指导，在综合国内外发展成就的基础上，以学科基本内容和中国考古学的基础知识为主要线索，贯彻从形象思维向逻辑思维、抽象思维逐步深化的教学理念，力求突出考古学的认知途径与研究方法，系统而扼要地揭示考古学的学科结构体系、综合性研究特点，以及与其他相关学科的联系与区别，尽可能凸显考古学的科学价值和社会价值。全书采用图文并茂的方式，收录80余幅插图，便于学习和理解。为此，我还去北京参加了教育部组织的培训班，专门进行了学习，收获很大。

但所有这些，大都还是面对考古专业学生学习的教材，而不是面对考古专业外的学生学习考古所写作的通识考古教材。这又让我生发了新的期待并有充分的理由相信，一部真正适合中国通识考古教学，同时也能够为广大考古爱好者学而时习之，并且是集中国特色、中国风格、中国气派并融汇新时代考古观和考古成果的考古学通论，应该离面世不再那么遥远了。

考古随笔成了语文题

头些年,我曾经打过一个比方,说有朝一日,面向社会公众的考古佳作能出现在书亭和报摊上,那中国公众考古就算渐入佳境了。而在当时,我观察到的情况却是,与文物有关的收藏类和鉴宝类的刊物已不乏其见,但真算得上考古范畴的,严格说来还没有。就算有,也多是夹杂在各种文化刊物中的孤篇散章,不是主角,是配角。可在国外,我们能看到的数据是,几乎每一百个丹麦人中,就有一个订阅考古期刊的,而且早在20世纪中后期,丹麦出版的考古书籍已有34%属于普及性读物;还有,在法国,《考古》杂志可以在大多书报亭买到;在美国,考古学会编辑出版的《考古》杂志的发行量,能上到10万册。

国外考古读物普及的程度高于中国,有时候在非考古专业的各种考试中也不乏其见。有一天中午我在学校食堂吃饭,听到两个同学说错把旧石器时代回答成新石器时代了。我开始以为他俩是上考古课的同学,可再听下来才明白,原来是在交流"托福"(TOEFL)考试的体会。可见在国外,考古不说无孔不入,但已颇为常态地成为一般的学术、文化以及社会话题。这反映出中国总体社会发展进程,还没有达到西方发达国家的国民生活水平,基本上还是处在求生存、求温饱而不是求发展、谋文化的阶段。但话又说回来,中国的这种状况正在不断地得到改变,也是不争的事实。像有些涉及考古事和考古人的文章,陆续开始进入中小学课本和考试范畴的状况,逐年增多,我在本书"苏秉琦的得意之作"一节里,已经举过苏秉琦和贾兰坡二位先生的例证,我自己也有过被征引的短文。那是一篇我描写三峡考古的散文式考古随笔《三峡男娃》,先是发表在《新民晚报》上,后被选作南方某省七年级语文课外阅读题。不过遗憾的是,我曾试着按照选了这篇随笔的老师们给出的测试要求来回答,估计能及格,已算不错:

去年带学生到三峡考古,中秋那天,决定在工地前的长江边搞场篝火晚会。为了给晚会添一道音乐之声,便求到了一位陈姓村民,他说考古队借收录机"莫得问题哟!"

才过晌午,他儿子,一个正在镇上读高三的男娃就拎了个双喇叭的"老坦克"来,他一脸汗滴如珠,气喘喘道歉不已:"来晚了!来晚了!耽搁了没有?"得知晚上才用,男孩长舒一口气:"那就好,那就好。"

接下来男娃没走,非要放一下给我们试听,音量旋大又旋小:"好用好用,我担心路上给颠糟了,骇惨了。"男娃家刚移民到山后的新居,到考古队驻地少说也有3公里,翻一梁下一沟爬两坡——男娃是跑来的!马上端了茶与他,男娃谢而不受,转身屋外,豪饮池中引来的泉水,方顾拭汗。拭毕坐在檐下石上,扯起领口当扇。秋阳正斜,涂得男娃金光灿灿。

我后来忙准备事宜,无暇顾及男娃。转眼天暗月升,蓦地看到男娃立墙一角还没回去。见我有隙,嗫嚅道:"高叔叔,我想和您商量……商量个事。"男娃低首挲襟。"请讲。"我毫不迟疑。"我长这么大,只在电视上看过篝火晚会,今晚我想……""要的!要的!"我明白了男娃的意思,一串朗许。男娃还我两串谢谢,一个鞠躬!抖着心喜去帮着扛旗、抢着搬箱了。下山去江滩时,远远看男娃拎着那一路放歌的收录机。秋月正浓,染得男娃白衫如袍。

篝火旁不见男娃,他一人在不远不近的滩上,坐如小佛。小手托腮,在看城里来的哥哥姐姐们唱跳。他在想啥子?请他也吃也唱也跳也耍,男娃摆手如扇:"要不得,要不得哟!"我只好拉他肘;"那一起照个相吧!"男娃惊喜模样,好像不信这是真的。我重复了一遍,男娃听切了,忙立正站好。喀嚓灯光闪后,男娃又还我两串谢谢,一个鞠躬!

没一会儿,村里围观的人多起来,见男娃在跑左走右地维持秩序:"莫喊莫喊！""莫吵莫吵！"篝火散场，男娃忙着填沙埋烬，说防山火。上山路黑，男娃打着手电带头，只顾后不照前，说自己路熟，在嚷哥哥姐姐莫绊跤。

阅读语段，回答问题：

1. 给加点字注音并解释词语。

拭（　　）：＿＿＿＿　烬（　　）：＿＿＿＿　朗许：＿＿＿＿　挲襟（　　）：＿＿＿＿　无暇顾及（　　）：＿＿＿＿

2."男娃家刚移民到……男娃是跑来的"这里交代了男娃家到篝火晚会现场的里程和男娃如何到来的方式，有什么必要？

答：＿＿＿＿＿＿＿＿＿＿＿＿＿＿＿＿＿＿＿＿＿＿＿＿＿＿＿。

3."秋阳正斜，涂得男娃金光灿灿""秋月正浓，染得男娃白衫如袍"作者如此着意刻画男娃，有何意义？表达了作者怎样的感情？

答：＿＿＿＿＿＿＿＿＿＿＿＿＿＿＿＿＿＿＿＿＿＿＿＿＿＿＿。

4. 文中先后两次写道"男娃还我两串谢谢，一个鞠躬！"意在强调什么？

答：＿＿＿＿＿＿＿＿＿＿＿＿＿＿＿＿＿＿＿＿＿＿＿＿＿＿＿。

5. 文章最后一自然段写男娃做了哪几件事？请用最简洁的语言概括。

答：＿＿＿＿＿＿＿＿＿＿＿＿＿＿＿＿＿＿＿＿＿＿＿＿＿＿＿。

6. 纵观全文，男娃具有哪些可贵的品质？

答：＿＿＿＿＿＿＿＿＿＿＿＿＿＿＿＿＿＿＿＿＿＿＿＿＿＿＿。

我当初看到上面出的解析题，第一个感觉是有的题找自己都答不太上来。像"挲襟"二字，题中要求学生注释拼音并解释。说实在的，这是我生造的文言不文言、白话不白话的词语，说完整了应该是"摩挲衣襟"，被我拽词拽成了"挲襟"。当初写这几个字时，其实直接写成"抚摸衣襟"一笔带过就完事了，可我觉得这样处理有点过于简单，脑袋里就蹦出了张忠培师在他的考古文章中经常用的"摩挲"二字，意即考古人用手反复摸陶器的场景，考古行话叫"摸陶片"。

"摸陶片"这个事是考古人的基本功之一，能不能摸陶片，会不会摸陶片，更

笔者与三峡男娃合影

是衡量一个考古人会不会做学问，能不能做出学问的试金石。考古界公认的摸陶片的大师是张忠培师的导师苏秉琦先生，也就是我的师爷。我20世纪80年代读研究生时，忠培师让我去浙江良渚遗址做调研，正巧苏秉琦先生也到良渚遗址来考察。在当时的吴家埠考古工作站，我见证了师爷蹲坐在小板凳上，把一件件陶器或一片片陶片摸来摸去的场景。而且我还发现，师爷摸陶片时，老是闭着眼睛摸来摸去，像极了寺庙里手捻佛珠闭目打坐的大和尚。

我那时候年轻，不明白苏先生这样摸陶片是在干什么？站在旁边不敢说话不敢问道。过了好些年后我自己也学会了摸陶片时，这才体会到其实苏先生是通过摸陶片的质地材料在做研究，一是在熟悉这些陶片的自身特点，二是在比较他摸的陶片与在其他地方摸过的陶片有什么异同。这样一比较，一样的会怎么样？不一样的又会怎么样？是同一时期呢？还是不同时期呢？是同一区域呢？还是不同区域呢？如此等等，文化关系的时空问题就出来了，文化关系的交流与否的情况也就出来了。

摸陶片是考古俗话，这在考古上还有句行话叫"手感"，其实也不光是摸，还得边摸边看，文物圈叫"眼学"，叫"望气"，考古上的术语叫作类型学研究，也就是比较或类比器物形状、纹饰、质地、颜色、制法的学问，这就扯远了。

话说两头，还是说回摸陶片，说回"摩挲"二字。这两个字其实常在生活中使用，我记得在东北人家里，当小孩受到惊吓，大人就会一边摸着孩子的后背一边说："别怕，别怕，摩挲摩挲，摩挲摩挲！"小孩就不哭了，可见"摩挲摩挲"的作用。当"摩挲摩挲"被考古人借用，用来形容摸陶片，也就类如像苏先生那样的反复摸陶片的场景。

这就是我写作随笔时，生造"挲襟"二字的生成背景。当时觉得写作"挲襟"比写成"摩襟"好点，有种说不清道不明的朦胧味道，有意思，能会意，又不直白，就用在了拙文里。而今却被语文老师们拿出来考七年级的初中生，可真够孩子们喝一壶的，甚至喝两壶、三壶的。我无意间挖了个坑，却让孩子们去跳，现在想想，既不落忍，又不厚道，如果我当初知道会被选作语文阅读理解题，我指定不会这么造次、造词、拽词，实在是害人不浅。

我当初看到上面出的解析题，第二个感觉是佩服中学老师的功夫实在了得，能在拙文里凝练出这么多内容来给中学生做，这是写作拙文时我压根儿没有想到的。我写作时往往是想到了个题目甚至只想到了一两个词句，接下来就随兴而发，又怕思路断掉，多是话赶话，语就语，写到哪里算哪里。又常常是看到字数快够一篇千字文了，再啰嗦下去会超过报纸字数要求，就赶忙结尾收摊儿。再略微瞧瞧别有什么错字病句的硬伤，改几下能读顺溜就拉倒齐活，真的没想那么多主题含义、没想那么多中心思想，没想那么多语文老师们必须想的中小学语文教学要求。像"秋阳正斜，涂得男娃金光灿灿""秋月正浓，染得男娃白衫如袍"作者如此着意刻画男娃，有何意义？表达了作者怎样的感情？真叫我答，我还真就答不太上来。另外像"纵观全文，男娃具有哪些可贵的品质？"我想了半天，也回答不太出下面题外话的参考答案那样的提炼。

像我这种大学老师解析不出中学老师的水平，像不少本科硕士博士回答不了中学语文阅读题，阅读题作者对自己文章的中学式解题干瞪眼、直蒙圈，若说不正常，其实也正常。那就是师有师道，学有学规，门有门道，行有行情。一篇文章被不同解读，被不同应用，有如一悬弯月，会有男女老少解，会有爱恨情仇解，会有天文地理解，种种云云，各得其所，各取所需，各为所用，没啥不对，没啥难解的。只不知读者诸君，有没有兴趣，先不看下面的参考答案，花几分钟做做上面那几道被语文老师们"二次加工"过，并做了中学式解析的题目，哪怕连原创的作者自己都不太做得出来——世上多少事，较真就不好玩了；埋汰人家中学老师出的题有过度阐释、强加拆解之嫌，在思想价值方面被人为附加上了太多的东西，那也不好玩了；再扯到语文阅读题其实就是一种考试工具，在文化价值判断方面常常陷于重大偏失云云，这就更不好玩了；再上纲上线到高考应试、教育制度、人才模式、时代精神、人文情怀、责任使命、思想价值、自由之精神与独立之人格等诸元素的高度去，那就更更不好玩了。

最后要补充的是，2022年初，我闲着无聊，把这篇图文贴到了"考古老高"的微博上。大概是每个人都有过上语文课时做过"阅读理解"的经历，引发了不少网友的共情感，用网上流行语甚至还可以说有点"炸裂"了——大约浏览量近50万，点赞1200次，被转发200次，留言近百条。这里摘录一些网友们的留言和互动如下：

- 活着的作者亲自下场打脸哈哈。
- 哈哈哈哈哈哈～～好解气。
- 笑死我。
- 噗。
- 最爱看这种阅读题本尊下场的场面。
- 终于又有作者出来说没想那么多。
- 选文章上考卷前，百度一下作者，活着的，就别选了……
- 哈哈哈哈　现身说法　老师比作者想得多～～～～。
- 作者：其实我没想那么多那么深……语文老师：不，你有！
- 阅读理解：作者是这样这样这样这样想的，意味着那样那样那样，中心思想是这个那个这个那个。作者：我没有，我不是，别瞎说。
- 那是你不了解你自己。
- 他就是个写文章的作者而已，懂啥阅读理解。
- 作者是被人提升了高度。
- 作者做这个阅读理解能拿多少分？
- 我们也把这题做了一遍，绞尽脑汁了。

- 阅读理解＝过度理解。
- 以前上学做这种题的时候，我就感觉作者没想那么多。
- 遥想当年中学语文课上，鲁迅的作品连标点符号都被语文老师赋予了特别的意思。
- 凭什么鲁迅写错别字就是通假字？我写错别字就得罚抄100遍？
- 读书的时候阅读理解分数不高，看来真的不是我的问题，人家作者压根也没那个意思，衰衰衰。
- 还记得韩寒曾经写过，自己的文章印在试卷上。就问"居然"和"竟然"的区别。韩寒说，我当时就用了这个词，没想那么多。总之那段话蛮搞笑的，就是不记得在哪里看过了。
- 一直觉得有些阅读理解方法跟精神分析法似的。
- 曾几何时，作为一个懵懂少年，我还以为这些答案都是原作者的真实意图。
- 我阅读理解经常没分，我就很纳闷。
- 上初中之后就再也没有做好过这种题。
- 阅读理解简直就是我的噩梦，其实能写出答案的还是挺牛的！
- 感觉阅读理解题都想得太多。
- 我现在这么多疑，肯定是因为小时候阅读理解练的！
- 这就是咱们的语文教育最大的问题，很多人学了十几年语文，就是掌握了一堆这种胡思乱想的技能。
- 阅读理解必须有，且只有唯一正确答案。
- 这种标准化的阅读理解，把学生封闭在单一的话语体系中，与文化多元化的要求显得格格不入，只能培养"分数的囚徒"，而不是独立的思考者。
- 博主浅薄了，这叫文本批评，一旦写作完成，文本和作者都没关系了呢。
- 又回到那个议题了：作者对自己的作品有没有解释权或定义权？
- 之前看过个文学方面讲座，说现在对文学的评论解析，作者表达什么是次要的，读者觉得作者表达了什么，读者的理解是主要的。反正大概就是

"尾田他就是个画漫画的,他懂个啥海贼王"那么个意思。

- 语文阅读题本身承载着特定的价值传播功能,一旦成为考试工具,加上应试教育工具化与机械化的特性,在经过肢解切割后,被硬行赋加上太多特定的价值思想,会极大地背离作者的价值意旨,在文化价值判断方面常常陷于重大偏失。

- ……

作为作者,我自己的感慨有三:第一,我写的时候没这些意思;第二,我自己答不出这些意思;第三,特别佩服语文老师能整理出这些意思。

【题外话】

《三峡男娃》语文课外语段阅读题参考答案——

1. 拭(shì):擦　烬(jìn):灰(物体燃烧后剩下的东西)　朗许:爽快的应许　挲(suō)襟:抚摸衣襟　无暇(xiá)顾及:没空闲顾到。暇,空闲。

2. 这个交代反映了男娃不顾山路崎岖遥远,热情帮助他人的高尚品质。

3. 前者从形象上反映男娃具有一颗金子般的心灵;后者从形象上展示男娃洁白无瑕的品质。表达了作者对男娃美好心灵的赞美。

4. 反复这两句意在强调男娃的懂礼貌以及山民的质朴淳厚的品格。

5. ① 维持篝火晚会秩序;② 散场忙着填沙埋烬;③ 打着手电为哥哥姐姐们照路。

6. 三峡男娃具有山民纯朴、憨厚、热情、乐于助人的优秀品格。从不顾山路高低徒步送收录机,到篝火晚会散场后的整场、送客,无处不展现三峡男娃热情好客、助人为乐的品格。他那以为迟到时的歉疚,他那提出自己想参加篝火晚会要求时的嗫嚅,则凸显了他的纯朴、憨厚。他那豪饮山泉,领口当扇,拒邀吃喝玩耍等,则表现三峡男娃豪爽的气质。

我投了曹操墓一票

2010年底，在曹操墓考古发现向社会发布成果一周年之际，我应邀到河南安阳参加曹操高陵保护方案专家论证会，会上发给我们一本河南考古所新编、文物出版社新版的《曹操高陵考古发现与研究》一书。我翻阅后，注意到该书里的两个细节：

第一，这大概是中国出版最快的图书之一，估计不逊于那些热卖的畅销读本。该书收稿截止到10月15日，出版日期则是11月，快还是不快？不言而喻了吧。这就是为什么我给同学上课时常告诉大家，看书时除了作者，还要关注出版社、出版时间、版次等看似与书的内容无关的细节信息，其实这里面大有名堂经。

第二，在最早公开出来力挺这就是曹操墓的一众人里，老高我滥竽充数，也算其中一个。该书编者语说，收集了"专业学术报刊或权威报刊上公开发表的研究文章，共53篇，约25万字……代表了目前学界对曹操高陵考古发现的研究水平，也反映了学界对曹操高陵的总体认识。"该书文章的编辑顺序，好像是按照作者发表观点的时间前后做的目录，拙文《考古学证据已足以断定安阳曹操墓》居然排在第一个。那是我发表于2010年1月3日《南方都市报》的历史评论版上的，离2009年12月27日新闻发布会对社会公布这一考古发现，仅有一周时间，算是比较早地亮出了自己的观点。尽管我们常说革命不分先后，科学发现和研究更不能以谁早谁晚论英雄，何况我又不专攻汉魏考古。但在当时全国一片质疑声中，我这个近年不断倡导公众考古的人，不能叶公好龙，不想纸上谈兵，能赶上中国公众考古发展进程中难得的这样一次堪称经典的实践机会，自当有责任和有义务回答公众对考古学发现的热切关注。

实际上，《考古学证据已足以断定安阳曹操墓》是发布会后，我第二还是第三天写的三篇网上博客之一，当时的题目叫《"魏武王"遗物有新解》。恰巧，《南方都市报》编辑找我给他们写点稿子过去，就顺手给了他们。他们要求我等他们发表后才能贴到我的博客上，于是我在2010年元旦前后要干的事，就是先发了另外两篇在博客上。其中，《曹操相貌实难复原》发得最早，时间是2009年12月28日，即新闻发布会的第二天。其次是《曹操墓关键证据"魏武王"石牌应埋于下葬时》，发于2010年1月2日。都比后来收入文集的那篇发表的时间要早。这与其说客观记录了我个人掺和曹操墓发现后的考古传播过程，还不如说是记录了一个潜心公众考古的实践者，在重大考古事件发生时的一种应对态度。后来，当中国考古学会等评选2010年度中国十大考古新发现时，我作为考古学会的理事，还投了曹操墓一票。

我最早写的《曹操相貌实难复原》，原文大意是这样的：

河南发现"曹操墓"，顷刻间成了2009年末的热闻，我见电视台每逢整点就滚动播出，已成媒介生态新景观。看来，不管这"曹操墓"最后被定性为何种属性，它成为中国考古学界端出来的一盘年度文化大菜，被持续热炒到2010年，已成定论。就连我这个远在上海与"曹操墓"考古八竿子打不着的人，这两天也被媒体和亲朋的问询搅扰够呛，也不知道他们是打哪儿找到我的联系方式，这就不多说了。对待这些媒体或亲朋，我的做法有三：

第一，我没去过现场，也没参与发掘，顶多是略早知道了那么一点行业讯息。按考古界行规，人家发现者不正式发布消息，我们旁人只能憋在肚子里，装不知道，更不能对外透露。像12月25日《第一财经日报》来采访，我就只能三缄拙口，概不声言。事隔两天，27日发掘方公之于世，我还是得本着"知之为知之，不知为不知"的老话，一边老老实实说自己不太知道，另一方面就推荐媒体去找河南省文物考古部门的领导或者考古领队，他们才有出自第一现场的发言权。乃此，我于桌上放了一张纸条，列出我熟知的领导和专家的电话号码，作为我抵挡采访的"挡箭牌"。凡有来电,实事求是,马上报号,着实奏效。

第二,对那些善于不让我挂电话、非要我说点看法的媒体朋友,我基本都预设一个前提,即如果、假使、真的是"曹操墓",那也不要热炒为妙。眼下,"曹操墓"的社会文化热度肯定会高于学术研究热度,学术是个长期的过程,社会关注是个短期的流行。让社会文化新闻随着考古发现的进展而徐徐展开,远远超过一窝蜂的人云亦云,跟风演绎,创造信息,所以媒体还是以客观的跟踪报道为好。因为考古还在进行,发现还在继续,谜团还在破解。

第三,我的基本态度既不是添薪加柴烧开水,也不是泼瓢冷水砸块冰,还是笃信文火慢炖,胜过煎炒烹炸。打个比方,考古的规律常常是,一个新发现会带出五个谜面,五个谜面弄不好会扯出十个谜团。比如"曹操"长什么样?就是其一。有记者问我:"曹操"的头骨被发现了,他的模样就能清晰地被复原出来。我对他们讲,且不说仅凭一个60岁左右的头骨便断定是"曹操"科学与否,就算是他老人家的头骨,那最多也只能复原出个大概的模糊影像。诸如"曹操"的皮肤是黑是白、额头眼角有没有皱纹、双眼皮还是单眼皮、大耳垂还是薄耳朵、鼻翼宽窄,带不带酒窝、留什么样的胡子、厚嘴唇还是薄嘴巴、有没有黑痣等人体的

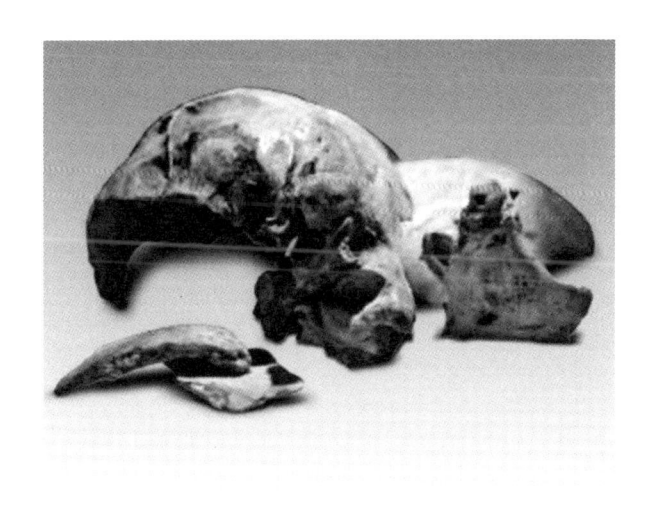

曹操墓出土老年男性头骨

软组织，仅凭尸骨，而非遗体，即使是所谓相貌学家用顶牛的颅像还原技术，也复原不出来。况且，只有头骨，没有肢骨，所谓"曹操"的高矮胖瘦，也都难以"模拟再造"出他的大小个头来。凡此种种，期盼可以理解，技术难以做真，媒体千万不要吊足公众的胃口，公众的期望值也大可不必过于饱满为上。

实际上，相貌复原与否，都还是小事一桩。更大的问题是，一个帝陵或者一个王墓的考古发现，究竟能解决多少悬而未决的历史问题？我认为也还是不要过度期待的好。试想，当年定陵的发掘，解决了多少明史问题？乾隆、慈禧陵墓的清理，弄明白几多清史的实况？当然，有人会讲发现比没发现为好，研究比没研究为高；也有人会说发现了未必一定就发掘，发掘了也未必就有结论性的成果；还有人会道发现了如何保护？保护了能否开发利用？云云种种，种种云云，都是我们全社会更应当尤其关注的大事体。

我其次写的《曹操墓关键证据"魏武王"石牌应埋于下葬时》，原文大意是这样的：

发现曹操墓的消息发布后，质疑声骤起。略其浮言，究其焦点，当是剑指刻有"魏武王"字样的8块石牌和1个石枕——这几件考古学者用以确认曹操墓的关键证据。而在各种关乎于此的质疑中，又以"魏武王"是曹操死后才有的谥号，因此不可能下葬于墓中的说法最有质疑度，影响力也不小，称道者更不少。比如中国政法大学的一位教授就说：曹操生前从不称魏武公或魏武王。"武"是后来曹丕登位做了魏文帝后，将其父曹操追封为帝时的追谥，后人这才称曹操为魏武帝。因而曹操下葬时如有陪葬物，是不可能铭刻题记为魏武王的。这一点，出土的石牌首先就有矛盾。考古学者凭此石牌即断言此墓为曹操墓，是不妥当的云云。

质疑者提出这样貌似有逻辑的焦点问题，无疑叨在了点子上，起码是在做了积极思考后才得出来的，不能说一点道理也没有，这比起那些凭直觉和想当然说事的否定者、演绎者及其冒充大瓣蒜的所谓专家者，要理性一些。同时这也说明，我们的社会已开始逐渐进入专家或者权威的观点不是唯一结论，大家都能发表自己看法的时代，对错反倒退居其次了。换言之，这就有点接近法国18世纪启蒙

曹操墓刻字石枕

思想家伏尔泰那句名言的意思了："我不同意你说的话，但我誓死捍卫你说话的权利"。考古之花，墙外也香，考古非但能引发社会和公众的关注，成为一个重大的年度乃至国家文化事件，而且竟然也能外延出一般人文法则来，扯到社会民主进程里，考古之魅，不可谓不大矣！

不过话说回来，作为被质疑者，考古学者当然也有责任和义务给出回答。如果他们不同意曹操墓葬质疑者的观点，可以再找出至少以下两条文献证据，不是以正视听，而是冰释前疑，同时也需要进一步给社会和公众一个交代：

第一条，《尔雅·释诂》注疏"谥号"的意思时说："人死将葬，诔列其行而作之也。"可见"人死将葬"，也就是人死后，即将下葬前，可以得到相当于盖棺定论的谥号。据此，则曹操墓里随葬品中有"魏武王"的谥号，当然是合理的。

第二条，《三国志·魏书·武帝纪》记载："（汉建安二十五年正月）庚子，王崩于洛阳，年六十六。……谥曰武王。二月丁卯，葬高陵。"这条记载更明确地说明，曹操逝世于正月，在他二月下葬前，已得到了"武王"的谥号。如此，质疑者说"魏武王"刻石文物时间前后有矛盾的说法，当不攻自破矣！

我第三篇写的《考古学证据已足以断定安阳曹操墓》，即被收入文物出版社

《曹操高陵考古发现与研究》一书的短文，原文大意是这样的：

曹操墓发现后，考古学者提出六条证据。其中有五条是间接证据，诸如：规模上，墓葬巨大，与曹操的魏王身份相称；时代上，墓葬出土遗物有汉魏特征，年代相符；位置上，墓葬与出土《鲁潜墓志》等记载一致；葬俗上，曹操倡薄葬，墓内装饰简单朴实；遗骨上，发现与曹操终年66岁相近的男性遗骨。此外，还有一条是直接证据，即发现了数个而非一个带有"魏武王"刻铭的石牌和石枕等，堪列最足证的关键证据之首。

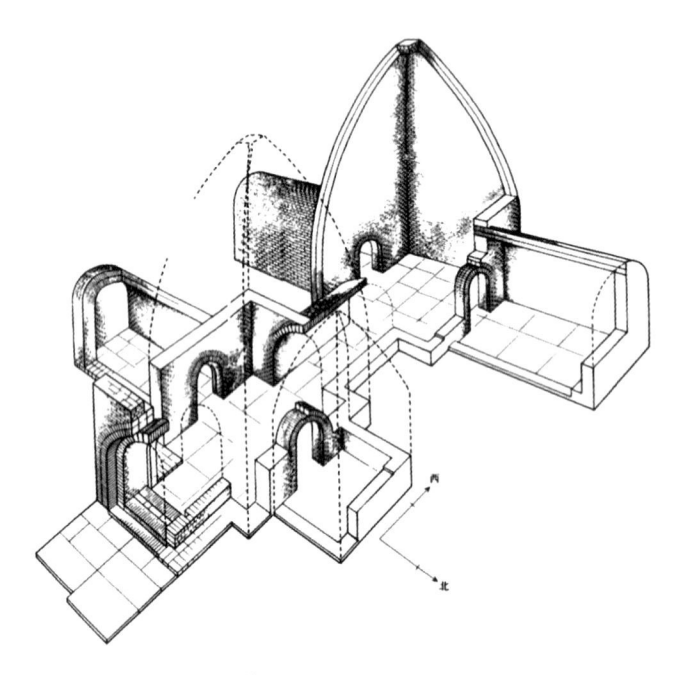

曹操高陵结构示意图

众所周知，考古认定墓主人最强有力的证据，就是发现带文字尤其有姓名的墓碑、墓志、印章、刻有姓氏的遗物等。这次不但有"魏武王"字样的遗物面世，还能与相关文献记载互为印证，依照考古复原的逻辑性，确证"曹操墓"的要素皆已具备。换句话说，假使没有发现带"魏武王"字眼儿的遗物，即便就是真的曹操遗体或者骨架完好地埋在墓里，考古上也不敢妄断那就是曹操的本尊。可见，文字性遗物的举足轻重性，堪称断定墓主人身份的定尺天条。

可这类刻有"魏武王"字样的过硬文物，却偏偏被不少质疑者认为是最有硬伤的证据。从埋藏角度说事者认为，这类遗物是从盗墓者手里收缴来的，真假难辨；或者说墓葬被盗，是有人故意埋藏在墓里的；还有人指出曹操部下也有可能随葬被曹操赏赐的武器，故而非曹操墓。另外影响最大的，是在"魏武王"谥号上做文章，认为曹操生前无此称呼，是他死后才有的追谥，刻有"魏武王"的石牌和石枕，怎么可能成为陪葬品？凭此断定曹操墓，自相矛盾，很不严谨。要之，考古学者提供的证据链都是断裂破碎的，条条依据都有漏洞。

来自各方的群起质疑者，以关注历史的学者和社会人士为主，多无专业考古背景，也没去过考古工地现场，信息源基本来自媒体报道。因此，他们的评判既有言之有道的推理，也不乏对媒体消息的误判。比如上面提到的"魏武王"遗物来自盗墓者而不足信的说法，已有考古现场实物出土而不攻自破。再比如"魏武王"遗物是后人故意埋藏而非曹操死时随葬的说法，属于假设范畴，充其量只有50%的可能性。至于曹操部下受赏而随葬"魏武王"武器说，若一件两件兴许能说得过去，可发现那么多件，就不太可能是赏赐所能自圆其说了，何况那件刻字的石枕如果也属赏赐之列，那就更说不清道不明曹操和属下到底是什么关系了。

可见，逐一解析这类质疑"魏武王"刻字文物的说法，大都是貌似有理，疑似有据的说辞。相对于考古学者提出来的系列证据，质疑者们多有抓住一点，不计其余的味道，更有甚者还有断章取义的嫌疑。其中流传最盛、影响最大的是所谓"魏武王"谥号说。但该说似乎没来得及做足考古常识或者传统民俗的功课，就匆忙上阵，掀帘子抢答，粗看仿佛不无道理，但实在有误社会和大众，特需解构如下：

首先，什么是谥号？一般词典上说，即古代君臣后妃等有地位的人死后，根据他们的生平事迹与品德修养，评定褒贬，给予一个盖棺定论似的评价。但问题是，到底是死后什么时候追谥呢？是死后几月或者几年之后才追谥呢？还是像《尔雅·释诂》注疏"谥"字说的那样："人死将葬，诔列其行而作之也"呢？如果

"人死将葬",也就是即将下葬的时候就可得到谥号,那么"魏武王"石牌和石枕随葬在曹操墓里,不就很正常了么。准此,则质疑者反而该接受反证了。

其次退一步讲,就算"魏武王"石牌和石枕确实是后来等到曹丕登基做了皇帝才追谥的称号,当时不可能与曹操同时随葬。那也还可以后来放进曹操的墓室里去。墓葬发掘较多的考古学者大都有这样的经验,就是汉魏以后的合葬,往往是一个墓室要前后埋葬几位逝者,这些逝者不太可能都是同时去世。换言之,后去世的人下葬,总是要重新开启墓门再埋葬进去。像曹操墓里现在发掘出来的一男二女三位逝者,恐怕也不是一次性下葬的。如果比曹操晚去世的女性下葬,为什么不可能再把追谥了"魏武王"的石牌或石枕带进去呢?!故此,"魏武王"刻铭文物出在曹操墓里,无甚异常。

另外顺便还要说的是,考古学界根据出土文字证据确认墓主人的案例不止曹操墓,例如早年发掘的著名长沙马王堆汉墓男女主人身份,就是因为发现了"利苍""辛追""轪侯之印"等印章或遗物,从而确证了墓主人就是长沙丞相及其家人的身份。换言之,同样都发现了带有姓氏名号的文物,马王堆汉墓主人身份不被质疑,而曹操的身份却不予承认,就有点太不合考古常规了。如果考古学者经过论证,认定了是曹操墓,却捂证不发,慎行讷言,封锁消息,那在这个越来越提倡知情权的社会,比质疑声更大的责难,恐怕会更令考古学者处境尴尬。

考古圈内的人都知道,像曹操这等名人墓葬的考古工作,时间一长,难免走漏消息,容易引发以讹传讹的结果。适时地把阶段性的发现和研究成果对外公布,既是对广大公众的一个交代,也有主动接受公众评判和其他专业领域人员一道参与讨论的目的,这恰恰反映出考古学者与日俱增的公众职责和社会义务。说这是急于求成,是借机炒作,是匆忙定论,是打造曹操墓的推手,等等,我觉得都不太符合考古第一线工作的实况。

——以上,就是我在2010年初写的几篇力挺曹操墓的博客文章。时光荏苒,一晃十多年过去了,质疑曹操墓的喧嚣早已尘埃落定,有几条后续的消息,在此补白如下：

第一，河南安阳曹操高陵被评为2009年度全国十大考古新发现之一。

第二，曹操高陵遗址博物馆于2023年5月18日在安阳曹操高陵遗址建成开放。

第三，安阳曹操高陵遗址保护展示项目入选2023年全国考古遗址保护展示十佳优秀案例。

肆

考古之道

中国何止五千年历史

记得前些年有一天看电视，见央视4频道在播出《艺术人生》那档节目。片中是一位出镜率蛮高的文物藏家在演讲，他说中国有五千年的历史，而且是一脉相承的。听了他这话，我有点不太相信自己的耳朵，因为他这话有点不太靠谱。

我们常说中国有悠久的历史，难道五千年就算悠久的历史么？中国如果只有五千年的历史，那五千年前、一万年前，再往前推到十万年前、一百万年前，中国现有疆域版图上的人类活动历史，是哪国的历史呢？难道要说成是"前中国的历史"么？"前中国"是什么国呢？是中国有国家形态以前的国？那就更不合逻辑了。

再说，就是大家耳熟能详的北京猿人也有七十万年历史了，即便现在有一种分子考古学的研究，说他们可能不是我们的直接祖先，但他们毕竟生活在我们现在生活的这个中国疆域里。根据中国科学院古脊椎动物与古人类研究所研究员高星等人发表在英国的《自然》杂志上的研究成果，将北京猿人的生存时间推向了更久远的77万年前，难道这么早的猿人，都与我们中国历史无干？人教版的七年级《中国历史》上册第一课上，还有更早的距今170万年前的云南元谋人，还有晚近一些但至少上了3万年前的山顶洞人，再像妇孺皆知的西安半坡人、余姚河姆渡人等六七千年前我们的祖先遗存，更是莘莘大观，比比皆是，数不胜数。他们一直被写在中学和大学的中国历史教科书中，早已经成为一般的中国历史文化常识。

凡此等等，何至于说中国只有五千年的历史呢？在酒肆茶楼把常识说错不可怕，可在央视这样有影响力的大媒体上，覆盖率那么广，无论那位文物藏家是口误还是误解，多少都有点说不过去。

看到这样的误解，我当时还以为是个别现象，没太当回事，过去就过去了。可后来，我又碰到了一连串的类似问题，而且不少人还都是有着高等学历以上背景的官员或学者。比如一位省级领导在我陪他参观博物馆展览时间："你们考古的人一会说文化，一会说文明的，文化和文明到底有什么差别啊？你们说浙江的河姆渡文化七千多年前就能生产稻米了，不得了；你们又说浙江的良渚文化五千年前就有超大城市了，更不得了。到底是时间早得不得了？还是时间晚得不得了？难道河姆渡那么早的反倒不如良渚那么晚的么？"这位领导提出了他在思考的非常好的问题：文化和文明是什么关系？

说到河姆渡，不免想起在2011年5月召开的第二届中国余姚国际河姆渡文化节上，一位《光明日报》记者在报道中频频使用河姆渡文明一词："农业是基础，稻作是基础中的基础，而今老百姓心目中的'神农'又是哪几位？在拥有七千年文明河姆渡的余姚我们得到了答案。""河姆渡文明的成就之一是发现了稻作文明。"这位记者左一个文明，右一个文明，泛用文明概念，但没弄明白什么才是文明二字的含义，愣生生把河姆渡文化说成了河姆渡文明，妙笔一挥，键盘一敲，便把中国五千年文明史提前了二千年，搞到七千年去了。

我还见到一位大学学者在文谈中说："我们常说中国是文明古国，因为我们有五千年的文化，这就是把文化等同于文明了。这种混淆在报刊、书籍和其他正式或非正式场合中屡见不鲜。其实这是逻辑上的错误，因为文明必须是与时俱进的，但文化不一定一代就比一代高。"他这话像是在辩证"文明"和"文化"两个词的关系，但好像又没有掰扯清楚二者的含义，绕来绕去，云里雾里。

这说明，五千年历史也好，五千年文化也罢，五千年文明也好，五千年中国也罢。在许多中国人心里是存在着一定盲区的，混淆的多，清晰的少，已经不是一个个别的事，而是一个挺普遍的事，人们多以为就是一回事，其实还真就不是一回事，更不能一锅煮。

说到这个事，由来已久，像中国考古之父李济也有过这样的经历。他在《挖掘出中国的历史》一文中，回顾自己早年的学习时说：

> 四十多年以前，我初入中学读书，当我知道自己生于一个有五千年悠久历史的国度里时，常觉欢欣莫似。我说五千年，因为灌输于我那一代年轻人心目中的，恰是这个数字。据说苏美尔人和埃及人的文化可能起源更早，但是那些文化早已消逝了。印度人也有一个很长的文化传统。但是，一直到现在印度的学者从不认为他们的过去是值得记录的事。如果将这些因素都考虑在内，无疑中国是依然卓立于世界上的最古老的国家。她有最悠久的——这是弥足重视的——延绵不断的历史记录。这是辛亥革命前我对中国过去的了解。

后来李济投身考古后，他原有的这个认识得到了一些改变，他在那篇著名的《再谈中国上古史的重建问题》一文里写道：

> 在中国这个区域，我们把人类的历史，究竟可以推到多远的过去？……若是我们讲中国上古史，我们就不能不讲人类在中国这一区域演进的这一段历史。我们必须从人类在最早出现的日子开始讲起。

李济这样的大家说中国上古史要从中国有人类活动时候开始算，算是把结解开了。只可惜，他的学术观点没有得到广泛的传播，乃至于今，还是有大多数的国人闹不清中国历史、中国文化、中国文明这些概念之间究竟是一码事？还是两码事？甚或是三码事？

那么，中国究竟有五千年的什么呢？

历史是一个比较大的时间概念，有自然界的历史以及包括人类在内的历史之别。像地球的历史，起码已经有了45亿年之久。那么地球上面的生物特别是人类的历史，在非洲那边最早，比如东非坦桑尼亚奥杜韦峡谷发现的能人化石，约有两三百万年了。中国目前考古发现的人类活动遗存晚一些，在中国现有版图上，通常都以1965年在云南元谋县发现的"元谋人"为上限，其他还有重庆巫山龙骨坡、安徽繁昌人字洞等地点，大约都有了一两百万年的历史。2018年，国际知名学术期刊《自然》介绍陕西蓝田上陈村旧石器时代遗址发现的文化序列层，时间约在距今210万年—130万年前。所以本篇开头那位文物藏家如果想说中国有多么久远的历史的话，应当说中国这块土地上已有一两百万年人类活动的历史，而不能说中国有五千年的历史，除非他在"中国"两个字上另有涵指或定义，说中国进入国家形态以来的历史有了五千年，这才不至于大谬，不过这也过于饶舌费解了。

陕西蓝田上陈村旧石器时代遗址文化序列层

历史是这样，文化的定义也相当复杂，各个学科汇总下来，大约有一百多种解释。但我们一般说的文化，总是和人相关联的。换句话说，人类的行为多被认为是文化性的，是人类有别于自然事物如动植物的界标之一。如果说人也是自然界的生物，那文化是人类生存方式及其结果，人是有文化的动物，能直立行走，有智慧的大脑，又能制造工具和使用工具。这就是说，有了人类，就有了文化。按上面的说法套进来，那么文化在非洲已经有了两三百万年的历史，在我们中国也已经有了一两百万年的历史，而不能说我们中国只有五千年的文化。

享誉国内外的历史学家许倬云在他的名著《万古江河》中，也陈述过类似的观点：

> 在"中国"这个观念还未形成前，人类早已在中国这块大地上活动。他们从旧石器时代茹毛饮血，逐渐懂得栽种、畜牧，自己生产食物，也开始群居，发展出多元的地区文化。经过分分合合，这些地区文化逐渐聚合为几个主要的文化系统，成了日后中国文明建构的基础。

许倬云在这里说得更明白，在中国这块大地上，是先有文化，后有文明的。文明所表示的学术含义，在考古上早有界定，一般需要具备三个物质形态的要素：文字的创造、金属的发明、城市的兴起。这三个要素在尼罗河流域、两河流域、印度河流域等地，正如李济在前面的文章中所言，都比中国要早些，大概在5 500年前即已出现，而在我们中国大约是距今5 000年前出现，而近些年中华文明探源工程取得的成果显示，像距今5 500年前后的辽河流域的红山文化、黄河中下游的仰韶文化和大汶口文化、长江中下游的凌家滩文化和崧泽文化等，也可能进入了文明起源阶段。

尽管中国的文明起源可能不早于其他地区的早期文明，但和它们齐头并进的考古发现越来越丰富。而中国文明后来的发展模式，又走上了一条与其他早期文明不一样的发展道路。即中国文明史是一个基本上连续渐进的文明发展道路。美籍华人学者张光直将此称为"连续性的文明"，而不是其他古老地区文明那种断断续续的"断裂式"文明发展轨迹。

美国学者伊佩霞（Patricia Buckley Ebrey）花了十多年的时间创作《剑桥插图

中国史》,结果她的研究成果也大体持有类似的观点。中国社会科学院考古研究所所长陈星灿曾经以《中国古代文明何以绵延不断以至于今》为题发表过一篇短文,更详细地向我们介绍了牛津大学出版社出版的《人文地理学》一书中,作者William Norton对世界各早期文明的情况所作的简明扼要的叙述,并且还附有一份可以比较世界诸多古代文明兴衰的年表。在这份我择要整理过的年表中,我们会看到,所有的早期文明后来都出现了发展轨迹的断裂现象,唯有中国是延续到"今天"的。只不过正如陈星灿所说,作者在年表中采用的是比较保守的以夏的纪年为起始,但不影响作者关于中国是连续性文明的基本认识。

国家与地区	起讫年代	存在时间
中 国	公元前2000年—今天	约4 000年
埃 及	公元前3000年—公元前332年	约2 700年
米诺斯	公元前3000年—公元前1450年	约1 500年
印 度	公元前2500年—公元前1500年	约1 000年
美索不达米亚	公元前2350年—公元前700年	约1 600年
迈锡尼	公元前1580年—公元前1120年	约400年
希 腊	公元前1100年—公元前150年	约950年
罗 马	公元前750年—公元375年	约1 000年
玛 雅	公元300年—公元1440年	约1 200年

顺便提一下,这张表格我在2008年策展浙江良渚博物院时,让设计师放大到展板上,挂到了展墙上。后来博物院的同行们不止一次地反馈说,外国的观众特别是那些学者们看后不太是滋味。我抢白辩解道:"这可是他们外国人的研究成果,不是我们中国人自说自话的哟!"

不过,中国这种文明演进模式,我觉得只是中国古今社会发展进程的一个特点而已,就世界整体而言,并不具有普遍规律,也不是所有国家发展的通则。对此，很多中国人以一脉相承引以为豪，挺好。而更多的他国人也不必为本国国脉的断裂，而产生什么自卑。中国有中国的国情，他国也有他国的国运。文化需要多样，国史无所谓独大，文明更不能以短长比输赢，这才是我们要秉持的价值观和理念。

郑州西山、浙江良渚、山西陶寺等一系列5 000年前后的古城发现，坐实了中国五千年文明史，正在成为考古界献给中国的基本学术结论、文化成果和社会共识。所以，2018年10月，中共中央办公厅和国务院办公厅联合印发的《关于加强文物保护利用改革的若干意见》中，高度概括了五千年中华文明的三大特征：延绵不断、多元一体、兼收并蓄。

要之，中国具有五千年的什么？——历史？文化？还是文明？这个问题的答案已经出来。如果说中国有五千年的历史，错；若说中国有五千年的文化，也错；像有的教科书上说"中国是具有五千年历史的文明古国"，还是病句。而用现在网络上或年轻朋友常用的"正确打开方式"的语词来表述，应当是：

中国有二百万年的历史；

中国有二百万年的文化史；

中国有五千年的文明史。

中国考古学会前理事长苏秉琦在他那本著名的《中国文明起源新探》中，对中国历史发展进程和中国国情的比喻更通俗，也更形象，请记住他说过的四句话：

超百万年的文化根系，

上万年的文明起步，

五千年古国，

两千年中华一统实体。

【题外话】

中国社会科学院考古研究所前所长王巍曾提出中国考古存疑的十个问题：

第一，古人类何时开始出现于中华大地，他们来自何处？

第二，北京人是不是现代中国人的祖先？

第三，我国栽培农业始于何时？它是独立起源的，还是从其他地区传播来的？

第四，我国最早的文字是如何起源的？与商代甲骨文有无关系？

第五，中国古代冶金技术起源于何时、何地？是独立起源的，还是从外部传播而来的？

第六，中国古代城市的起源和发展经历了怎样的过程？

第七，考古发现怎样来回答中国文明的起源与形成过程？

第八，中国远古的人们有什么精神信仰？他们的宇宙观、生死观、价值观如何影响后世？

第九，中华文明连绵不断的原因何在？我们能够从中得到哪些启示？

第十，中外古代文化交流的具体状况及其历史作用如何？

恐龙不关考古事

我曾在中国社会科学院考古研究所主办的著名的中国考古网上,看到一条报道恐龙的消息,说重庆綦江县发现了上千个恐龙脚印,经国土资源部审批,将建设国家级地质公园。我的第一直觉是,等级那么高的考古所,专业那么强的考古网,怎么会刊发恐龙资讯?这会不会给公众造成考古和恐龙是一码事的印象?后经考古所朋友见告,说中国考古网站以前是由一位学计算机的同志在做的,换人之后对以前内容也没有做太多的审核。恐龙确实不能算考古,大学第一课老师就讲过了。朋友还说,已经告知网站的管理员了,她会尽快审核网站内容,不再出现这样的问题。

其实,把考古和恐龙合并到一起,作为考古消息加以报道,不但会出现在专业网站里,还经常见诸大众媒体。比如报上就曾说,在美国得克萨斯州北阿林顿地区,"考古学家挖掘出恐龙时代巨大鳄鱼化石";再比如刊物上也会报道:"最新考古研究,鸡可能是恐龙后代";即便打开素以传播科教文化著称的CCTV10频道,那里暑期向孩子们提供的节目报道及其相关链接,也不乏这类标题:"酒泉考古新发现:只有羊羔大小的恐龙""中美考古学家发现恐龙原本很慈爱""中外考古学家联手研究侏罗纪""考古发现——恐龙曾是美味",等等。

由此可见,考古与恐龙经常被混搭到一块,已是社会上熟视无睹的事。在各大游戏网站上,考古的范畴还不止恐龙一族,娱乐性更强,时空框架更八卦。考古还会考到远古的鲨鱼下颚、保存完美的蕨类、暗淡的三叶虫等。玩家们不但在地球上考古,还会到外域特定的大陆上去考古,甚至到未来去考古也不鲜见。他们的口号是:"考古学者们,勤奋刨地吧!"

实际上,行家都明白,考古发现和恐龙研究,根本就是不搭界的两个学科领域。考古的对象是自人类诞生二三百万年以来与人有关的事,譬如人类的起源、人与人的关系、人与社会的关系、人与自然的关系等,搞的多是历史文化上的事情;而关注地球早期生命起源与演化、最古老的脊椎动物、鸟类起源、被子植物起源、生物大灭绝等自然方面的命题,则是古生物学家们做的活计。一般情况下,恐龙属于一二亿年前的地球生物,自然也要归古生物学管,而与考古学搭不上干系。如果非要把考古学与古生物学混搭到一起,那就是考古版或生物版的关公战秦琼了。套用时下流行的话说,不是考古"被恐龙"了,就是恐龙"被考古"了。

但考古是不是因此就与恐龙一点竿子都打不着了呢?也不尽然。还记得我大学毕业后当了老师,为了把单位分配给我上的商周考古课开好,我1984年回到吉林大学进修。其间,去旁听林沄老师讲《考古学通论》,他就出过几道挺好玩的思考题:

"下列诸项是否属于考古学研究对象:恐龙骨骼、10 000年前的狗骨、葬有银元的墓葬、太平天国的壁画。为什么?"

我曾经把这几个问题发到网上,意欲与同学或网友们互动,并解释道:这样的题对刚学考古的人来说,既是在考大家考古学的研究属性问题,也是在考考古学研究对象的上下限问题。思考题看似简单,实际上充满林沄老师的那种"林氏智慧"。

因为按一般的考古定义去套,比如夏鼐主编的《中国大百科全书·考古学》卷的说法,那考古学的"任务在于根据古代人类通过各种活动遗留下来的实物,以研究人类古代社会的历史"。考古学研究的时间上限是从史前人类起,时间下限在中国是定在明朝灭亡的1644年。理由是"考古学是历史科学的一个组成部分。但其研究的范围是古代,所以它与近代史、现代史是无关的"。

这样一来，上述思考题中的"恐龙骨骼"肯定会被第一个否定掉，接下来"太平天国的壁画"也会被否定掉。因为在考古对象的时间范畴上，恐龙太早，远远超过了考古学规定的上限；而太平天国又过晚，已经是清代后期1851～1864年间由洪秀全建立的短命政权。至于葬有银元的墓葬是不是考古研究的对象，那还要看银元出现的年代。

常识告诉我们，银元起源于15世纪，始铸于欧洲，俗称"大洋"。大约在16世纪，银元流入我国。清末官方开始正式铸造银元，民国也以银元作为主要流通币。这就是说，早期的银元是考古学研究的对象，清代以来的银元就超出了考古时限，不能作为研究对象了。至此，一般的同学会肯定10 000年前的狗骨是考古研究的对象，银元充其量只是半个考古研究的对象。

通过以上有据有理的分析，能把问题回答到这种程度的同学，已经相当不简单。但是且慢，假使你沾沾自喜，以为自己就可以拿到满分了，那就错了。否则，林沄老师出这样的题，那就显示不出"林氏智慧"的睿化之处，而变成平庸无奇的"高某战法"了。换言之，如果同学没拿到满分，那问题十有八九就出在"恐龙骨骼"到底是不是考古研究的对象上。

与同学们互动到这里，我忙着去上课，就没有来得及给出答案，算是卖了个关子，离家去了学校。临走，想舒缓一下同学或网友们看帖时可能产生的思考疲劳，附了一句调侃兮兮的话，借用小沈阳的口头禅，秀口一吐："这是为什么呢？"

下班后我重新上网参与互动，发现有不少好友跟帖上来，已经给出了相当棒的一些答案。比如一位同学留言道："在古代人类遗址发现的恐龙骨骼应该算考古学的研究对象吧？"我心说，这还真就有点像那么回事了。还有另一位同学不吝笔墨，答得更靠谱："恐龙骨骼化石被考古学研究年代范围内的人类发现且被加以利用。后来此骨骼被考古学家发现并对还原那段时期的人类历史能提供信息，对还原那段历史有帮助，那么这种恐龙骨骼就是研究对象了吧。"对这位同学的回答，我差点脱口而出："答得何等好啊！"

恐龙是不是考古研究的对象，关键看考古发现中是不是有恐龙与人类活动发生关联的情况。如果古人有意无意中挖到、捡到过恐龙骨骼，并遗留在了考古地层中，或者哪个人的墓葬里被发现了随葬的恐龙蛋。那考古即便不想与恐龙发生关系，恐怕也不可能了。林老师留作业后的第二次上课时，是半开玩笑说这番道理的，并用他那标志性的自我呵呵三两声，一带也就过去了，没再详细展开。但我却从中感悟到，大学老师与中学老师的一个不同，就是后者教知识为主，前者教思考为要；后者要把事情从复杂搞成简单，前者则是要把简单搞成复杂，亦即任何事情在理论上都有50%的正反率，任何正方答案都有被反证的可能性。只有之一，没有唯一，才是事物的辩证法和核心价值观。上大学学知识、学方法、学理论、学思想，排列下来，越是后头的越重要，即培养所谓发现问题、分析问题和解决问题的"三基"教与学的人才。

这又叫我不能不联想到，如果按照"林氏智慧"的理念，那即便太平天国壁画这样一个已经被否定为不是考古研究对象的近代遗存，似乎也存在理论上成为考古研究对象的可能性，譬如绘制壁画用的是明代遗留下来的文房四宝，假如壁画上临摹了我们从没见过的唐太宗的书法或者描绘着史前庙底沟文化的彩陶盆，等等。假使再遵循"林氏智慧"的缜密逻辑，那我们前面几乎可以肯定是考古学研究对象的10 000年前的狗骨，倒也可能不是考古学的研究对象，因为这具狗骨可能是没有被人工驯化的野狗，完全与人类活动没有发生过任何关系，或只能充其量地说，它可能只是与人类居住的古环境有那么点关系。

换言之，林老师出的这四个选项的答案，都可能是，又都可能不是考古学的研究对象。"林氏智慧"之妙，妙就妙在已经不需要我再继续解读，每个人心中可能都已经有了自己不同于别人的答案。这叫我不能不自问：何谓人生幸遇好老师？那就是他不只给你知识点，还能为你开天眼，他非但自己有思想，还会使人产生思想。

恐龙是不是考古研究对象的问题似乎到此该说完了，其实还没讲利落。既然考古学的研究上限前伸不到恐龙生存的时代，但并不妨碍在某些极特殊的情况下，恐龙本身可能成为考古学的研究对象。那么像太平天国壁画，已经晚到了清代，那是不是也要像恐龙那样，在某种极特殊的情况下才可以成为考古学研究的对象呢？我们前面说过，这是可能的。但这种可能，近年来随着考古学发现和研究范畴的扩大，已经逐渐地不再成为问题了，这在本书的"考古下限是何时"略有详谈，可翻开来看。

【题外话】

林沄教授还曾在《考古学通论》课上，给我们出过一些思考题。这些题目到现在也不过时，我当老师以后也经常拿来考学生：

考古学上的"遗迹"这一术语的含义是什么？下列各项属于遗迹么？

（1）恐龙脚印

（2）古代陶器上留下来的制造者的手指印

（3）北京猿人的山洞

（4）古代棺材腐朽后留下的铁钉

兵马俑的叫法不太靠谱

曾经有一次逢上复旦大学的毕业日,满校都是穿毕业服的学生们。我在系里当个一官半职,也被安排去参加毕业仪式。仪式上有个规定动作,是为同学拨毕业帽上的金黄流苏,从右边拨到左边,象征毕业。这是题外话不多表,要表的是毕业仪式上,校方按例请来了已经毕业的校友对毕业生发表祝词。那次,请的是早年毕业于新闻学院,现已是著名财经作家并以《激荡》财经纪实系列作品闻名的吴晓波。

吴晓波这人挺逗,上来就说起他20年前参加大学生辩论赛初赛。当时他胆小,唯唯诺诺,缺少胆气。轮到他演讲时,面对上千人,突然脑袋一片空白,站了10秒钟,一句话也讲不出来。只好坐下,然后就被淘汰了。全场哄笑中,他说当年那个小笨蛋,现在能在这里对大家演讲,是在复旦大学学到了知识,更重要的是学习到了一种精神。现在大家即将走出象牙塔,去一个叫作江湖的社会,那在大学学到的精神就比知识还重要,这个精神的核心之一就是怀疑。怀疑什么呢?他说要善于怀疑那些光鲜亮丽的东西,要善于怀疑已有的结论,甚至可以怀疑教育自己的老师的观点。他的话,叫我想起了我曾写过的一篇博文《兵马俑的叫法不太科学》,发表后,广被网友怀疑的事情来。

《兵马俑的叫法不太科学》一文,源自头十年前进行的秦始皇陵一号兵马俑坑的第三次发掘,当时引起了国内外极大的关注。上海《外滩画报》的一位女记者来电采访我,问及我对这次发掘的看法。我首先回答她的一个问题却是题外话,我说兵马俑的叫法其实并不太科学,从学术上看,并非很严谨。

我为什么要这样说呢?

20世纪70年代最早发现秦兵马俑时,当地的村民以为挖到了"瓦神爷"。"瓦神爷"是当地老乡自古以来的民间叫法,可考古上依此这样直呼,那非闹笑话不可。考古学家在后来不断的发掘中,发现其他几个陪葬坑内都出土带有军事性质的陶人和陶马,就干脆定名为秦始皇陵兵马俑。随后,也就这样妇孺皆知地叫开了"秦兵马俑",或径直就叫"兵马俑"了。而今,"兵马俑"不但成为专业名词,而且也成为社会性的常识概念。一说到兵马俑几乎没谁不知道的,比如不少高校出研究生考试题,就常把该词作名词解释;再如在电脑键盘上只要输入这几个字的拼音之类,马上就会跳出这个词语;还如日语中也直接引进了这个词,假名读作へぱよう。可见,兵马俑已经深入人心,传播海外,成为人类共享的新词语。可是仔细琢磨琢磨,当初的这个叫法其实是不太准确的,也可以说不太科学。

其一,俑在古代实有专属,指的是那些专门代替活人陪葬用的陶、木等材料做成的人偶。这在《孟子·梁惠王上》注释孔子"始作俑者,其无后乎"的说法时,早就讲得明明白白了:"为其象人而用之也"。所以,俑模拟的只是人形,发掘之初起码该叫"兵俑"或"兵俑坑"才是。换言之,人以外的生物像马、牛、羊之类,如果也叫俑,就不太符合古理儿,用时下的话形容,也就是有点不太靠谱了。

其二,在后来围绕秦始皇陵越来越多的发现中,除了兵马俑坑,还有文官俑坑、百戏俑坑,铜车马坑、马厩坑、珍禽异兽坑、动物坑、青铜水禽坑、石铠甲坑等。既然有文官俑、有百戏俑,将来哪一天再发现其他什么性质的俑坑,恐怕也不是没有。单就这一点说,一股脑都叫兵俑,显然就勉强了。即便这次发掘的一号坑,过去都是"军阵"的内涵,叫军俑坑本无不可,但如果真像坊间期待的那样万一这次真发现了不是武士的文官俑,那再叫军俑坑可就真有点不太名正言顺了。

其实,考古学家后来还真就注意到了这个叫法的软肋之处。学术界开讨论会甚至连兵俑都不再叫，而径直改叫"秦俑"了，以至于还成立了"秦俑学"的民间学术研究协会。这是经过严谨的学术论证后所修正的正式学名，已得到国内外学术界广泛的认可，甚至还像甲骨学、敦煌学、简帛学那样，正逐步成为国际显学。

但如果说凡事总有个约定俗成的常理儿，大家不愿意放弃叫了几十年的"秦兵马俑""兵马俑"的叫法，那我们权且把它叫作秦俑的俗称，我看也没啥大不了的。也就是说，如果不进学术地界，在民间就这么叫，也没有必要矫情乃至禁止的道理。本来，我的这类想法不过是向大家多介绍一种异说，并没有改称现有兵马俑叫法的意思。不料引发的留言博评，有理性的正方，也有感性的反方。比如："无聊人士的无聊之作""无病呻吟""非要鸡蛋里面挑骨头，体现你的水平高是不是""早你怎么不放屁呢"等。

网友们的怀疑，我觉得都是善意的，针对的都是我所提出的问题而不全是我个人。这是好事，但有一点我想说，为什么大家对我的提法唱反调的多，而对"兵马俑"的习闻就不起疑呢？难道已经俗成的结论就都不容置疑么？难道我们就得相信考古学家已有的定论么？难道科学研究的结果就不可以改变么？显然，问题已不仅在于叫兵马俑还是叫秦俑，更在于我们长久以来习惯于听从一说，而不善于多解独辨的思维方式需要考量了。

实际上，中国除了秦俑以外，还有不少有关陶俑的考古发现。最著名的大规模用俑陪葬的墓葬至少还有四处：咸阳杨家湾兵马俑，汉初功臣周勃及其子亚夫陪葬汉长陵之用；徐州狮子山兵马俑，陪葬西汉楚王之用；山东章丘危山汉墓兵马俑，陪葬西汉济南王刘辟光之用；汉景帝阳陵兵马俑。这四处陶俑都属于汉代早期，用俑数量、规模却不如秦代，俑也比较小，多是二三十厘米高，远不比秦俑那样真人大小了。也许是模制而不是秦俑那样手制的缘故，人物表情还不如秦俑那样千姿百态，而是千人一面。除了上面四处"老牌"的陶俑群遗迹以外，2021年度全国十大考古新发现上榜的"陕西西安江村大墓"，即汉文帝霸陵周边的外藏椁内，也发现了大批的汉代早期陶俑。

这些汉俑有一个特点是一样的，就是都被考古学界叫作兵马俑。其实，和秦俑一样，他们中间也都不是清一色的武士军阵。所以，不但把秦俑叫兵马俑不是很规范，把汉俑都叫兵马俑也是可以质疑的。像我们在三峡和南水北调考古中，也曾经多多少少挖到过陶俑，而且表现生活实况的各种抚琴俑、说唱俑远远比武士俑多得多，考古人极少把它们一股脑儿都叫兵马俑的。由此可见，即便考古学界把俑叫兵马俑也不过是其中的一说，只不过这些叫兵马俑的都是比较大的考古发现而已。因此，也就约定俗成简而化之地都叫了兵马俑，对与不对，业内也没做过多的考量。

复旦考古队在三峡考古中发现的陶俑

上面说到的怀疑精神是科学态度之一种，讲穿了就是求真。求真的前提是务实，即在客观事实面前，求得真相，求得真理。我记得我曾经与导师张忠培先生讨论过"务实求真"和"求真务实"的词序问题，他说"务实才能求真"，不同意我说的"求真务实"。后来我咂摸几遍后，也觉得还是他说的有道理。

在务实求真这个前提下，任何已有的结论都是可以怀疑的。记得《新民晚报》上曾有一则消息报道说美国科学家发现，以往我们计算恐龙重量的方法严重失误，有些大型恐龙的体重实际上只有我们以往认为的一半。这种对传统常识的修正，难道不正是怀疑精神的科学新果么？！

　　回到本篇开头，那天在毕业仪式上，校方宣读了学生评选出的"我心中的好导师"名单，其中一位经管学院石教授的寄语我感同身受。他说："我时常诚惶诚恐：面对求知若渴的同学，我告诉他们什么？我的判断是源于偏狭的自我认知，还是源于对自然与社会过程的正确把握？因此，我常常怀疑那些已经烂熟于心的东西，也希望同学怀疑自我认为有把握的判断。我们的任务之一是教学生学会怀疑和追问，而不是简单地接受。我希望我们的同学用这样的态度去对待已经熟知的教条和流行的结论。"

　　从他的话里我引申出来的认识是，秦俑和兵马俑，其实并不矛盾，更不是你死我活，非黑即白。哪个都有存疑的理由，谁都有质疑的道理。重要的在于，我的这个所谓结论，依旧可以被怀疑，被争议。这样，我们才会在怀疑中不至于总被现有结论牵着鼻子走，作育求真中的独立思辨能力，实现真正的人格和思想独立。

考古挖墓埋起来

有一次上海图书馆邀请我去做讲座,讲座题目是"考古不是挖宝",他们还在大门口张贴了海报。我去做讲座时路过,正巧一个老师傅模样的人在看那海报,只听他自言自语道:"考古不是挖宝?——那考古就是挖墓!"站在一旁的我只听得"噗"地一声笑了。

可见,在一般人的印象中,考古挖墓是个常事。然而实际上,考古在很多情况下是不挖墓的,甚至有时即便挖到了墓,还要把墓回埋起来。这是何道理呢?

位于陕西乾县的乾陵合葬了唐高宗和武则天,是中国唯一的一座下葬了两位皇帝的陵墓。这两位皇帝当朝时唐朝正逢全盛时期,墓葬规模宏大,去世后的随葬品也都丰富异常。相传唐高宗临死前留下遗言,要把生前所喜爱的字画埋进墓内,包括大书法家王羲之的《兰亭序》。郭沫若曾说墓中可能还有武则天的画像和诗集手迹,如果打开它,那一定会发现"石破天惊"的奇珍异宝。

千百年来,乾陵对人间的诱惑巨大,引得无数盗墓者对它垂涎欲滴。可不论他们怎么满山遍地、开山炸石地寻找,就是找不到墓道口。哪知到了1958年,几位农民炸石修路,却意外发现了乾陵入口。考古学家闻讯而来,进行了勘探,发现墓道入口保存较好,推测陵墓没有被盗过。

千百年来找不到的墓葬入口,一朝现世,挖还是不挖?这一问题摆在了考古学家们面前。最初,陕西省有关方面成立了"乾陵发掘委员会",拟择机打开乾陵地宫大门。可开启帝王陵墓毕竟是个大事,省里有没有决定的权力?于是陕西省派各文化部门负责人等组成5人小组,到北京向文化部请示汇报。文化部又上报到国务院周恩来总理处。周恩来总理没有直接表态，而是请陕西来的同志先去看看正在挖掘整理的明十三陵的定陵。

定陵是明朝万历皇帝朱翊钧的陵寝，1956年起，考古人员也是从找到的墓道口进去，打开了封墓的金刚墙进入定陵地宫的。可发掘的结果非常不尽如人意，大批的绝世珍品，因科技保护水平有限，变质的变质，变色的变色，结果令人扼腕痛惜。显然，周恩来总理让陕西来京报批的同志去参观定陵是有用意的！陕西的同志看到这一幕，心中也都明白了周总理的用意。于是乾陵挖掘工作暂时中止，墓道口也都回填起来。就这样，半个多世纪过去了，迄今再未挖过乾陵。

像中国这样明明挖到了陵墓却不再续挖，而是保护起来的例子，在国外也有，比如日本的仁德天皇陵。仁德天皇据说是日本历史上颇有作为的一位天皇，公元四五世纪之交前后在位。有日本正史之称的《日本书纪》上说，这座陵墓于仁德天皇六十七年开始修建，20年后仁德天皇去世用于下葬，随葬用的明器不下2万件。陵墓前方后圆，由3条围壕相绕，占地面积约达令人吃惊的46万平方米，不但是约25万平方米的秦始皇陵的一倍，更是远大于5万多平方米的埃及胡夫金字塔。于是成为与胡夫金字塔、秦始皇陵并称的世界三大陵墓之一。

天皇陵寝作为不可亵渎的禁地，从1850年前后开始，100多年来一直得到日本各级政府的严格保护，不但学术性的现场考察不被允许，就是考古人员也不能随便到里面做调查和发掘工作。像1872年坟丘的方形部分坍塌，露出了横穴式石室，内有石棺，棺外有鎏金铜甲胄、刀、玻璃器等，但为了保护皇家圣物，只是绘制了一些器物图后，马上又把它们都回埋了进去。

不仅帝王陵墓回埋，一般墓葬也有回埋的案例。2006年11月，上海徐家汇路靠近黄陂南路的轨道交通9号线工地发掘出一座明代双人墓穴，经过媒体的报道，引起市民广泛关注。但考古部门初步清理后未进一步发掘，反将尸体棺木等再次回埋了。这一波三折的做法，使不少市民疑惑丛生，担心施工会再破坏这一带古墓群。这事在我教书的复旦大学考古课堂上，也有同学问及原委。后来电视台还曾找到我，打算做个答疑解惑节目，只因我在外地开会赶不回来作罢。但我想，作为一个吃考古这碗饭的，有几个不挖或回埋的理由，还是有必要说出来与大家共享，后来就写了篇短文给《新民晚报》：

一是上海明墓数量很多。从20世纪50年代起，同类墓葬大约已发掘清理了400多个，不足为奇。这次施工偶然挖到的明墓，实属一般性的普通墓葬，与以前发掘的墓葬相比，最多是又增加了数量，对目前的研究并无特殊价值。况且尸体类文物的收藏成本不但高于一般的玉石文物，还远高于医学院的人体教学标本，因为医学标本损坏了起码还能更新，而本已稀少的古人尸体却是不可再生。上海自然博物馆曾经是中国古尸收藏的重镇之一，由出版过《中国古尸》一书的国内著名古尸研究专家徐永庆坐镇。但他去世以后，出现了保护和研究的人才断层。

二是地下保护优于地上保护。挖出来的古代遗物难以保存，已是一个公共常识。特别是包括人体在内的有机质文物，不像无机质的金银珠宝，叫文博界每每棘手。当年北京明十三陵定陵挖出的帝王尸体和长沙马王堆女尸，都有过苦于收藏和难以保护的教训，即便像秦俑坑那样的土质遗址还出过48种霉菌。这次出土的女尸在没开棺前脸呈白色，开棺后脸色迅速变黑，又是一个人为导致变质的实例，说明以现有保护能力，我们实在还做不到让出土文物不发生变化。与其不能完全原样保护，还不如还原于地下环境的好，留给未来保护技术实现突破时再挖，才是最有远见的保护。这早已成为国内外不主动挖帝王陵墓甚至普通墓葬的"潜规则"了。

三是我们要为子孙而考古。长期以来，在不少人印象中，一直以为上海是无古可考的地方，甚至还说上海市区是从一个近代小渔村发展起来的近现代城市。其实考古发现早已不断推翻这个旧有的思维定式，这次挖出的明墓，就是一个实证。但是，是因此就要把上海地下的重要文物古迹挖出来证史呢？还是把重要的发掘留给未来的考古学家呢？我认为，这不仅是现有保护技术存在不足的问题，还有我们的研究能力也存在局限性的缘故。像这次发现的明墓，既无墓碑，又无墓志铭，身份也无法确定，两具并排女尸的相互关系也不是一时能解。现代的考古发展早已跨越了大干快上的历史阶段，考古学家已然取得共识是，墓葬中的古代信息，不是我们挖出来后便能一个个破解的。所以，相信后人的解读能力超过先人，不但是我们必须承认的客观规律，还是对我们能否正确认知自己时代局限性的严格考量。

四是上海市区考古资源有限。上海成陆历史是逐步由西向东的过程，在浦东和虹口等沪东沪北区域，虽也曾出土过唐宋时代遗物，但总的看上海古代遗存分布，是西南部早而多，东北部晚而少。这次发现明墓的肇家浜路和徐家汇路沿线一带，虽说属于市区西南部，并且常见古墓甚至墓群，但若比起青浦和松江等更西部的可早至汉代和史前的文物藏量，毕竟是小巫见大巫，小马配大车了。这次上海文博部门回埋普通明墓，看似小事，却实在是珍惜市区有限考古资源的重要举措，提升了我们上海的文化成熟度。不愧对祖先，不留憾子孙，能不挖尽量不挖，不仅是新时代考古学家的公共职责，更是我们上海人应当作育的大历史情怀。

的确，考古大会战是20世纪的中国发掘风景，但还会不会成为21世纪的风景？我不敢说。但我实在不希望看到这样的风景，因为我们的理念显然应该是为子孙保留现在，为未来保存过去。中国考古越来越多、越来越强的趋势，是能不挖就尽量不挖，能保护就不断保护，挖到古墓要回埋，挖到遗迹也要回埋，早已不是一例两例，而是行业惯例的尽保护之能事了。比如，就在上海上一例明墓回埋之后的一个月开始直至几年后，上海还先后在基本清理后，回埋过上海北外滩建筑工地发现的明代古墓群，上海世博会浦西展馆建设工地发现的清代古墓葬等；北京也曾将拓印完毕的辽金石经，重新归藏地穴；浙江宁波1995年在象山滩涂上发现的一艘近700年前的明初海船，不仅是宁波目前发现的最大古船，在国内也少见。当时负责这项工作的宁波文物考古所所长、现任上海博物馆馆长的褚晓波说：大型古船在水里埋藏了几百年，出土后含水量极高，一旦与空气接触或经太阳暴晒，水分蒸发后很容易造成木质开裂。这艘古船长23米，修复后可达26米，但由于当时保护手段、存放条件都非常有限，所以只好把它回埋到水下。

回埋，这个过去我们很少提到的新名词，正越来越凸显出来，成为考古人员不断的作业方式。前些年，我受良渚古城遗址管委会之邀，去新发现的良渚古城所在的瓶窑镇，参加良渚博物院陈列设计文本的讨论会。古城的发现者刘斌告诉我一件事，说是连日阴雨，造成发掘现场的一个探方壁局部塌落，为了更好地保护遗存，他们采取了暂时回埋的措施。不料这一情况被记者拍到并挂到了网上，声称良渚古城出现塌方，甚至用上了"遭遇横祸"等字眼。一时间，各方媒体电话蜂至，不明真相的网友评论骤起："藏地里几千年都没事，给专家挖出来就塌了！""我就不明白为什么考古的这些人，把这些坑坑都挖成垂直的？"还有不少人指责回埋的措施是为了掩盖塌方真相，另有许多前来参观的市民积极建议搭建防雨棚，等等。杭州方面的电视台迅疾现场采访，播出了正在兴建的防雨大棚场景，同时请刘斌上镜辟谣，说回埋做法是计划中的保护措施。

其实，在考古业内，因雨或地下水等客观原因，探方出现坍塌是防不胜防的常事，采取水泵抽水、提桶淘水、加盖防雨或防晒膜乃至搭棚，也早都是一般工地的基本操作程序。而从实际可操作效果看，现已公布的良渚古城内城的面积将近300万平方米，若搭建一个古城墙现存东西或南北跨度之间超过2 000米的棚架再开展工作，并不现实，也不可能。因为大量的居民或单位还都散布在古城之中。所以，小面积的发掘在搭建棚子上还有收效，如果大面积的工地，实难做到，只能对重点遗迹发掘现场加以保护而已。这还不说由于搭建大棚，会造成专业拍照的现场照明度不足、难以透过建筑的网架再拍照全景信息等问题。

问题在于，这类已成惯例的工作流程和保护手段的得失，过去并没有引起媒体和参观者的关注。如今，却因为良渚古城工地上一个偶然的雨后塌方及其回埋，被广泛播扬。这既表明专业外的方方面面对重大考古发现关注度的提高，也折射出专业考古操作与公众文化对接的社会需求。坦率地讲，在这方面，考古学家过去只埋头于"象牙塔"的工作理念和程式，实际上已经和正在受到来自公众需求和社会需要的挑战。尽管考古学家早习惯了一个新发现会解决更多专业谜题的结果，但他们的确还没有做好社会身段转换的基本准备。以往并非显学的考古学，在中国正在行进的社会转型中，不得不又要做出一个跨出象牙塔的艰难转身。这种势态并非来自学科成熟的自觉内化，而是来自强劲的外化动力拉扯，公众和社会需要已经迫使低头拉车的考古学，不得不做出具有社会职责感的抬头响应。

可资附证的是，刘斌告诉我说，当时他的精力是穷于应对各路媒体而苦于没时间做更多专业思考。我亲身所见的也是，即便我们讨论良渚博物院陈列设计文本讨论会的那个上午，尽管窗外细雨绵绵，却又不期而至了台湾学者和当地的一个几十人的领导参观团。他不但要抽身去陪讲解，而且中午还要陪饭局，陪送客，陪握手，陪寒暄。

如此喧闹并非实际的考古生态，因为在国家文物局每年审批的可以发掘的上千个考古项目中，很少有如此轰动效果的发现。否则，这么多工地一年里创生的参观场面，怎还了得？可寂寞的考古过程一旦获得重大成果，只是业内封藏自赏，已然不是考古学家自己所能掌控。更多发掘经费的获得，更好研究计划的实施，更强保护设施的跟进，更大社会职责的使命，越来越成为考古学家不能不面对的各类专业和非专业的命题。考古学家的专业出位，已经渐渐变成他们的本位之一。或者可否这样考量，本来就应该是本位的这些定位，过去被做倒位了？看来，我们的困局远远大于良渚古城遗址雨后塌方、回埋之类的消息。

也许哪一天，回埋的考古才是考古，不考古的考古才是考古。

别老张罗挖帝王陵墓

本来不知道张五常先生是何许人也，但前些年老是在媒体上见他张罗挖帝王陵。检索过后，才知道他原来是经济界大家，和我的恩师张忠培先生生年相近，是先生辈的人物。不过这位经济界大家，有一段时间从经济学视角看考古，发表过不少观点。

按说对前辈的观点，我们晚辈只有学习的份儿。如若"呛声"，有违"为尊者讳"的古训。但对于张五常先生的有些观点，着实又不敢苟同，便循了亚里士多德说的"我爱吾师，吾更爱真理"那句名言，斗胆发表了我的陋见。

2006年他提出"如果打开秦始皇陵，每年仅门票收入就可达25亿元。"接着，他连发数文，引发热议，穷被拍砖，但他坚持自己的观点："那些反对的专家之见，一律没有说服力。"到了2009年，他关注考古的热情依旧不减当年，从秦始皇陵移情于唐高宗和武则天的合葬墓乾陵。他在谈上海不宜建迪斯尼乐园时顺带说道："从个人的品位说，要是余下的日子只能参观一个重要的陵墓，首选可不是秦陵，而是武则天的乾陵。"为什么他又要改选乾陵呢？"我认为秦始皇是一个魄力有余但文化修养不足的皇帝，而从兵马俑看，他的品位真的不是那么好。武则天呢？虽然心狠手辣拜始皇为师，但是个才女，绝对是，艺术品位应该超凡。我常想，乾陵之内可能有数千件王羲之的真迹书法！"

那一年，他的上述说法没有再次引发大的争议，但我写了《张五常先生又移情武则天陵了》一文，发在了博客上。有网友跟帖，说他"没上过高老师的课"，意思是他听过我课上讲的如何不能挖秦始皇陵的道理，可能就不会再这么说了。

也有的网友留言："都说烂了的道理了，还是有些人自以为是地在想当然。"看来这位网友了解一些不能随便挖帝王陵墓的道理，对连这些基本常识都不知道的张五常先生，颇有微词。但也有网友发帖力挺张五常先生："中国国家地理的某一期关于陕西的专辑中有一些讨论，不过都是考古人说。张五常站在一省乃至一国之视角，从经济言之，也不失为经济学家。但红尘俗世不徒经济一途，如能贯穿古今，遍览世态，学究天人，其言或更近于理。"我觉得这几则留言，颇具代表性，恰如辩论赛上的正反两方，有的于情，有的于理，都属于一家之言。

我当然也有自己的分析和观点：

首先，张五常先生从经济角度的收益换算，不能说一点都不靠谱："每位入场费五百元，五百万观者的每年收入是二十五亿，以长线利息率五厘算，陵墓打开了，门票收入的现值是五百亿……打开始皇陵墓给西安带来的经济利益，远超打开陵墓及维修保养的所有费用。"如果这权作纯粹的经济学假说的话，你最多说他的换算可能不准确，或许依据不足，但作为一家之言，按理也无甚可指责。别人也可以拿出自己的换算数据来PK，都未见得是什么坏事，反而会增加建构或者解构同一事物的多样性。

其次，他个人从自己对帝王的喜好出发，从挖秦始皇陵移情到挖武则天陵，也不能说一点都不着调。因为在一个正在成熟起来、发达起来的社会里，每个人都有发挥自己想象力的权利。俗话说，君子动口不动手，他不过活动活动了心眼儿，最多码了几行字在自己的博客上，且不论对错，谁又有权利或理由不让公民发表自己的观点和建议呢？所以，我觉得张五常先生作为一位经济学大家也好，作为一个社会公民也罢，倒是敢说真话、善吐真言、想啥说啥的意见领袖。我们不怕亮自己的观点，怕就怕只有一种观点，怕更怕稀里糊涂人云亦云，没有一点儿自己的价值观。

但如果从考古角度或者扩大到社会文化角度现行的公共理念上看，张五常先生的说法又是有些要商榷的了。比如他讲："打开陵墓比不打开，对保存文物比较优胜。何况今天数码录像那么方便，成本那么低，将整个开墓过程及首见的文物录像下来，永久传世不是很有意思吗？"这容易给人诸多错觉，比如只要留下记录，哪怕损坏文物？！再比如他又讲，"如果永远不打开，等于没有，或有等于无。这是愚蠢的浪费。早晚要打开才有价值，才能对社会作出贡献，问题是何时打开才对。我认为今天打开秦始皇之墓是大好时机……俱往矣！今天科技没有问题了，可以做到应有的保护。"

他这番话就说得有点跑偏了，第一，不是打开就有，不打开就无有的；也不是打开就有价值，不打开就是浪费的。第二，一位不是搞文物保护出身的经济界大家，凭什么说保护技术没有问题了？的确，今天的科技保护肯定是比过去进步了，但即便现在，还有许多保护遗存本体和提取丰富信息等难题有待攻克。这从国家有关部门一直组织的各种课题上就能看出，如果没有问题了，那还搞保护的课题干什么？！

话又说回来，张五常先生始终坚持自己的观点也不是没有道理的，否则他就不会在2009年又往事重提了："我认为考古专家要站出来，考虑上述提出的第一个假设：技术上，在可见的将来会否有大突破？如果没有，今天的技术有什么不可以解决的？这些问题专家们应该知道答案，可惜到目前为止，我偶尔读到的专家言论，一般没有说服力。"张五常先生的问题提得不错，实际也是许多公众都关注的问题，带有非常大的普遍性，这一点考古学家们的确失职了，失语了，没尽到作为考古学家这种知识分子应该承担的社会职责和公共义务。因此，尽管我不敢说自己是这个方面的专家，但我正好2009年出了《考古不是挖宝》一书，也正好有一章讲到了《为什么不挖秦始皇陵》，便撮要发到了网站的博客上，以期通过回答张五常先生打算先挖秦始皇陵而今又要挖武则天陵的问题，使他不再坚持"那些反对的专家之见，一律没有说服力"的观点，尽管我明知这样做，几乎属于徒劳。

哪知网站见到他和我，一个出招，一个接招，想看好戏，推波助澜，"唯恐天下不乱"，来信叫我给他们发去我的近照。我不知道他们想干什么，但碍于和网站编辑打过交道，就发了照片过去。后来方知，却原来网站是专门开辟了专栏，让我和他隔空PK较力，正反两方交火，并配以两人的大头照，出足了这个栏目的风头。我陈述的不能挖秦始皇陵的观点有好多条，其中第6条"多长时间能挖完秦陵"，直接回应了张五常先生只要一打开秦始皇陵，就能立刻产生经济效益的无据说法：

> 多长时间能挖完秦陵？兵马俑坑平地开挖，深约5米，面积2万平方米，挖了30多年，才挖了1/3左右。秦始皇陵深约35米，面积25万平方米，还有现存70米的高度，内部的情况也远远比兵马俑复杂。
>
> 秦俑考古队自组建以来已经历了两三代人，老考古队员多已经退休，有的已经不在人世。已退休的考古队首任队长袁仲一说："兵马俑和秦始皇陵园的考古工作仍任重道远，考古任务十分艰巨，需要几代人，几百年坚持不懈地努力。"

几百年这么久长的时间，怎么实现张五常快速进账的经济效益设想呢？实际上，即使未来我们提高了技术能力，也还是能不挖就不挖的好，不能使人觉得只要技术难题一解决，我们就可以多快好省、大上特干了。因为被很多人忽略的担忧还有其他许许多多：我们现有的发掘水平过不过关？我们现有的人力物力财力够不够用？我们现行的研究能力能不能达标？我们认识事物的方式能不能行？我们智力的指数是不是落后于子子孙孙？既然还有这么多那么多的问题没有成熟到足以解决的程度，那我们为什么非要图一时之收益、一眼之快感、一动之体验，杀鸡取卵饮鸩止渴式急吼吼地掘地开坟呢？换言之，为什么不留给肯定比我们更睿智、更先进的后人去挖、去研究、去保护呢？！

当年，郭沫若一会儿想挖长陵，一会儿想挖乾陵，一会儿想看看永乐皇帝陵墓里是不是有永乐大典，一会儿想瞧瞧武则天的乾陵里是不是陪葬了《兰亭序》和她的画像，都被周恩来颇具远见地阻止了。今天，张五常先生步郭老之后尘，旧瓶装旧酒，老调重弹，别说文化部及国家文物局不会同意，全国人大、政协也不会通过，考古学家更不会支持，全国人民恐怕也难以答应。另外，包括秦陵、乾陵在内的我国不少帝王陵墓都已经进入了世界文化遗产名录或全国重点文物保护单位名录，就算我们自己想发掘，但人家联合国教科文组织和世界遗产委员会能轻易同意我们挖么？

对于张五常先生在挖帝王陵墓上的想法，北京大学的社会学教授王铭铭曾在《南方都市报》上以《好奇心的破坏性不容低估》为题，这样写道："他对于古文化之好奇心这一方面，其与郭沫若之间的相似性，实在太明显。……我们这个时代的问题在于，人们经常将具有破坏力的观念等同于'建设性意见'，并给予它过高估价。在我看来，张五常关于秦始皇陵的博客文本，透露出我们时代的这一弊端。他的话语，如同多数所谓装扮成'社会科学'的文本一样，用'建设性意见'包装着的是某种具有破坏力的'好奇心'。"

看来，秦陵也好，乾陵也罢，都还没有到非抢救不可的地步，是否一定要在我们这一代把所有的地下文物都挖完？还是留给我们未来的子孙？这是感性和理性的较量，是本位与全局的抗衡，是业绩与政绩的对决，是愧对祖先还是告慰祖先，是怀着对祖先的敬畏之心，尽我们的文化孝道——保护好难道不是政绩？留给子孙难道不是发展？秦陵和乾陵等中国皇陵面临真正的危机，其实不仅是游客在墙上刻画名字，不仅是攀爬梁柱拍张靓照，也不仅是盗墓人觊觎宝藏的贼心，还不仅是地震、渗水、风化、霉菌，而是我们文化观念的危机。我们总是习惯于把自己的智能最大化，总是对自己能力的时代局限性缺乏清醒的自省，总是试图把个人的兴趣爱好，借自己的知名度或话语权，转化为公共行为。

我与张五常先生的隔空对话，他就是那么一说，我就是这么一论，各说各话，没有结果，而且已经过去好些年了。这件事情却产生了一个副产品，就是我打那以后，多了一个常讲常新的讲座话题："考古不挖帝王陵。"

野蛮考古何时了

我年轻的时候读研究生，考古门道初通了一点，专业理想主义陡增了一些，觉得考古神圣得不得了。其严重表现之一，就是看到哪家考古做得不规范了，抑或出了点硬伤，便会挥斥方遒一番，还不止一次地义愤填膺道："老子哪天写一篇《考古中常见错误一百例》，警示警示那些乱来蛮干的糊涂蛋！"众学友闻听起哄，逗闷子坏叫道："光说不练假把式，那你快写啊，哥几个还等着拜读呢！"我还真就把他们的话当补药吃了，不知天高地厚收集起一个个的案例来。可直至而今，几十年去矣，当年那豪情万丈的批评文章，也没整出个像点样子的子午卯酉来。

是不是考古工作都做得规范起来没的可写了呢？实话实说，不是，不是的。是不是我年纪一把了，棱角磨圆滑了，不再"愤青"了呢？坦率地说，是，是的。考古的圈子小，小到全国加起来，满打满算也就十万八万从业的人员吧，也就人家大集团或大厂子那么大。考古的圈里待长久了，大家低头不见抬头见，你今天刚批完人家，兴许明天就开会坐在一张台子上。

我认识一位老兄对一些考古做法不尽苟同，发表过能惹毛了人家的真知灼见。结果是，想看看人家新发掘出来的资料，门儿也没有；想参加学术会议，免谈邀请；想申报课题立项，不带你玩。如此等等的现实生态，虽不普遍，却也儆百。可见，辨理明义的文章所产生的负面后果，比起嘴上说说学术要追求真理，可难了去了。于是乎，情理之间，情在前，理在后；褒贬之中，褒者众，贬者寡。此等风气演变至今，别说当面锣对面鼓的考古批评几乎绝迹，就是过去常有的商榷文章，也都比熊猫还罕见了。考古行当"握手言欢"如此，其他学术圈子也是

"莺歌燕舞"多多,仿佛中国学界已经迈进了和谐一团,滚滚向前的无批评时代。

无批评时代的到来,不等于没有可批评的事情。这两年不知抽什么邪风,我重拾旧夙,又收集起考古中的种种野蛮作业方式来。不收不知道,一收吓一跳,光是见诸报纸杂志公开发表的,就能用铁锹撮,用铲车铲。我拣选了一些当事者有意无意披露出来的,前些年写进了我的新书《考古不是挖宝》里,篇目怕伤人,起名叫作《考古遗憾一箩筐》,被《解放日报》《中华读书报》《求是理论网》等不少媒体转载。其实,我写进书里的,不过是我收集到的一部分而已,还有一些有过之无不及的,再拣两例有照片为证的,评析如下:

一例是2005年在江苏金坛清理的北宋墓。照片上挥动锹镐干活的,应该是当地的农民,考古上叫民工。民工没有受过任何考古科班教育,对考古怎么挖才科学一窍不通,他们的工作按天计酬,出一天工给一天钱,主要就是取土挑土。但取土怎么取,挑土怎么挑,在考古上都是有规矩的。这些规矩是照片右下角那位

江苏金坛清理北宋墓的不规范场面

显然是专业工作者的考古人员应该告知民工们的，但他没有做。如果他是生手不懂，也都难以原谅。假设他是成手还任由民工们连挖带刨，视若无睹，那就多少有点渎职之嫌了。

其一，考古是细活，为了保证不损坏文物，通常要用小铲剔，用小刷子刷，照片上的做法显然违背了这个行规，大锹挖的挖，大镐刨的刨。其二，考古不是粗活，为了保证不遗漏文物，一般都要把土做到颗粒状，超过了3厘米，就可能把包在土里的一个耳环、戒指之类小件文物丢掉了。照片上的大土疙瘩达到了10厘米都不止，左下角的土块甚至都大到了能包住一只金碗银杯了。其三，考古工地清理出来的土，不能乱堆，不能近放，起码都要挑离作业区域以外，以防落进作业面，与别的时期的地层堆积混杂在一起，另外还便于人员行走，防止土一旦落下来伤人。其四，照片上还有的更专业一些的违规处，扯起来三两句说不明白，凡此诸等，恕我这里就不多展开了。

还有一例是福建泉州挖的一处六朝墓群。上面一例说到的所有违规之处，在这张照片上无出其右，有过之无不及。如果不是正式发表在专业考古杂志上，说它是一处令人发指、惨不忍睹的被盗墓地，没有人会不相信！网上经常有人

泉州发掘六朝墓群的不规范场面

埋汰考古人是打着公家的旗号盗墓，这个工地简直不用对号就能入座。考古考到这个份上，已不能叫作考古队，只能叫作挖宝队了。这些无一被盗的墓葬，就这样被以考古名义的"挖宝者"挖掉了——既没有原地保护意识，也没有行使要求工程择址另建的职责。这种所谓"保护式的破坏"，其恶劣的影响简直比盗墓贼还坏，更悲哀的是挖宝者自己还浑然不知其错在哪里？我记得在田野考古教学时，曾经和同学说：考古出徒的标准就是会造假。造假乱真，知道了什么是假的，自然就知道了什么是真的，什么是科学的，什么能蒙住专家高手的。连专家都看不出来，那才是学到了真功夫。当然，这些都是玩笑话，但里面的道理明摆着。

造成这种破墓取器、只顾挖宝的原因至少有两方面：客观上，不少国内基本建设的速度超过考古单位所能承担的负荷，有些建设项目是国家、省内、市内的重中之重，带有民生工程的性质，甚至是领导的剪彩任务，都要限时完工，没有那么多时间给考古人员按照考古流程慢慢地科学操作。主观上，不按专业要求操作，抡起大镐，把墓葬清理当成了挖菜窖和刨土豆，既有缺乏考古经验的原因，也有不懂发掘规矩的可能，还有不把文物当回事的不负责任心态，说严重点叫野蛮发掘、过失清理绝不过分。本来我这篇博文的题目还是想给考古人留点面子，让人听着顺耳些，叫"不良考古何时了"的。写到这里，不免又重燃年轻火气，情绪激动、义愤填膺起来，索性就叫"野蛮考古何时了"吧。

其实，这类野蛮作业方式，如果用张忠培先生的话说，那该叫作比盗墓贼还坏的野蛮考古。就在我写了这篇短文不久，曾与他通过一个电话。聊天中，他从中国考古学会理事长的角度问我，看没看《中国文物报》2009年8月8日发表的两篇在哈尔滨召开的第十二次中国考古学会年会发出的呼吁书，一篇是《关于加大对盗掘古墓等犯罪活动打击力度的呼吁书》，另一篇是《关于加大对行政违法破坏文物案件查处力度的呼吁书》。我说看了，他问我有什么感想。我答不太出。他以答代问：中国考古学会快十年没有进行正常的学会活动，曾被民政部主管社团的部门发出过黄牌警告。现在新一届学会不能再鸟无声息不作为，非但要在学术上继往开来，还要在文物保护上发出自己的声音。

与他聊天后，我又复读了这两篇呼吁书。才发现都是有针对性的：前一篇的相关背景是，2008年末，湖南望城县风蓬岭一座汉代长沙王室古墓被盗，引发湖南省市领导高度重视，一个由湖南、山东、江西53个犯罪嫌疑人组成的盗墓集团被破获，收缴文物304件。后一篇的相关背景是，2009年5月湖南宁乡开建公路，大型推土机开进大前年刚被评为全国重点文物保护单位的炭河里商周宫殿遗址，致使一号宫殿遗址遭遇毁灭性破坏。时至今日，对该破坏事件的处理仍没有一个公正满意的结果。

这两个事件，一个是民间团伙盗墓犯罪，一个是行政违法破坏文物，在中国皆非个案，带有普遍性，久行不衰，长遏难治。所以中国考古学会这个时候通过媒体向全社会发出呼吁，表达自己的立场，当责不让，表明了一个国家级民间社会团体在从事学术活动的同时，还应该肩负起积极的社会公共职责意识。但在我看来，新一届中国考古学会的这个新气象不仅需要继续外化，还有必要不断内化，比如考古学界内部的不规范发掘，便在其列。

以上说到的几个野蛮考古的例子尽管是个别现象，但不引起重视，不加以制止，一旦变成考古界大干快上的样板，那可真够糟糕！所以，新一届的考古学会更应当对这样的家丑事，敝帚不自珍，爱屋不及乌，把业内规矩重申好，把自家门户清理好，把违规人员处理好，把文化遗产保护好。尽管我们已经不无欣喜地看到，近些年来考古界还是狠抓了科学性，比如每个年度的十大考古新发现评选，比如田野质量奖，比如制定田野考古操作规范等等。

然而，抓归抓，做归做，即便到了这几年，还是不断有文物抢救中来不及或没做到考古规范的案例发生。比如2022年中国历史研究院网站上就转载了《光明日报》的一篇配图"乌玛高速汉墓群抢救性发掘有新突破"的报道。说2022年3月，乌玛高速惠农段施工作业时，在宁夏石嘴山市惠农区燕子墩乡雁窝池村发现了西汉晚期墓，及时进行了文物抢救，清理5座墓葬，出土30多件文物。我看配文发表的抢救现场照片发现有点"辣眼睛"：工地上都是用大铁锹的场景，布方好

乌玛高速汉墓群抢救性发掘场面

像也不太规范，土壁上也没有画出地层线……

不规范的考古发掘要警钟长鸣，挖不挖的考古理念也要有规有矩。张忠培就曾说过，任何考古发掘工作都要以《文物保护法》为依据，文物保护不仅是考古发掘的出发点，也是最后的落脚点。任何一门学科都有局限性，考古学也不例外，有些东西能挖，有些东西不能挖。他个人的意见是"三类文物不能挖"：

- 国保单位一律不动，省保单位基本不动；
- 现在的考古学手段不能解决问题或不能采集全部信息的，挖完之后不能保存或基本不能保存的不能挖；
- 不可替代的遗址、墓地，具有独一无二性的最好也不要挖。

肆　考古之道

考古专家不是考古的唯一解读者

这些年，考古发现逐渐开始成为被追风的话题。中国考古发现看上去遍地开花，人们被这些发现的喜悦照耀着，顾不上察觉阳光背后的影子。或只有不断发现，可缺乏深刻研究；或只有研究，但缺少完整的保护；或只有保护，又讳言合理的利用；或只有考古专家的判定，而不吸收公众的质疑，等等。这样的考古好像有点畸形，那么百花盛开的考古生态，应当是怎样的景观呢？

多年前，秦始皇陵兵马俑一号坑的第三次发掘引发热议，还招惹出秦始皇陵挖与不挖的老话题。我遂想起电视台一位编导以前曾嘱托过我，说如果有什么好的节目选题，可推荐给她所在的《风言锋语》脱口秀栏目做，于是就建议她做做看。我则给另外一档《往事》栏目做了一期兵马俑发现过程的节目，随后就去东北度假和开考古学年会了。

回到上海，看到电视台播出了《秦始皇陵挖不挖》的节目广告：秦陵到底该不该挖？地宫下面究竟埋藏着怎样的秘密？挖墓到底是为了文物保护还是发死人财？本期节目邀请收藏家×××和另一位史学大家做客《风言锋语》，谈谈挖墓那些事儿。据我所知，这两位好像都不是考古圈子里的人，但却是收藏界和史学界的名角大腕，圈外人来谈考古那些事儿，会有什么新知灼见？我倒感兴趣起来，吃完晚饭还叫了家人一起看。

看着节目，直觉是这档节目做得不太扣题，也不太到位，几乎没有直接谈挖不挖秦始皇陵的事儿，而是一直在兜圈子聊些边缘性的题外话。诸如：如果没有考古，什么都没挖过，我们怎么会像现在这样了解那么多中国古代的历史？如果不挖兵马俑，哪有那么多外国人知道中国？如果做极端想，哪天一地震就什么都看不到了，不如有限度地挖点等等。

那位收藏家三句不离本行，说着说着又扯到了收藏上，像什么"标底""国宝级"都出来了。家人边看边笑："他谈跑偏了，谈跑偏了！""看他怎么绕回来，怎么绕回来！""我们关心的为什么不能挖？为什么能挖？具体怎么挖？挖了之后怎么办？他们怎么都不谈呢。"听着家人的议论，于是我说我写博客谈谈这个事。家人说你别写，显得你嫉妒人家似的。我说没事，干吗非要把人都往俗里想。

像那位收藏家那样外行人谈行内话题，整不太到点子上的事情，我也干过。有一年我曾接到一家陕西电视台的电话，说他们在和央视的"探索与发现"栏目合作，正在上海找专家制作一个《大秦岭》系列节目，了解到我在做考古地理学，就叫了我去访谈。见面才知道，他们两家电视台是想从秦汉时代往后代做起，而我搞的考古地理研究主要是秦汉以前的地理变迁，完全是南辕北辙。但既然喊了我去，我一点不说就拍屁股走人，也不厚道。于是就硬着头皮，拣我知道一点的秦汉考古发现和做过的研究，谈了一会儿就告别了。当时的那种感觉，就和看两位行外的人做《秦始皇陵挖不挖》的节目一样，切不进主题，谈不到具体，只能临时发挥，做点大面儿上的文章，说生拉硬扯一点儿也不过分。

这里扯出的一个值得考量的问题是，行内事是不是都得行内人才有发言权呢？挖不挖秦始皇陵是不是只有考古的人才说得对呢？外行人对考古发表点自己认为正确的观点，哪怕不着边际，哪怕没切中主题，是不是就该被吐槽、被嘲讽、被挖苦呢？秦始皇陵不是考古人的自留地，而是中国、世界乃至全人类共同的文化遗产，为什么我们不能像来做《秦始皇陵挖不挖》节目的二位那样，发表一些自己的看法呢？

无独有偶，播出《秦始皇陵挖不挖》节目那天，恰好在各个网上都有一条新闻，报道首都博物馆正在举办西域千年干尸展览的消息。我关注到一段话，说展柜中展出了考古中发现的一些至今考古学家也难以确定用途的器物，如铜构件、像梭子一样的物件、动物骨刻等。时任副馆长的王武钰说，此次首都博物馆特意在展厅内设置了供观众留言用的本和笔，"观众中有知道的、感兴趣的，都可以提出自己的看法，说不定其中就有一些有参考性的意见。"他说的这个做法，一个字：好！

时代在变化，凡事，是专家说了算？还是大家说了算？是一伙人说得对，还是大家伙都可以来发表意见？这要我从考古角度讲，那就是专家说的不一定全是对的，公众想的不一定都是错的。一句话，考古不是少数专家才有唯一解释权的行当，而是要尽量吸引更多的人来掺和。在这方面，我觉得余秋雨就掺和得挺好，给我留下了深刻印象。

第一次看余秋雨谈考古，是读他的《文化苦旅》。他说"在诸般学问中，要数考古学最有诗意"。尽管他没有铺展开来详谈考古，但他这句富有诗意的话，2005年还是被我引用到了在香港中华书局出版的《三峡考古记》丛书中。那时候感觉，行外人谈考古，余秋雨还真捉到了门道。

第二次看余秋雨谈考古，是在网上浏览到一则消息。那是2006年第12届CCTV青年歌手电视大奖赛，他担任评委。赛会上有一道试题："2006年7月13日，联合国教科文组织正式批准将我国的'殷墟'列入世界遗产名录，请说出殷墟是哪个朝代的都城遗址，它位于现在的哪个省？"歌手答毕，余秋雨发表了这样的评语："19世纪的中国受尽了苦难，但就在19世纪的最后一年，研究甲骨文的中国学者发现了'殷墟'，现实的苦难和地下的辉煌形成了强烈的对比！"这评语是余先生自己即兴的感言，还是评委会事先撰就的说辞，不得而知。可是这话的中间两句有点说走板了，不是软肋，而是硬伤，既缺乏甲骨学发展史常识，也误解了殷墟遗址的发现史。

余秋雨说的19世纪的最后一年，即1899年。甲骨文的发现者王懿荣看到"龙骨"上有文字时，根本不知道它出自何方。后来几乎用了整整10年工夫，收藏甲骨的学者罗振玉等人，多方求索，才找到它的"产地"安阳殷墟，而找到的时间，已是1908～1910年前后，时代早进入了20世纪。余秋雨之所以把发现殷墟的事定在19世纪，估计有两种可能，一个可能出于想表达对历史事件的跨世纪文化考量,拔高了立意,增强了对比效果,但颇有些以论带史,给人关公战秦琼的感觉;另一个是确实把发现殷墟的时间搞错了,未严谨核查史实,属于技术性失误,我估计这种可能性更大些。但不管怎么说,赛会电视转播毕竟面向的是全国亿万公众,这类误解必然造成大面积的误众。如果说文学允许艺术加工和再创造,但史实是曾经发生的客观存在。对歌手的历史文化考试,还是能不做就不做文学演绎为好,还是能不追求就不谋求诗意为妥。这件事曾让我对余秋雨谈文物考古的失望值大于了期望值,甚至一度认为他再谈这类话题,需要好好下下案头工夫。

第三次看余秋雨谈考古,是2008年6月下旬他在电视上对上海广富林遗址考古现场做访谈节目。那时我正在杭州搞良渚博物院的陈列文本设计,一同观看的还有良渚古城的发现者刘斌等人。看后我们议论,都觉得到底是大名鼎鼎的余秋雨,讲得深入浅出,立意高端,请他做考古发掘转播的嘉宾,是向社会传播考古学和历史文化遗产保护的不二人选。后来,我偶然又见他把那次访谈写成了《上海广富林遗址的猜想》,发表在2009年2月11日他自己的博客上。

考古学是挺专门的学问,一般的非专业学者或文人,都不太敢于或者说不太善于乃至不太乐于谈论此道。我是干考古这行的,即便在复旦大学开了《公众考古学》课,却也一直伤透脑筋,苦于专业语境转换为公众理解的难度。像我也曾为普通公众写过《上海不是无古可考的地方》一文,但平心而论,和余秋雨的访谈及其文章相比,他确实出手不低,更见功力。他通过解读广富林遗址的考古价值,把考古学成果的社会文化意义阐释到了俗雅皆达的境地。我想,这和他在文中所说"多年来我在研究中国文化史的过程中一直把考古作为自己主要的学习项目"不无关系。换言之,与他在2006年歌手赛会上的那个纰漏相比,我感到他的考古学养已经有了提升。一位名满天下的文化学者,不但把晦涩深奥的考古作为自己的研习对象,还能够阐释自己的考古文化见地,并"一直动员我的学生和其他文化界朋友稍稍关心考古",这事本身已经叫人感觉到他的勇气和魅力。

在我服帖余秋雨这次谈考古之时,还是注意到他文章中的考古知识和考古理解,有个别不太准确的地方。比如他说:"四千年前,对中国是一个什么概念?那是中华文化跨进文明门槛的关键时刻，在中原，正值夏代。就严格意义上的中华文明而言，这个时段因文字、城市、青铜器的成熟汇集而成为一个重要起点。"这段话中讲的城市和青铜器，的确是已被考古发现证实了的客观历史存在，但说四千年的夏代已有了成熟的文字，却是缺乏足够的考古学依据的。换句话说，国内外公认的中国成熟的文字，还是距今3 500年前左右的商代甲骨文和青铜器铭文。

余秋雨还说："中国现代考古学开始以后，不少充满诗人情怀的文化人成了考古学家，例如王国维、罗振玉、郭沫若、陈梦家等。"说实在话，这些人物中的大多数先生，原则上都不是真正意义上的考古学家，而是我国较早认知考古学价值的学术先驱和善于运用考古学资料研究历史文化的学者大师。这与考古业内一般强调考古学家要有田野工作能力和调查发掘经历等标准，有比较大的出入。至于他把考古业内众所周知的"马家浜文化"写成"马家滨文化"，则可能是笔误，校正一下就是。

总的来说，我非常欣赏和期待有更多的像余秋雨这样的大家和公众，能加大关注还不那么热门的考古学特别是它所发现和保护的历史文化遗产，这是每个公民的社会责任和义务。余秋雨不但自己领风气之先，走在了前面，而且他还告诉人们："考古，是现代人对于自己邈远身世的大胆追寻，因此，是一门极富想象的现代学问。""考古，是一种永恒的期待。既具有这种期待的热忱，又具有这种期待的耐心，是现代公民文化素养的重要标志。"他这些话说的有些浪漫，但也挺地道，我这个干了大半辈子考古的，未必能想得出，未必能悟得到，更未必能表述得出呢。

时光穿梭，转眼来到了2024年。我借着春节之闲，开始增订这本十年前出版的小册子。修订到这一篇的时候，我本想找些新的人和事来做增删，但想了想还是没那么做。这倒不是偷懒，而是想保留一些十年前的过往和时境，给时光荏苒、白驹过隙的时代留步，给"不负韶华不负卿"的考古岁月留痕，看我们是怎么走到今天的，看我们是又怎么从今天走向明天的。

圆明园兽首要不要买回来？

圆明园兽首每年都会有展出的消息，2024年开春，又见到了将在广东珠海市博物馆展出的展讯。这让我想起早些年有关这些兽首的回购的那些往事。

2009年3月初，圆明园流失海外多年的鼠首和兔首铜像，被法国佳士得拍卖行在一片争议声中分别拍卖，总成交价约3 000万欧元，突破了国内去年就连篇累牍报道的2亿元人民币。该事件一波三折，中国收藏家蔡铭超以电话方式竞购成功，他随后却公开表示，竞购出自爱国之心，款项不能支付，意欲造成流拍的结果。拍锤落下，痛定思痛，我们不能不注意到在国人愤慨天价拍卖时，还要谨防陷入流失文物价格战可能带来的一个观念误区。

在有关传媒中我们不难发现，有的访谈说以2亿这个虚高价格买卖有史以来最贵的"水龙头"，无异于又一次经济掠夺，即便是用纯金打造的兽首，也卖不到这样的离谱价；也有评论担心中国文物流失海外那么多，天价购回会使中国流失文物成为外国人的提款机；还有人指责这明显是国际财团精心炒作的商业阴谋，简直是抢钱；更有的爱国人士言之凿凿，表示宁肯不要兔首鼠首，我们也不做西方的摇钱树，等等。甚至我还看到有传媒制作了从第一件兽首回购开始到这次拍卖的价格飙升图表，换算着拍卖价格翻倍的速率……这些围绕拍卖价格形成的语境，不失为这次圆明园流失文物拍卖的一个眼球热点。

我还记得，就在这一拍卖事件进展到波峰上的当口，恰逢全国"两会"召开，代表委员们也热议这个话题，纷纷表态。有一位文艺界的全国政协委员就针对圆明园兽首拍卖事件向大会支了一招，建议尝试建立一个"国家流失海外文物保护基金",变现在民间为主的文物回购为政府为主。媒体报道他的话说:这个基金的任务"就是以相对低的价格,让流失的国宝回到我国。这样既保护了我国的传统文化,维护了国家的尊严,又不会给国家造成太大的经济负担或经济损失"。这个报道后来被各地媒体广泛转载,成了正面报道。但媒体和这位演员可能没有想到,他们的言论很容易给国人造成一个错觉:如果流失的文物不被炒成天价,低价回购还是可以接受的。我当时忍不住在博客上矫情了几句:

第一,不论这位演员的建议是正式提案,还是会间话赶话的即兴口头发言,他作为政协代表应该先有调查,才能表态。换言之,他的说法是不是在以下基础上提出的,不能不叫人生疑:首先,1992年经曹禺倡议成立并由文化部主管的中华社会文化发展基金会,在2002年10月与中国文博界专家学者、社会知名人士共同倡议组建,成立了中国国内第一个以抢救流失海外文物为宗旨的民间公益组织"抢救流失海外文物专项基金";其次,从2002年起,财政部和国家文物局就正式启动了"国家重点文物征集专项资金",每年拨付5 000万元用于征集流失海外文物等,目前已经抢救了诸如北宋米芾的《研山铭》、宋元明清善本典籍、北宋木雕观音、子龙鼎等在内的几百件珍贵文物。可见,无论民间也好,政府也罢,早在多年前就已经建立了此次这位委员说的那类文物保护与抢救性的组织,并且行有所动,初见成效,影响越来越大。

第二,这位演员的一些说法,不能说有违国家现行的政策法规,但明显有点外行。他说如果建立了这个基金,专门操作回购我国流失到海外的文物,"鼠首、兔首等文物的回购就只是时间问题了"。他这话,拳拳爱国情理应肯定,但他缺乏文物保护常识和原则的是,我国现今的政策是只回购合法流失的文物,而不主张回购非法流失的文物,特别是像圆明园兽首这样可能是因战争掠夺而流失的文物。这不是钱多钱少的问题,而是一个国家文化遗产的主权问题。

其实,就在这位演员提案或提议的前夕,媒体上没少报道我国政府以及国家文物局等部门的反复声明,如果真正理解或领会了其中的要义和原则,我想他恐怕就不会再这样表达自己的一知半解了——除非他的提案或建议另有高见,行之更加有效。但可惜的是,我们普通百姓没有办法看到包括他在内的诸位代表的诸多文本全豹。换个说辞,普通百姓的消息来源,全凭媒体的一面说辞,它说是啥,也只能算啥。据报道说,这位演员支的这个招,还得到了不少委员的赞成,有的附议说"这是一种让国宝回归祖国的很好的办法,它和个人购买、企业购买一起,形成了一个多元化的国宝回归途径。不管是用基金买还是个人真金白银去购买,只要是中国人买回来就好,因为那毕竟是中国人的东西。"这就有点让人哭笑不得了,代表广大人民愿望上会的一些或个别委员提的这是什么案?建的这是什么议?附的这是什么和?他们在行使所谓广大人民赋予他们的权力的时候,如果奢谈自己专业外的议题,要不要做点深入细致的调查分析?要不要先扫扫自己的盲点?否则盲点变成盲肠,贻笑大方丢人现眼事小,国家会议成了一窝蜂、乱炝汤、信口开河的秀场事大。

如果这位演员的提议不被媒体曝光,加上一些代表热情大于理性、爱国之心急切情形下的抱团支持,兴许就这样被全国政协采纳了也不一定。然后全国政协再转到相关的文旅部或国家文物局,这两家单位再答复全国政协,说我们早就有这类基金会或基金了,罗列一二三四或ABCD再或甲乙丙丁之类的文件上报。全国政协收到后再答复这位委员,说你的提案或提议有关部门已经认真回复了……假设果真如此,当不上也不可能当上两会代表的广大人民不禁要问:你们这不是瞎折腾,是在干什么嘛?!

如果回放圆明园一系列流失兽首回购的历程,不难看到,我们的政府和国民都经历了一个交学费的过程。前些年国内博物馆以及爱国富豪最早购回牛首、猴首和虎首等兽首时,中国有关文物部门虽然坚决反对圆明园文物进入拍卖程序,但并没有像这次佳士得拍卖兔首和鼠首那样,明确地表示不赞成回购的态度。换言之,民间的回购是被默许的。但这次完全不同了,国家文物局领导宋新潮就曾明确指出,对由于战争原因被掠夺到海外的文物,国家文物局可以通过许多形式使其回归,但绝对不会采取回购的方式,这是一个基本原则,以防止那些利用中国老百姓爱国热情投机赚钱的商人获利。从当初默许回购,到现在越来越鲜明地反对回购战争劫掠的文物，是我们的政府在处理非法流失文物上的一种行政成熟和观念进步。

不能否认，文物拍卖是一种商业行为，只要文物来源合法合理，买卖中哪怕拍出地价，叫出天价，谁都无可厚非。在这个前提下，哪怕回购流失海外的文物，也无可指责。比如20世纪50年代初，周恩来总理就批准用50万港元从香港购回被溥仪携出紫禁城后流散的王献之《中秋帖》和王珣《伯远帖》。但回购圆明园的流失文物，却众所周知的于情于理都不能接受。这就是我们政府以及有识之士这次所强调的。中国对流失海外多年的本国珍贵文物拥有无可争议的所有权。这些理应归还中国的文物，本身不但蕴含着沉重的历史文化信息，也承载着太多的中华民族殇情。拍卖这样的中国珍贵文物，既是对中国人民感情的一种伤害，同时也是对中华民族文化利益的一种侵犯。

在这个意义上我们可以说，对非法流失、转让和买卖的文物，其拍卖的价格于高于低，也都原则上不应回购。因为价格高低既不是数字增减的商业问题，也不是泛人类意义上的文化价值问题，而是一个曾经遭受侵略和掠夺的国家的历史文化主权问题。主权问题不能讨论，这不但是我国的国策，也应该成为处理非法流失海外文物的国际准则。在这样的大是大非面前，文物的经济价值是没有讨论余地的，是不能明码标价地砍价杀价的，要之，这样的文物是无价的。看来，如何通过这次圆明园兽首被强行拍卖的事件，总结经验，更新思维，制定措施，向世界宣传来自中国的价值理念，已经是我们建立负责任大国形象和软实力的职责和义务。然而，不支持回购不等于任由文物损失，除了通过各种手段追回以外，一旦文物发生损失，还应通过国际法和国际组织追究相应责任。

伍

考古之趣

古墓防盗有秘笈

看中国盗墓史的资料,没有被盗劫的墓地有多少?我不知道。但那些下葬没有多久之后就被破坏的墓葬,可是不计其数:近的像葬于河北遵化的慈禧太后陵墓,在其下葬20年后的1928年,惨遭军阀孙殿英部队的野蛮盗掘;远的如河南安阳殷墟的商代王陵区的商王大墓,在商朝灭亡不久,就被周人"以绝殷祀"的目的尽数盗毁了。不过周人干的还不是蟊贼挖盗洞那种偷偷摸摸的事,而是挖大坑"掘人家祖坟"的勾当,以防范殷朝遗民借祭祖聚众之机,复辟殷王朝。所以,这属于公开毁墓,政治报复,还不太算盗墓那档子事。

照理说,周人捣毁商代王陵不是轻而易举就能得手的,因为3 000多年前的商周时期,人们已经开始出现了墓葬防盗意识,并且主动采用一些防护措施。这些防盗措施,历经数代,不断革新,反复备至,到明清时代已极尽能事。像孙殿英盗掘慈禧陵寝时,不但寻找入口费尽心机,就是找到入口后,也是靠着炸药炸开墓门,才算得逞。

那么,作为古代丧葬文化的一个重要组成部分,中国古墓的防盗设施在不同时代都有哪些做法和特点呢?我做了些资料梳理和总结综述,加上自己的研读有感,做了防盗进化史的阶段性划分,聊博一哂吧:

第一阶段,是土坑深埋方式。

人类自诞生后的两三百万年时间里,遇到有人去世,大都是茅草裹尸,平地掩埋,就像《周易》上说的那样"古之葬者,厚衣之以薪,葬之中野,不封不树",不起坟,也不竖碑。大概到了1万年前,逐渐出现了挖坑穴和建墓地来安葬死者的习俗。那时的墓葬，普遍的是在平地上向下挖一个长方形的坑穴，把遗体用棺椁装殓，再摆放一些随葬品。这种在考古上叫作"土坑竖穴"的墓葬，大小仅能容尸，一般宽一两米，长两三米，墓口距地面也都浅得很，不过一米多深。这些都可以旁证，史前时代还不太有后来那些盗墓、毁墓、刨人祖坟之风。否则，像这样的浅埋几无防范效果。而且，从考古发现的成千上万座史前墓葬看，被盗现象也不多见，大多保存得比较好。比如史前时代最大的墓葬之一——山东泰安大汶口墓地10号墓，长4.2，宽3.2米。墓里埋葬了一位五十多岁的女性，她手握獐牙，右臂佩玉镯，头拢象牙梳，额头上戴一串27件长方形石片组成的头饰，脖子上的项链有31颗管状石珠，胸前佩一串19片绿松石组成的饰品，可谓盛装入殓。其余还有大量随葬品分别放置在椁内、椁外和中央小坑中，总共随葬了将近300件器物，无一被盗。

这种情况到了三四千年前的夏商时代，却发生了非常大的变化。其标志之一，

采取深埋措施的安阳殷墟王陵区大墓

就是人们已有目的地增强了防盗意识，并采取了一定的墓葬防护措施。其中最突出的一点，就是盗墓史研究者们一般都没注意到的深埋。换句话说，深挖坑、厚土葬的葬俗，可以看作是中国古墓防盗设施发展的第一个阶段。

深埋的做法在夏代以河南偃师二里头宫殿遗址内的大型陵墓为最。这座很可能是夏王室的墓葬，比起史前来，实在是深了太多，已经向地下深挖到了6.1米。到了商周时代，河南安阳、陕西周原一带的商代王臣以及相当于周王级别的大墓，又比夏代向地下挖得更深，不少都超过了10米。像安阳殷墟编号M1001号的商王墓，规模之大，堪列商墓之最，南北长18.9米，东西宽13.75米，深达10.5米。另外，像20世纪80年代前后历时10年在陕西凤翔县发掘的秦始皇祖上的秦景公大墓，墓室长60米，宽40米，深度甚至达到了25米，令人震惊。这样的深埋，显然要花费极大的人力、物力、财力以及时间，一方面是为了证明墓主人的身份、等级、地位、权力；另一方面，也足以防止墓葬遭受破坏。

那么，是不是深埋后就可以万无一失呢？实际的情况也不尽然，甚至多数情况下反而与墓主人的愿望相反。比如秦景公大墓，当考古人员揭开墓表的耕土时，就发现有247个盗洞。经过考古辨识，这些盗洞的年代居然从汉代一直延续到了唐宋以后，成为我国迄今为止发现盗洞最多的一个古墓葬。但考古上也发现过没有被盗的王室贵族墓，像著名的安阳殷墟小屯村5号墓，南北长5.6米，东西宽4米，墓主人是商王武丁的配偶妇好。在这座保存完好的墓葬里，考古人员一共清理出来约7 000件

秦始皇祖上的秦景公大墓

伍　考古之趣

器物，这与它深埋在8米的地下，不能说没有关系。

第二阶段，是积石与积沙措施。

夏商前后开始出现墓葬防盗措施，显然是为了防止陵墓被人为破坏。这种破坏一直延续到后世，一般有两种情况：

一种是出于王朝更迭、政治斗争以及家族复仇等目的的毁墓行为。像前面说过的周人灭商以后，为了防止殷人复辟势力借认祖归宗之名聚众叛乱，就盗掘商王大墓和随葬宝器，剖棺付之一炬，戮尸扰乱骨骸。其动机就是通过这种极其残忍的手段，惩罚敌方，断掉殷人的续脉。1984年中国社科院考古研究所发掘出土司母戊鼎的M260号大墓时，就发现这座大墓被盗过六次。考古学家根据地层判断，最早那次的盗墓时间是商末周初，在墓室上挖了一个7.4~8.9米的大圆坑，破坏了整个墓室，深及椁底，毁坏了椁盖、椁壁和棺材，这次掘墓不但破坏了葬具，扰乱了人骨和随葬的动物骨架，还搬空了除了司母戊鼎以外的全部大型随葬品。从考古发现看，这种做法好像可以上溯到史前时代的末期。有报道显示，2005年山西陶寺遗址发掘的4座中期大墓，均在晚期遭到彻底的捣毁，墓主人的尸骨、棺椁、随葬品被随处抛弃。从遗址第3层还出土有不少随葬品的情况看，当时毁墓抛尸的目的并不一定是盗掘古墓、追求昂贵的随葬物品，而是对墓葬主人所代表阶层的一种切肤之痛的报复行为。

《吕氏春秋》上说："自古及今，未有不亡之国也，无不亡之国者，是无不扣（掘）之墓也。"这类说法还不是孤例，尤以《史记》《吴越春秋》

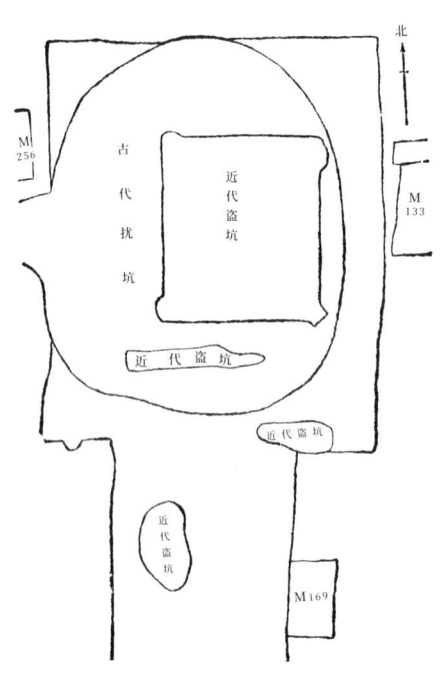

出土司母戊鼎的殷墟M260号大墓盗坑

等史书记载的伍子胥鞭尸的故事流传最广。话说春秋时代楚平王听信谗言，将大夫伍奢全家斩尽杀绝。伍奢次子伍子胥历尽艰难，逃到吴国，成为吴国重臣。后来，伍子胥率领军队攻破楚都郢城，挖开已经去世的楚平王的坟墓，鞭尸300下，终为父兄报了仇，雪了恨。

有趣的是，这里还有一个民间说法，说是伍子胥攻破楚都后，怎样也找不到楚平王坟墓了。他掘了几十座大臣墓，拷问了多人，才发现原来楚王在一位大臣自家的坟墓下面，又修了一座自己的王陵。伍子胥只掘了上面的墓，却不知道下面还有一座。这个说法难以考实；但至少说明经过商周时期的深埋后，其他的防范手段也开始出现。

另一种破坏是以搜求珍宝为谋财目标，这种"发墓"做法在商代之后愈演愈烈，历经数朝，延至于今，成为最普遍的盗墓动机。考古学者就曾在安阳殷墟商王帝乙陵墓发现近代盗洞66个，还有盗墓贼留下的宋代黑花白瓷灯和近现代的步枪、刺刀等。还是举1939年司母戊鼎大墓被盗那次的例子，该墓所在地界当时为武官村农民吴培文所有，村民吴希增在该地用洛阳铲"探宝"时，发现该鼎。当夜，武官村民便进行了盗掘，上页图中的方形盗坑就是这次盗墓挖的，参加盗墓的老农回忆说，考古队发掘到的盗坑底部腐烂的绳子、木棍、木板都是为了翻动大鼎被遗弃的工具，绳文砖和河卵石是翻动大鼎的撬垫物。当时，他们为了寻找其他宝物，还曾向墓的四壁挖了深坑，啥也没挖到才作罢。他们盗掘的这座出土司母戊鼎的大墓，距地表深8.1米，还是照样被盗了。庆幸的是，他们没有盗掘到当年商人建造这座大墓时的挖掘铲土工具，被考古队清理了出来。这些木锨共有8把，整齐地排立在墓壁边上，每把铲头长25、宽18厘米左右，木柄长105～120厘米。这表明，无论深埋这种防范措施比史前时代有了多大进步，毕竟还是土埋，只要盗墓贼钻探到墓葬的具体位置，不停地往下挖，古墓还是很难幸免。

其实，不论毁墓也好，盗墓也罢，究其原因，主要还是与中国古代盛行的厚葬风俗有关系。这种情况到了王室衰微、礼崩乐坏的春秋战国时代，最终演变出了中国历史上真正大规模的盗墓猖獗期。

殷墟 M260 号墓出土商代建墓用木锨

春秋战国时代是中国历史上的分裂时代，社会变动剧烈。诸侯大夫为了抬高自己的社会地位和身份等级，纷纷僭越失礼，不惜在丧葬上争豪斗富，极尽奢华，于是，尽珍宝而倾的厚葬之风大行其道。《墨子·节葬下》对当时的情况有过这样的描述："棺椁必重，葬埋必厚，衣衾必多，文绣必繁，丘陇必巨。"这就自然而然地引发了一些贼人盗墓的心理动机，也为其盗墓发财提供了客观条件。

所以，厚葬才是真正的盗墓兴起和防盗墓措施不断发展的主要根源。由此导致"宋未亡而东冢抇（掘），齐未亡而庄公冢抇（掘）"。对此，《吕氏春秋》就讲："国安宁而犹若此，又况百世之后而国已亡乎？"意思是说，宋文公和齐庄公的墓在国家未亡时既已被盗。可见当时盗墓风之盛。

更何况，当时铁器已被发明出来，随之而来的盗墓方式和防盗墓手段也都有了新的变化。还有坟丘的出现使得墓葬位置更为明显，也是被盗风险加大的因素之一。

这种情况下，再仅仅靠挖坑深埋的手段显然已防不胜防。为了保护墓葬不受侵扰，各国诸侯们开始有意识地发展各种防盗设施。于是，在原来的基础上，墓葬防范设施普遍增加了填石头和堆沙子的做法。这成为古墓防盗设施发展史上第二个阶段的代表性手段。

堆沙子的防盗手段在考古上叫作"积沙墓"，以"防盗之巧思也"，尽显古人的智慧。这种做法是在放置了棺椁的墓室内填埋厚厚的沙子。因为沙子堆在一起，结构松散，盗墓贼在上面挖出深洞来几无可能。即便挖出洞来钻进去，也会因为沙子容易形成流体塌陷状，盗墓贼的自身安全也难以得到保障。

山西晋侯墓地发现的积石墓

填埋石头防盗，在考古上叫作"积石墓"。就是用石头砌墓室四壁以及把石头堆积在墓口上面，一是增加了墓葬本身的牢固程度，二是造成了盗挖墓葬的难度，即便是用新发明的铁工具，也很难在坚硬的石块上发挥多大的作用。以河南平顶山市发现的西周时期应国墓地的积石墓为例，这个墓室内所填置的大量积石，自上而下可分为11层，每相邻的两层之间隔以0.5米厚的填土。这些积石都是不规则的偏红色石块，重者可达千余斤。由此可想而知，就算盗墓贼找到了这座墓的墓口，可他们在地下数米深的墓坑中，面对这些很难搬动的千斤巨石，也是束手无策，只能放弃盗掘计划。

其实，在考古中还发现不少既积石又填沙的墓葬。像河南固始县侯古堆的一座墓葬中，在深约15米的墓坑中，就用了1 800多立方米的沙石，其中每块石头小则几十公斤，重则100公斤以上。这两种软硬程度不同的结构性材料混合在一起填埋，尽管不能确保万无一失，但起码可以使盗掘不再像盗掘土坑竖穴墓那样轻而易举了，混搭增加了盗墓成本和难度。

第三阶段，是砌筑砖室和凿山为陵的做法。

上面提到中国古墓防盗发展史上的前两个阶段，分别以夏商时代土坑深埋和两周时代积沙积石为主要手段。到了汉代，古墓防盗的发展进入第三个阶段，其标志是大量出现了砖室墓和凿山为陵的做法。

话说中国东汉以前的墓葬，多是在地上向下挖一个竖坑，埋入棺椁，殓以厚土，考古上把这种简单结构的墓葬叫"土坑竖穴墓"。如果有的竖穴挖得太深，还要增加一条斜长的墓道，以方便建造时出土和出殡时下葬棺椁及其随葬品所用。但东汉前后起，墓葬建材和墓室结构开始大量使用砖来建造。这种砖室墓由于都是用砖垒砌起来的，墓室不易塌方，比较牢固。不少研究者认为，这种砖室墓的出现，一定程度上还可能与事死如生的丧葬观念有关，表示人们希望在黄泉路上过与阳间一样的生活，是对现世房屋建筑的一种模仿。但砖室墓对保护墓主人和随葬品及其防范盗掘，优于原来在棺椁上填土掩埋的土坑竖穴墓，也是不能视而不见的。像在河南安阳发现的曹操高陵，就是这种砖室墓的一个代表。该墓由斜坡墓道和砖砌护墙、墓门、封门、甬道、墓室以及铺石的地面等组成，几乎是用砖石包裹堆砌起来的，全长近60米，深达15米，墓道里还含有大量的料礓石。可见，这座墓葬不但包含了汉以前那两个阶段的主要防护措施，而且更是增加了大量的砖石等新兴材料。

除了新出现的横穴砖室墓，汉代铁质工具得到进一步的普及应用，更利于开山凿石，于是"凿山为陵"也成了汉代比较多见的一种墓葬形态。这种墓葬，是在山体上开凿长长的山洞，形成巨大的墓室空间。据《史记》等记载，"凿山为陵"的先河是汉文帝的霸陵。该陵"皆以瓦器，不得以金银铜锡为饰，不治坟"。由于整个墓室全都被"包"在了自然山体里，永固性更强，盗墓贼即便找到了墓门，往往也会止步于塞石，被发现以及被盗的可能性大大降低。20世纪60年代末期在河北满城发现的汉代刘胜夫妇并穴合葬墓，就是这类"凿山为陵"的典型代表。墓室开凿在山岩中，墓道口用土坯或砖砌筑封门，再用铁水浇灌，与山石融为一体，防盗性能很好。满城汉墓不但是未遭盗掘的汉代诸侯王陵，还首次发现了保护尸体不腐而制作的完整的"金缕玉衣"，出土了著名的"长信宫灯"等文物。

凿山为陵固然永固，但墓口和墓门还是容易给盗墓者以可乘之机。于是很多陵墓在填土中添加石板和用"塞石"封填墓道。所谓"塞石"，是汉代叫法。就是用重达数吨的巨大条形石块，把墓门或墓道垒砌封堵起来。这种"塞石"，如果不借助机械工具，即便几个人一起用力，也很难拉动。像江苏徐州北洞山西汉楚王墓在长长的墓道中段、后段等多处用了塞石。这些塞石每块长约2.7米，宽、高均约1米，重7吨左右，或三列三层或双列双层加以封填。更有甚者，有的墓门在塞石之后，还用金属液体浇灌密封。但即便防范到如此牢固的程度，还是没能使盗墓者后退。他们或将塞石砸断，或不知用什么手段将塞石拖出，被洗劫的陵墓还是不在少数。

河北满城汉墓采取"凿山为陵"措施

汉代陵墓多是砖室墓和"凿山为陵"的做法，对后世陵墓防盗设施产生了深远的影响。比如唐代18座帝陵中，除了4座封土为陵外，其余14座都是依山为陵。这些陵墓多是从山体的斜面上，向下开凿成阶梯形墓道直达墓门和地下玄宫。像

徐州狮子山汉墓入口的防盗塞石

最著名的唐高宗与武则天的合葬墓乾陵，墓道和地宫门洞开凿在山体上，长63米多。从墓道口至墓门用2 500多块石条层叠扣砌，共39层。石条之间凿出凹槽，并用燕尾形细腰铁栓板相互铆住，石条之间上下贯通地凿洞，用铁棍贯穿固定。石条缝隙用熔化的锡铁汁灌注，使石条融为一体。

说起来，古今多少盗墓贼无所不用其极，都想盗掘乾陵。他们遍山寻找，炸石挖沟，但都徒劳无功，始终没有找到它的入口，可见其隐蔽性之强。后来，还是在新中国成立后修路爆破取石材时，才被农民无意中发现。经过考古勘探和调查并得出一个初步推测，它可能是极少数甚至是唯一未被盗掘过的唐代帝陵。

第四阶段，砖石并重，内外设防。

汉唐以来皇家贵戚多采用"凿山为陵"以防盗墓的方式，到了明清时代改为更多地用上好的砖石材料来修造陵寝。与此同时，陵寝内部防盗设施和陵园守卫制度也不断完善。这使中国古墓防盗的措施和制度，进入了历史发展的第四个阶段。

乾陵全景

以著名的定陵为例，不但用砖砌出狭长的隧道，还在隧道和地宫交接的墓口处高高地砌起金刚墙。用来垒砌金刚墙的大块青砖是用糯米汁调和泥土、沙子和石灰的混合土烧造的，沉重厚实，坚硬无比。金刚墙内的甬道和部分地宫的地面铺砖，其他大部分建筑都是用石材做券顶。另外，地宫内的每个殿堂都装置了巨大石门，石门后还置放了古称"自来石"的顶门石，增强了防盗性能。

这种顶门器汉代就已发明，像广州南越王墓的顶门器为石质，河北满城中山靖王刘胜夫妇墓的顶门器为铜质。而到了

考古工作者在拆卸定陵金刚墙上的砖

伍 考古之趣 259

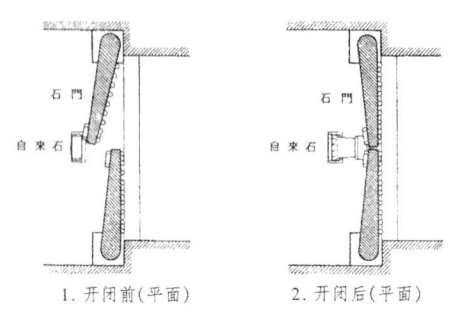

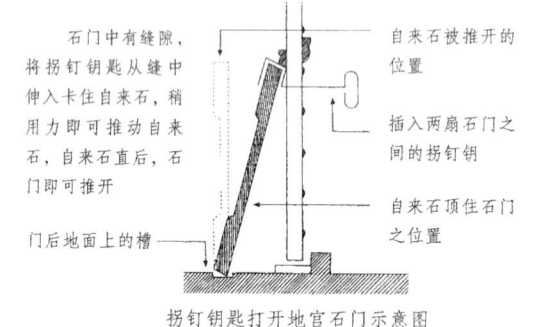

定陵所处的明代，顶门石更加精巧。送殡的人最后关闭墓门时，将石条倚立于两门内对缝间的地下浅槽内。人走出后，石条随着石门的关闭慢慢倾斜，待石门完全关闭，石条也随之滑向两扇门的中央，石条上端顶住门内凸起部分，门外便无法再推开石门。

当年考古发掘中遇到的最大难题之一，便是如何开启这两扇通高3.3米，宽1.7米的巨大石门。因为要打开石门，必须先推开顶门石，这就必须使用一种叫作"拐钉钥匙"的特制工具。当年挖掘定陵的考古队根据文献记载，找来一根小手指粗的钢筋，把顶端弯成一个缺边的口字形勺把状钩子，顺着两扇大门的缝隙伸进去之后，再把缺边的口字形那边横过来套进顶门石。然后向里面一推，顶门石就离开门竖立起来，墓门也就打开了。

明清皇陵的防盗设施已如此极尽能事，别说墓门难以轻易开启，就是陵寝入口也很难找到；即使找到了，也难以进入。1928年，孙殿英盗掘乾隆和慈禧陵时，找不到墓口，只好用炸药炸。进了洞后，也曾遇到过自来石反顶住墓门打不开的情况。他们最后只好硬来，十几个人抱着大树干，费尽九牛二虎之力野蛮地撞开，自来石也被撞断。

明清皇家贵戚陵墓除了地宫严密防盗外，还强化实行了各种护陵制度。比如明代专门设有监、卫、祀署，配备驻兵屯军保卫陵寝外部。还规定，凡是图谋破坏山陵者，以"大逆"论罪，一律凌迟处死；凡是偷盗大祀神祇中御用的祭器、帷帐者，一律斩首；凡是盗砍山陵内树木者，斩首及其家属发配边军。清代的东陵和西陵也都专门设有管理机构，如内务府总管衙门和兵部衙门，直接管理陵墓事务，可谓壁垒森严。民国后，清廷再无力奉养守陵人，加上护陵制度逐年松懈，才给了孙殿英等盗墓以可乘之机。

最后要说的是，古代平民百姓的墓葬一般都没什么像样的随葬品，本不值得一盗，也就不太有必要处心积虑地设置防盗措施。比如很多百姓甚至都不用砖来砌墓，而是把沙子、白灰、筛选的泥土等材料，用糯米浆调和成"三合土"来浇灌墓室或充填棺椁和墓室之间的空隙，其质地坚固，堪比现代水泥，既能起到很好的密封作用，又能起到间接的防盗作用。此类墓被称为"灌浆墓"或"包浆墓"，宋代就已经在南方出现。清代《白下琐言》记载："古人葬法，以三和土为最善……或遇盗贼掘发，坚凝滑硬，刀斧亦不能开……以三和土坚筑之法葬之，既可以尽人子之心，又足以弭盗贼之患。所费无多，所全实大，稍有力者，皆可为之。"我曾带领复旦大学考古队清理过这类没什么防盗措施的墓葬，几乎没有发现任何随葬品，有也只是头枕几片陶瓦而已。

上面提到的"灌浆墓"或者"包浆墓"，说起来已是一种薄葬方式。换言之，古往今来，薄葬其实是一种最好的防盗手段。这在有文字记载以来的历朝历代，或有提倡，或有不循，时兴时衰。而今中国，移风易俗，提倡火葬，不再随葬物品，我们已经不必再为防盗犯愁了，这就等于是把盗墓贼们逼到了一个无墓可盗的死胡同。长此以往下去，非但盗墓贼们都得改行，就连防盗技术恐也有失传的可能性。换句话说，我国自古以来形成传统的防盗技术，或许有朝一日，还会成为需要全社会保护与抢救的人类非物质文化遗产，也未可知。

【题外话】

玉衣是汉代皇帝和高级贵族死时穿用的殓服，目的是保护尸骨不朽。完整的玉衣，外观和人体形状相似。分为头部、上衣、裤筒、手套和鞋五大部分。玉衣由很多玉片组成，玉片之间用纤细的金丝、银丝或铜丝加以编缀，由此分为三个等级。皇帝用金缕玉衣，诸侯王、公主等用银缕玉衣，大贵人、长公主用铜缕玉衣。据测试，制作一件玉衣，通常要耗费一个熟练工匠十年的时间。

由于金银用量多至以公斤计算，所以葬有"金缕玉衣"的陵墓时常被盗。曹操的儿子魏文帝曹丕吸取教训，废除了玉衣制度。所以在考古中，几乎没有见到东汉以后的玉衣。

盗墓贼不是啥都盗

2010年10月，曾有媒体报道：洛阳考古人员在邙山地区发掘一处大规模唐代壁画墓葬时，在墓道天井处发现一处盗洞及这具盗墓贼的骸骨，由于骸骨不是死者下葬时的正常躺姿，而是蜷曲成一团，身边并无棺椁和墓葬边缘痕迹，且发掘过程显示该骸骨上方均为虚土，说明其身份为盗墓贼。考古学家分析认为，这名盗墓贼骸骨为45岁左右男子，死亡时间距今至少500年。可能是在挖掘盗洞时，因发生塌方而被活埋致死。

像这类盗墓的事情，每逢给同学上《考古学导论》课，课前课后，总有同学好奇地来问我。偶然会友，大家也不乏于席间饭后和我聊这类话题。即便在平常，听说我做考古这行，大家三言两语七嘴八舌地唠起来，最绕不开的还是盗墓如何长短。

记得有几次聚会，听我扯到兴头上，那些哥们姐们入迷到连手机响了都不肯去接，接了也会跟对方说正在开会或者说过一会再打过去云云，搪塞的理由多多如也。还有几回和领导吃饭，只要盗墓的话匣子一开，主角就换成了我，连领导都会忘了正题，津津有味地任我"白话"。还好我不在仕途上混，没有喧宾夺主的后顾之忧，不会留啥后遗症。其实，我脑袋里储藏的那点古墓防盗招数的话茬，都是前前后后从考古发现和盗墓史研究中零零星星看得来的，有的是已有的常识，有的加上了自己的解读。像深埋，就是我发现的一般研究盗墓史的人，都不太关注的一种古墓的防盗设施，而且这种防盗设施，很可能在中国还应用得最早，这次也写成了《古墓防盗有秘笈》一文，可以参看，此不赘述。

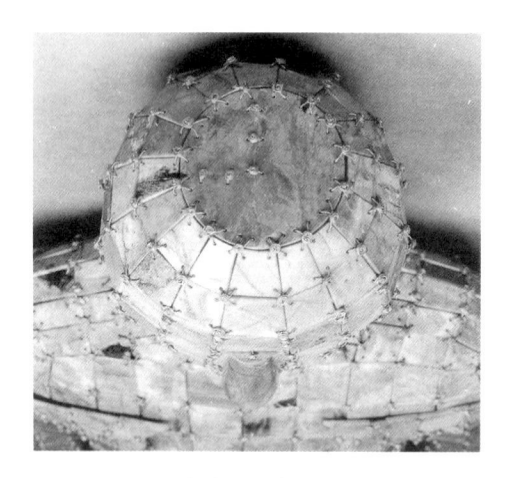

话说20世纪90年代，江苏徐州发掘了著名的狮子山汉墓。墓主人是刘邦后代汉景帝的堂兄弟，属于汉王室分封的诸侯王等级，有皇亲国戚之尊，地位显赫。可哪承想，考古学家们清理到墓里才发现，这个墓葬早已令人遗憾地被盗了。然而，令考古学家们大感不解的是，盗墓贼们却不盗走墓里那些精美绝伦的玉器，像玉璧、玉龙、玉璜、玉冲牙、玉盖杯等，几乎都完好地放在墓里没动。更叫人纳闷的是，镶嵌在装殓遗体棺椁上的各种形状的墨绿色玉片，特别是收殓遗体用的金缕玉衣，盗墓贼只是抽走了玉片上面的金丝，却没有把那些珍贵的玉片盗走。

金缕玉衣的细部

金缕玉衣珍贵到什么程度？按当时的汉制，是金贵到皇帝才能用。皇帝以外，除非是有特殊功勋的军事将领和特别分封的诸侯王，还要皇帝允许，经过中央政府特批，才有资格享用这种金缕玉衣。在汉代人的观念里，玉能寒尸，可以保护

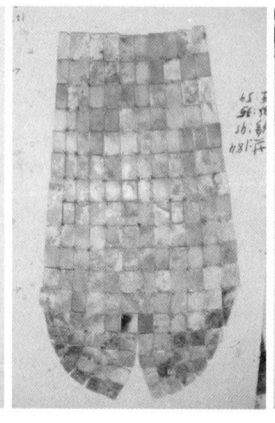

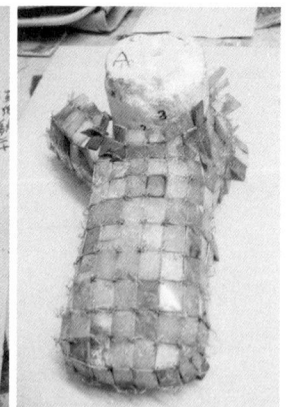

金缕玉衣的修复过程

尸体不朽。但凡金缕玉衣，都是用贵重的羊脂白玉和金丝，得好几个熟练的工匠，按人体比例，花费好几年，才能把玉片琢磨出来，再用金丝一片片连缀出一个能把遗体包裹起来的人形。假使是男性遗体，还要做出一个外露的生殖器样式才行。

　　按说这些玉片也好，玉器也罢，在当时都是名贵的宝物，为什么那些贪得无厌的盗墓贼们会不屑一顾呢？后来考古学家们经过反复考辨，方才弄明白这帮盗墓贼的心理。原来，这些玉器都是皇室标志性的器物，而非一般人用的平常凡品，盗墓贼胆子再大心再黑，他们也不敢盗走。假使真有不怕惹事儿的盗了出去，也没有任何用处，你一出手，人就知道你是盗掘皇室墓葬所获，不但无法换成银两，还有可能招来杀身之祸。

河北满城汉墓金缕玉衣修复前

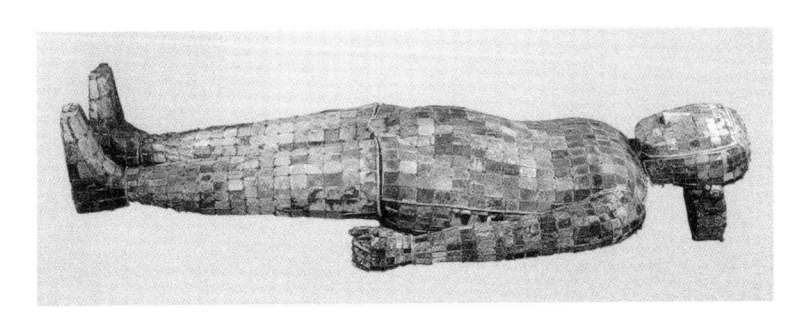

河北满城汉墓金缕玉衣修复后

可金丝就不一样了，金丝上面一般看不出皇家标识，何况还可以熔化，重新打造金件，不容易露出马脚。这就是盗墓贼只抽金丝，不盗玉器的秘诀所在，不是不想盗，实是不敢盗。可见，盗墓贼也不是什么珍宝都盗的，只要社会上有相应的措施和法则，并且执行得力，他们的贼胆再大，也不得不收敛些许。这就让我想起了20世纪90年代曾在日本亲历的一件事，那就是日本人一般不偷自行车。

话说一次，我在一朋友家聊天夜归，骑着学校为我们访问学者配置的自行车，正哼着偶像男歌星偃内孝雄《影法师》的歌调，没料到却给背后开过来一辆警车拦截下来。车上下来俩警察，说他们正在执行公务，请我配合云云。我没犯事，端的坦然，心说看你俩玩什么花活。只听警察盘问道，自行车是不是你自己的。当我说明了情况后，警察没轻信，也没不信。只见一个警察转身去打开警车后屁股盖，里面像是有一套什么机器设备。而另一个警察，则用手电筒，在我车子的大梁下面，照寻钢印的号码，大声报给那边鼓捣设备的警察。我瞥见那警察捣鼓了没一会儿，就转身回来对照寻钢印号码的警察说：这辆车子没有失窃的记录。于是，他俩对我说起了一套对不起抱歉打搅之类的客套话，还点头哈腰鞠了几个日本式的躬，便让我走人了。事后，我朝日本朋友打听，方才明白，日本人轻易不会偷自行车，也不敢偷自行车。因为在日本，如果谁的车失窃，一旦报警，在警察那边登记在案，就会被输入全国联网的系统里，连移动的警车里都装载着失窃车辆的号码。如果谁胆大包天偷了车，只要被查到，就逃脱不了干系，至少有偷车嫌疑。像我骑的车如果是有案底的黑车，一旦被那俩警察逮住，不进警局子那才算怪呢。

汉人不敢盗皇家宝玉，日本人不敢偷在案黑车，道理明摆着是一个，古代怯盗也好，东邻不偷也罢，都是法治得法，措施得力，执行得道。按说这类通过威慑和管理，避免了许多犯罪或违法的事情。可在二十年前的我国就是久治不愈，我自行车被偷得最凶的一阵子，曾经创下一个月被盗四辆的纪录，丢一辆，买一辆，被偷一辆，再买一辆，再被偷走，霉到不能再霉的地步。敢问读者诸君，咱国人没被盗过车的人有几位？被盗过车又能报案的有几人？报案的地方在哪里有几处？警署能不能受理失车报案？法律有没有相应的立法哪怕规章条例？古人不敢和日本人不难的区区小事，却成为我国世纪之交的社会顽疾，报警警不灵，叫法法不应，拖拉的处理，无果的结局，导致民众不再信任警与法。民懒得报警，警怠于无法，盗窃贼也就肆无忌惮偷你个没商量，老百姓也就叫苦不迭丢你个没法整。当然了，这已经是十几二十年前的"陈糠烂谷子"了，而今还有几人骑自行车？用赵本山的话说："还要啥自行车？！"时也，去也。

说着说着就扯远了，书归正传，再回头来看盗墓贼。贼有两种：一种是职业惯偷，不少盗墓贼就是专吃这碗干饭的。有的还做大到偷盗集团，形成了探墓、盗墓、销赃的一条龙似的"产业链"。更厉害的是国内外市场上什么文物行情看好，哪种物件走俏能拍大价钱，他们就专盗什么。另一种是见财起意，一时糊涂，属于闪盗。譬如取土烧砖刨出个古墓，不报官，不交公，掏了墓里的文物马上倒手，卖个仨瓜俩枣的小钱，就算没白忙乎，几近蟊贼。

不论哪一种盗贼，他们偷了东西，也多有两种处理方式：一种是自己留着用，

江西海昏侯墓出土汉代钱币

这类很少，除非是现钱；更多的是变卖赃物，换成现钱。古墓里有没有钱？有的。中国古代一直有把钱币作为随葬的习俗，像2015年前后发掘的江西海昏侯墓就出土了200多万枚西汉的"五铢钱"。这种埋钱的葬俗传承到我们当代，时兴冥币，撒在送葬路上或作烧纸钱，不能流通。古代随葬的钱多是能流通的货币，所以，盗墓贼见到这样的钱当然不会罢手，能背多少是多少，能扛一袋不夹半打。

可有的时候，盗墓贼也不一定就是见钱眼开的。还说上面提到的徐州狮子山汉墓，考古发现，多达17万枚的铜钱扔得到处都是，愣是没有被盗墓贼偷走。专家们开始的时候百思不得其解，琢磨来琢磨去，才推理还原出个道道来：盗墓贼当初在漆黑的地宫里发现了大批铜钱，以为自己发大财了。可是看清了铜钱上铸造的年号才发现，都是些过了期的钱。这说明，盗墓贼不是墓主人下葬不久后就去行盗的，而是过了几百上千年后他们才来行窃。这时，朝代早已更替了，随葬的钱也都过了时，盗出来也没地界儿花销，费劲巴拉偷出去了，只能当金属卖，三钿不值两钿。他们这才收起贪心，再无兴致。

再说了，假使盗墓贼真的有力气用麻袋扛钱出去，又到哪里销赃呢？你若真敢兜售已经不流通的前朝货币，哪怕送给人家铁匠铺炼铜换钱，哪个识货的铜铁匠又敢兜赃呢？所以，就像我前些年写过的《盗墓贼不盗玉》的博文中说的那样，徐州狮子山汉墓里发现的那些前朝的精美玉器没有被盗墓贼盗走，就是这种盗了不好销赃的社会现实环境使然。否则给人发现有盗墓嫌疑，那可就是送牢狱进班房的下场了。可见，随葬品再珍贵，也有盗墓贼们不敢盗的。

珍贵文物不敢盗，那一般的随葬品是不是就盗者不拒了呢？也不是。一般的随葬品像什么陶罐啦、年久锈蚀的器具啦、散架了的家具啦、变质了的书画啦、破碎了的瓷器啦等等，还有像什么楠木棺材啦、汉白玉的墓石啦、砌墓室的画像砖啦之类，在盗墓贼们看来，也都是没啥盗头的不值钱玩意。

再有像墓主人的遗骸或者尸骨哪怕木乃伊，盗墓贼一般也是不盗的，不说吉利不吉利，也不说忌讳不忌讳，关键是没有销路，换不出钱。就像当年孙殿英盗慈禧太后陵墓，把老佛爷拖出棺，扒走了绫罗绸缎的丧服，剜去了口含的夜明珠，也还是把她的遗体甩在一边而已。还有像头些年湖北荆门战国女尸被盗案，盗墓贼们也只顾扒衣取缎，最后把那具比著名长沙马王堆西汉女尸还要早一百多年的遗体，抛尸灭迹了事。

最后，再说个我亲身经历过的案例。有一年，复旦大学考古队在三峡工程重庆库区做文物抢救发掘，刚到万州区嘴嘴墓地的发掘点，就有老乡说，村头的古墓被盗了。我们赶紧前去查看，果然，村头坡地上有好几处盗洞，被盗出来的器物残片散落一地。在一个断坎上，还看见被扒开的一座汉代砖室墓已裸露在外。

重庆万州嘴嘴墓地盗洞

老乡说，盗墓发生在前几天的一个深夜，因为墓地在村头，离村民住家远，盗墓时谁也没觉察，还是村民早上起来种地才发现的。在扼腕痛心之时，我们只好做些清理，还拼对、修复出好几件盗墓贼认为不值钱而遗弃的残破陶器。

所以，盗墓贼们瞄的多是那些可移动的文物，但其中，一般的随葬品不屑于盗，特殊的随葬品不敢于盗，搬不动、移不走的墓砖、棺木什么的不可移动文物，恐怕大多没想过盗还是不盗。简而言之，如同小偷入室行窃一样，盗墓贼也不是

重庆万州嘴嘴墓地被盗的器物碎片

逮啥拿啥，否则连锅端，就成了搬场公司搬家了。盗墓贼也不是见啥盗啥，否则兜底翻，就变成迁坟移棺二次葬了。在他们看来，但凡他们以为值钱的，或者能销赃卖钱的，才是冒死也要盗窃的，才是他们盗宝的唯一标准。

【题外话】

2011年初，全国人大常委会通过了刑法修正案（八），取消了13个非暴力犯罪的死刑。其中包括走私文物罪、盗窃古文化遗址、古墓葬罪，盗掘古人类化石、古脊椎动物化石罪等，几乎占到了这次取消死刑罪的半数。

全国人大法律委员会认为，中国的刑罚结构总体上能够适应当前惩治、预防和减少犯罪的需要，适当取消一些非暴力犯罪的死刑，不会给中国社会稳定大局和治安形势带来负面影响。有专家指出，这凸显了对生命的尊重和对人权的保障，也符合国际上废除或减少死刑的趋势。但这样一来，将会给文物保护带来何等后果呢？

我们处在薄葬时代

清明节不是扫墓节，但已被我们这个时代简约成了只扫墓的节。君不见，下到百姓家祭逝者，上到政府公祭黄帝，真可谓春来草长莺飞时，举国遍地扫墓人。在南方，除了清明节，冬至的扫墓大军胜过清明，也是一个社会现象。凡此，一年一度的清明或冬至，就一次又一次在扫墓中过去了，但来年还会再来的。

说起来，我们现代人扫的墓和古代人扫的墓是不一样的。这种不一样至少有三：一个是古代遗体墓多，现代骨灰墓多，更有甚者还有抛骨扬灰撒大海的，"死无葬身之地"了，谁还会被媒体正面报道得最起劲，因为这是当代兴起的新的移风易俗做法；二个是古代墓多有随葬品，现代墓几乎不再随葬逝者生前的什物。记得家父出殡时，把他平时戴的眼镜也放在一起火化了，但金属眼镜腿没熔解，被单位人发现，便怀疑家父是不是被谁暗害了，家母赶紧出来解释，这才"化险为夷"；三个是现代得花高价才能买块墓地，10万元一个平方米的已不在少数，即便一个·成本只有几十元的骨灰盒，也可以卖到三四千元甚至更贵。

于是，"到哪里去找那种适合我们普通老百姓，价格既不会高得离谱，又能让亲人好好走完人生最后一程的丧葬方式呢？"已成为大众呼声；"死不起、葬不起"也是最近几年来越来越不绝于耳的无奈之音。而古代墓地基本不用花钱，即便是我姥姥去世时的1965年，也是埋在我们家不远的后山上，没什么人来收费。可见，现代中国葬俗的一个共同特点，是对中国几千年来特别是儒家提倡"厚葬久丧"习俗的一个反动，用行话说，这属于薄葬范畴，换言之，我们又进入了新的一个薄葬时代。

薄葬在古代不是没有过。比较早的提倡者，在先秦时代是墨子，在汉魏时期是曹操父子等。他们或者强调"薄葬短丧"，反对奢靡浪费，为王者谋，意在利民利国；或者以为厚葬极易被人盗掘，反倒难以千秋永存，还是薄葬的好。墨子提倡薄葬，述多做少，响应者寡，没形成什么气候，留下了"百无一用是书生"的后世记忆。但曹操他们手握大权，情况两样，薄葬得以成一时之势。可他死后怕人掘墓，从各个城门出殡，传说还搞七十二疑冢，动静不小，劳民伤财，又与他的薄葬之言相悖。但这个久传的说法，这两年因为曹操高陵的发现，给人考证出纯属子虚乌有，也备一说。曹操这个人生前事备受争议，死后也事端不少，红脸白脸都一人唱了，人生过得有褒有贬，峰谷回转，够本了。这话扯远了，但有一点提请注意：薄葬在中国的丧葬史上，时断时续，终未成为主流葬俗，这是我们现代人尤其要关注并需要反思的。

汉魏时期以后再兴薄葬，能上数的，就是我们当代了，严格点说好像是近三四十年来的事情。我在东北吉林市刚上小学的时候，城里还有不少销售棺材的街边铺子，说明那时是流行土葬遗体的。还记得1965年姥姥去世，大殓入棺，妈妈披麻戴孝，哭成泪人，但却不让我看，怕吓着我，更不让扶棺送葬去山上的墓地，也表明那时是不禁止遗体下葬的。后来，姥姥下葬的坟茔地被取土烧砖的人不断蚕食，只好二次葬。弟弟他们去迁坟，还找到当年随葬的金银首饰什么的，也表明那时还是有随葬品的，只是小件的而已。一句话，葬俗还是老葬俗，传统还是旧传统，虽说谈不上厚葬，却也不是现如今那样寡殓先人的薄葬。

但是，就这样一口否定现代人搞的是寡殓先人的薄葬，好像又过于武断，有点不符合实际情况。据调查，我国殡葬服务价格的制定有3种方式，每一具遗体必须经过的运输、存放、火化这3项基本服务由政府定价；一些延展性服务如遗体整容、告别厅使用等，依据政府指导价；寿衣、骨灰盒、花圈等丧葬用品则采取市场调节价。比如在著名的北京八宝山殡仪馆办丧事，如果只选择运输、保管、火化3项服务，需要1 000元左右；如果加上整形美容、遗体告别等服务，全套办下来得3 000元左右。遭受很多公众质疑的"殡葬暴利"，一般都发生在这类延展性服务上。

而殡葬机构开展这些延展性服务，又确属无奈之举。有数据显示，从2002年起，政府核定的价格一直没有提高过，当公共财政投入很单薄时，压力就转移到了殡葬机构身上。按照全国平均数，一具遗体运输200元，保存、火化230元，总共是430元，而实际耗费的电力、汽油、人力、设备折旧费，为一具遗体提供这3项服务的成本为600元到680元。问题就此出现，这样大的资金缺口怎样补上？中央财政没有这方面的投入，一些地方财政也有困难，殡仪馆只能通过开展其他延展性服务。即便如此，在事实上，全国依旧还是有三分之二的殡仪馆面临亏损，盈利的殡仪馆主要集中在大中城市，县级以下殡仪馆普遍不盈利，惨淡经营，有很多甚至已经关门。近十年来，全国所有殡仪馆运输、保存、火化这3项基本服务年平均亏损约为6.4亿元。由此可见，我们说的薄葬，只是丧葬的结果，而不是过程，过程还是厚葬。

薄葬好不好？不好说。从政府提倡节约国土和移风易俗看，是现代中国大陆提倡的主流做法。不知道外国人死了是不是也像我们美其名曰的这样，是为了节约土地资源云云，好像他们多少还是有口棺材的，土地也未见得比我们紧张不紧张。在大陆，也有可用棺材保留遗体的墓，那是极个别的在乡下或者少数民族地区偶尔有之。叮在城里，不管你愿意不愿意，人死后都不可能再保留全尸，只能在公共墓地埋骨灰了事。

但也有绕不过去的个别现象，那就是近三十来年去世的领袖陵墓，还是遗存比较多的，像北京有毛主席纪念堂，占地面积为5.72公顷，总建筑面积33 867平方米；山西吕梁有华国锋陵园；台湾有蒋介石和蒋经国父子的"两蒋陵寝"等。这些可以有名有姓地载入历史的人物，逝世后都有独立的地界安葬，占地比百姓大些，大都尽可能地采取了永久保留遗体措施，平时有卫兵守卫，清明祭日还供人们瞻仰。像毛主席纪念堂就是人们去得最多的祭地，前几年每年光4月4日一个上午，就有不下三万人前往。据统计，从1977年9月9日开放至今，毛主席纪念堂已接待瞻仰他遗体的人数约2.4亿人次。另外还据说，世界上保留遗体的做法不多，国外有金日成、胡志明、列宁和斯大林等。本来，孙中山去世后，曾经请当时的苏联做过一口水晶棺，后来质量不行，改用了美国造的铜棺。弃用的那口水晶棺，就一直放在北京碧云寺内保管展出。否则，中国第一位能够被后人瞻仰遗容的该是孙中山，而不是毛泽东。

薄葬好不好？已经不好说了。那么厚葬好不好？也不好说。首先，如果重新提倡厚葬，那与现行政策相抵牾，行不通，缺乏可操作性。其次，平民百姓经过这些年的引导和教育，已经习惯了现行葬俗，一旦真要再改薄葬为厚葬，他们适应不适应？干不干？都没了一定。再说，古往的旧俗，已被今来的新俗打断了续脉，好与不好？是耶非耶？恐怕我们的子孙，比当代人更能做出盖棺定论的历史评价；换言之，丧葬这种行为及其操作流程，如果算非物质文化遗产的话，那要不要保护和传承，会不会与移风易俗的国策相抵牾，都成了问题。

还有，那些干考古的，还不免要想到点行业忧思：未来的考古学家不太可能再挖到有遗体的墓葬，也不太可能再挖到陪葬大量随葬品的墓葬了。这也就是说，现行考古学家主要是通过墓葬来研究历史和复原祖先生活方式的工作方式，到他们那时不得不另外再想高招了，而且肯定会想出高招。我们大可不必替子孙发什么"古来薄葬今又是，未来考古怎么办？"的感叹或忧思。最起码的，他们挖一个墓是骨灰墓，再挖一个墓还是骨灰墓；他们挖一个墓没有随葬品，再挖一个墓还是没有随葬品。于是，他们至少可以从发现的一个个考古现象中，非常逻辑地推导出：20世纪中期开始及其以后相当长的一段历史时期，中国进入了薄葬时代。

但这正像上面谈到的那样，我们子孙得出的这个结论，恐怕未必符合21世纪前后的中国实况。因为我说过，丧葬的结果是薄葬，丧葬的过程是厚葬。过程往往不容易被保留下来，可结果却常常会流传千古。这种例子俯拾即是，譬如陕北黄帝陵与政府公祭黄帝的大典，就是这样的关系。其实，历史上有没有黄帝这个人，都是传说之事。换言之，而今公祭的黄帝陵，不过是因循司马迁《史记》说的那句"黄帝崩，葬桥山"而来，可以肯定是后人修造的一个象征性的纪念遗迹，里面不可能埋葬着黄帝，不过象征性地造了一个不大的空坟而已。

以前我在中央党校学习时曾被组织前去拜谒黄帝陵。到了跟前才发现，早在1961年就被国务院定为第一批全国重点文物保护单位，据说还是中国古墓葬编号第一的著名的黄帝陵，原来比我姥姥的坟大不了一丁点，不过是一个小土包，古朴有余，庄严不足。周边用现代的青砖粗粗拉拉地围了一围，与其说是陵，不如说更像坟。让人心理反差相当大的，还有旁边一口钟，撞击一响收费一元，成了盈利场所，完全没有南京中山陵那样的恢宏肃穆的气势，也不见毛主席纪念堂有持枪站岗卫士的威仪。

黄帝陵的坟头挺寒酸，但不影响每年清明举行政府一级的公祭大典。公祭的盛况如何，我仅拣选某年刊发在《光明日报》上的一则报道，那场面，那规模，那建筑，那人气，说是像极了厚葬的阵势，绝不为过：

黄帝陵

天地祥，紫气腾，四海华裔，同祭黄陵。4月5日上午，辛卯年清明公祭轩辕黄帝典礼在陕西黄帝陵隆重举行，海内外1万多名中华儿女代表齐聚桥山轩辕殿祭祀广场，虔诚地参加公祭典礼，追念人文初祖功德，表达炎黄子孙追思。

9时50分，主持人宣布：辛卯年清明公祭轩辕黄帝典礼开始。象征着全国34个省、自治区、直辖市、特别行政区对先祖无限崇敬之情的34咚鼓声和9响钟鸣，在桥山沮水间交织远荡。

心香一炷，敬献虔诚。优雅的祭乐声中……全体参祭人员向轩辕黄帝像行三鞠躬礼后，清脆的童声在轩辕殿前响起，不同民族的少年代表齐声咏诵《振兴中华赋》，共同祈愿中华民族团结进取、和谐共荣，祈愿伟大祖国繁荣昌盛、前程似锦。

可见，在我们这个时代，薄葬里面有厚葬，厚葬里面有薄葬，厚葬不多，祭奠日隆，不能简单定性，也不可盲目定量。其实透过这些混杂的现象，问题的关键是，包括丧葬在内的我们的传统文化是否得到了传承？如果继续这么下去，中华文化以后要如何传承？是物化的传承？还是行为方式的传承？还是文化价值观的传承？是不是需要传承？我一直在讲，考古工作是发现、研究、保护、利用，这八个字的关系。其实，如果还有两个字方能使考古再上一个台阶，实现学科或工作的终极目标，那就是这传承二字。

薄葬与厚葬相伴是一种传承。中华文明就是在这类物态和形态中，得到了有续有断的传承。这不免使我想起了国家主席习近平说过的话"考古工作是展示和构建中华民族历史、中华文明瑰宝的重要工作。"总书记不是考古出身，但他说过他当年也想学考古。他的讲话抓住了考古学的终极目的。考古不再仅仅是证经补史，而是要构建民族史、国家史、文明史、文化史，才能更好地认识我们的历史，认识我们优秀的传统文化，并将之传承下去。

从国家领导人到平民百姓，再到考古学家，考古的解读早已超越了考古本身，成为政治、经济、军事乃至文化传统的工具了。传承比起考古工作的其他事项来，就这样彰显出了它的挖掘和传承传统文化的魅力，包括古往今来的薄葬和厚葬的变化和变迁。

翠玉白菜真那么好看么

据说内地游客到台北故宫博物院参观,最要看的是一荤一素两个菜:一个是那棵翠玉白菜,还有一个是那块东坡肉似的肉形石。还据说由于内地游客看翡翠白菜成了主题,排大队要看这两件明星级展品,造成人多拥挤,台北故宫博物院只好另辟一个长廊空间,设专柜,单独陈列这两件超人气展品,以便疏通参观人潮。

台北故宫博物院收藏的肉形石　　　　台北故宫博物院收藏的翠玉白菜

我2019年去游台湾,也凑热闹去看了。好家伙,展柜前那个拥挤的阵势,与元宵游园会游人爆棚有的一拼,简直比台北著名的士林夜市的人潮还要闹猛。可是,我跷脚提臀、抻长脖子饱了眼福之后,又多少有点不以为然,就在这多说几句。

解说的人讲，这翠玉白菜是清光绪帝瑾妃的随身嫁妆。寓意白菜清清白白，菜端一蝗一虫象征多产，冀望子孙众多。也不知道这样的解读，是不是人家瑾妃家的原本意思，权且信之便是。解说的人还说，这翠玉白菜玉色天成、巧夺天工、价值连城、举世无双。也都是极尽赞誉的褒奖之词，姑且信之，也无不可。

翠玉白菜原来竖着插在瑾妃居住的永和宫里头，当时的那个木头衬托器座，现在也放在旁边当陈列品给游客看。可我想，就这么件白菜，应该是她的不少摆件中的一个吧？！当时是不是已经稀奇珍贵到而今这种镇院之宝的程度，我估摸是不会的。我又笨想了一下，皇室之宝再怎么排位论序，也轮不到一个皇妃之物上面去。换句话说，翠玉白菜之所以名冠天下，多半是我们后人给煎炒烹炸出来的。这要说起来，可就有的说了：

翠玉白菜在清代玉器中原本的地位并不是很高，也不可能是举世无双的清末巧雕，但它背后却有段"麻雀变凤凰"的佚事。

据说，清代宫中盛行用各种宝石模拟真的植物"种"在花盆里，寓意吉祥。这件翠玉白菜即是盆景中的一部分，"种"在一个珐琅花盆里。民国时期的"北伐"成功后，刚成立不久的故宫博物院决定展出文物以飨国人，翠玉白菜也被选中。但如何呈现它？策展人员之间却发生了争执。因为白菜是农作物应该种在田里，哪有种在花盆的道理？更何况它和珐琅花盆并不相配。最后，策展人决定只展白菜，不展珐琅盆，这是翠玉白菜脱胎换骨的第一步。

翠玉白菜的真正"爆红"，是在故宫文物被运到台湾以后。幕后的推手，就是擅长用故事增添文物传奇性的故宫耆老那志良。这棵白菜原置于光绪瑾妃的寝宫，那志良于是"推测"这是瑾妃的嫁妆，象征清白，驻足在菜叶上的一蝗一虫则寓意多子多孙。经他巧口解说，给予观众以无限想象的空间，翠玉白菜从此跃居"明星"地位。那志良17岁进故宫，是故宫元老之一，25岁押运故宫古物南迁，后随故宫部分文物去台北故宫博物院，在古器物学特别是玉石的研究和鉴赏方面，是国内外公认的权威。

这就清楚了，一棵时代晚至清代的宫廷玉白菜，经一位玉器研究大咖的权威推介，就在这样的"包装"下，产生了魔力，开始吸引无数的内地游客争先恐后要去竞睹。这要我看，实在怪不到那先生头上去，要怪得怪我们国人的文物鉴赏观还有很大提升空间。换句话说，中国的文物多乎哉，但会鉴赏文物者，不多也。国人喜欢看文物者众，但告诉他们怎么看的专业学者"和者盖寡"。

我也不太懂怎么鉴赏文物，一直想找这方面的书籍看，但我们内地的专业学者多埋首研究，没空做如何鉴赏方面的美育功课，导致民间的一些鉴宝者，滥竽充数，胡诌八咧。倒是这次在台北诚品书店，第一次看到书架上摆放着专门做这方面的学问书籍，感慨走在了大陆的前面。

文物鉴赏，鉴赏文物，角度很多，往大了说起来是个美育修养，往简略了说下去，也没那么复杂，无非是看"老三样"价值和"新三样"价值而已，"老三样"即历史价值、科技价值、艺术价值；"新三样"即文化价值、社会价值、时代价值。

比如从历史价值角度讲，怎么看一件文物是不是有历史价值？像台北故宫博物院陈列的那件以现存最长499字铭文著名的毛公鼎，就记载了毛公这个人在周宣王治下做事的事情，是研究西周晚期政局的重要史料。我还好信儿去这件真正堪谓"国之重器"的展柜前去看了一看，结果无人蜂拥，可以安静观赏，观展体验感非常好。

再比如从制作角度，要看文物是不是有科技价值？像台北故宫博物院办展的名为"原来如此——青铜工艺之谜"的陈列，就以高科技和多媒体手段，展现商周时期青铜器的铸造技术。

还比如从艺术角度，要看文物是不是有审美价值？像也是台北故宫博物院办展的名为"慈悲与智慧——宗教雕塑艺术"的展览中，呈现多样的佛教雕塑艺术，从不同时代的美感诉求中，探索了宗教艺术的美与善。

从这三个角度看翠玉白菜，说它有多大的历史价值，那就成忽悠了。因为虽然它出自清宫，有皇室用器之尊，但有它没它，清史的进程和记载都不会有多大改变，此其一。

其二，如果说它有科技价值，那还算搭上点边，起码工艺制作还算巧夺天工。但问题是这种玉石牙骨的雕刻工艺在清代流行得很，并不是唯它独占鳌头。随便举个例子，像河南博物院明清珍宝馆就收藏有用象牙雕刻的牙雕萝卜和牙雕白菜，而在天津博物馆和北京故宫博物院也都有收藏，论雕镂工艺，都不在翠玉白菜之下。

某一年放暑假前，复旦大学历史系的学生要去河南和陕西一带的中原游学，班干部叫我去给他们做个介绍，大意是到中原该看哪些古代的东西。其中一站有河南博物院，我介绍了不少该看的文物，像什么陶器、玉器、青铜器、瓷器之类，其中少不了也要讲到明清珍宝馆的牙雕萝卜和牙雕白菜。两件艺术品造型自然，形神兼备。萝卜由深到浅的红色，直到下端的象牙白非常自然，连萝卜上面的根须，和须上没有洗干净的泥土，都看得清清楚楚。白菜翠绿鲜嫩，形象逼真，叶子脉络清晰可见，显得生机盎然。趴在萝卜、白菜上点缀的大肚蝈蝈，造型饱满逼真，腿上的毛刺、薄如轻纱的翅翼，都惟妙惟肖。

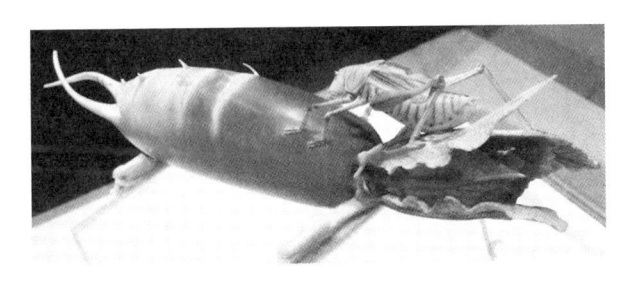

河南博物院藏清代牙雕萝卜

河南博物院藏清代牙雕白菜

其三，那台北故宫博物院的翠玉白菜的最大看点，该是艺术价值了。在清代和民国，这种雕刻成为时尚，技艺达到了鼎盛时期，艺术作品追求纤巧精致，玲珑剔透，没有瑕疵，形成了精细和俗艳的风格。乱真色彩的把握尤为准确，当时的雕工追求自然清新的艺术效果。这样说都是对的，但问题是这样精美的物件，正像上面列举的那样，不说到处都有收藏，可也天下非此一件，并不稀奇。像一件曾被民国军阀曹锟收藏的清末象牙雕白菜，也不过拍卖到25万元，可见这类清代民国各种质地材料的雕刻白菜，并没有太多的市场行情和收藏高点。

有一次我和北京故宫博物院的一位院级领导聊天，他说翠玉白菜和肉形石这两件"网红"展品，在北京故宫博物院藏品体系里，大概也就能定级个三级文物。为什么呢？结论很简单：物以稀为贵，物以多为贱。

问题到这里该清楚了，翠玉白菜至多是清宫收藏的一件仿生型的珍宝，因其为皇家收藏的身世而贵，但我以为还不止于珍宝到至尊的地步，更不至于内地游人趋之若鹜，必观之，必赏之，观赏之后说"太像了""太像了"。

国人为什么对文物做得像什么那么感兴趣呢？文物学上这叫像生性文物，和几何性文物不同。但为什么我们国人的思维方式局限于形象思维而不是抽象思维方式呢？换句话说，以像不像为标准来评价一件文物的好孬，来作为值不值得看的上下限，乃至我们参观都要首选翠玉白菜和逼真的肉形石，那就只能说我们国人的审美取向尚处在浅审美的层次上。国人不太会审美，问题很严重。因为不会审美，就意味着不善辨丑，道理很简单，结果挺可怕。

从翠玉白菜的审美扯到了审丑上去了，多少有点扯远了。那索性就再稍微扯远一点，我们来看看"新三样"和"老三样"文物价值的关系及其背景吧。

2022年7月，全国文物工作会议在北京召开。这次会议在长期坚持的"保护为主，抢救第一，合理利用，加强管理"的"十六字"文物工作方针基础上，又提出了"二十二字"的文物工作新方针："保护第一，加强管理，挖掘价值，有效利用，让文物活起来。"

1982年《中华人民共和国文物保护法》颁布以后，"十六字"文物工作方针也写进了文物保护法。当时正值我国改革开放初期，随着各地大规模基本建设和经济社会发展，不少地方出现了"考古队跟着推土机后面跑"的窘迫现象，使得文物保护面临比较大的压力。

这时的文物工作方针，不但围绕着如何把文物"保起来"，还面对着怎样把文物"抢出来"的问题。所以，保护为主，抢救第一，就成为方针的主导思想。比如，20世纪90年代开始建设的三峡水利工程和后来的南水北调工程，都要淹没蓄水区的大量文物。于是就调集了全国的文物保护力量和考古发掘队伍，进行了大约20年的文物大抢救工程。

进入新世纪以来，文物保护始终如一，抢救压力大大减缓，加强管理和合理利用逐渐成为政府和民众新的文物自觉和文物需求。不难看出，在这次"二十二字"方针中，把过去"保护为主，抢救第一"合并成了"保护第一"四个字。这样"加强管理"也被前置，"合理利用"变成了"有效利用"，"让文物活起来"成为新导向。

从最初的"保起来"和"抢出来"为主，到如今的"保起来"和"活起来"为要，反映出我国文物保护事业理念和实践的时代变化。而这次为何要新增过去没有的"挖掘价值"四个字呢？我觉得既是恰逢其时之举，更是正本清源之道。

全面提升文物保护利用和文化遗产保护传承水平，是这次新出台的"二十二字"文物工作方针的主导思想。一件文物、一处遗址、一个遗产地、一项非物质文化遗产，其要不要保护利用？怎么保护利用？保护利用到什么程度？关键在于其内容的真实性、保留的完整性和管理的有效性。而实现这"三性"的关键，在于能够揭示和阐释出它们的古今价值。换言之，不知道文物的价值，也就不知道该保护、管理、利用到何种程度，是鉴定为珍贵文物还是一般文物，是确定成国家级保护单位还是地方级保护单位，都将是无源之水、无本之木。

如何挖掘文物价值？既要发现创新，更要研究创新。研究文物的价值或从文物鉴赏的角度品鉴文物，有古今两套标准。古代标准有三条，即历史性、艺术性和科技性，我称之为"老三样"；当代标准有三条，即文化性、社会性和当代性，我称之为"新三样"。

"老三样"的三条古代标准主要指文物在古代的重要性，能够反映文物在所属那个时代的地位和成就。比如著名的毛公鼎，它是周代重器，具有浓厚的生活气息，是西周晚期的鼎由宗教转向世俗生活的代表作品。铭文记述周宣王即位之初，亟思振兴朝政，乃请叔父毛公为其处理国家内外的大小政务，历史价值毋庸置疑；它又有着庄重造型和古雅朴素的重环纹饰，艺术价值简约美奂；它还凝聚了周代冶炼和铸造水平，科技价值无与伦比，是集历史性、艺术性和科技性于一身的国之瑰宝。

"新三样"的三条当代标准主要指文物对于当代的重要性，即文物在我们这个时代能够发挥什么作用，并且与我们当下的生活方式能够产生怎样关联。比如翠玉白菜，其实不论我如何"贬低"它，翠玉白菜还是翠玉白菜。台北故宫博物院那边的运营，传播白菜文化兼做生意，开发出来小件的翠玉白菜仿制品，寸把长短，玲珑可爱，能当筷架用，也就20来块人民币，人人买得起，卖得特火。像2009年曾热播的大型高清纪录片中，还介绍说2008年台北故宫博物院晶华餐厅推出几道新菜，其中就有翠玉白菜这道菜。要我看，开发翠玉白菜的筷架也罢，菜肴也好，这菜已不是简单的食用菜，而是艺术菜了，物质变精神，精神变物质，这大概就是翠玉白菜的文化魅力和社会价值吧？！正因如此，它成为有口皆碑的现象级展品，成为国内外游客不分男女老幼都趋之若鹜去观赏它、打卡它的旅游目标物，这就构成了一件特殊的、网红的展品在文旅融合时代的当代性，游客可以与它对眼神，观众能够与它共情趣，商家用它做文创，网友用它当头像，由此便有了当代价值。

凡此种种，我们可以从文物价值出发，把"老三样"和"新三样"加在一起，那文物鉴赏就可简化归为：历史鉴赏、科技鉴赏、艺术鉴赏、文化鉴赏、社会鉴赏、时代鉴赏。

花23亿造地震博物馆值当不值当

2014年初,我收到一本文物出版社出版的《文化遗产展陈创意策划方案集》,是四川省文物考古研究院寄来的。打开一看,该书辑录的八个方案中,有三个是四川2008年5月12日汶川大地震遗址博物馆的策划案,都是该院策划的博物馆选址建议书、博物馆规划建设方案、主题陈列概念设计。

我到现在还清晰记得,2008年5月12日那天下午,我从上海到杭州良渚古城遗址做良渚博物院的陈列策展,住在瓶窑镇的瓶窑大厦。到了房间,我习惯性地先打开了电视,没想到屏幕上正在即时报道汶川大地震突发事件。我看了一下手表,猛地激灵一下打了个颤,地震时间就是我刚才办入住手续后乘电梯上楼的那个时刻,14时28分。

"5·12"汶川大地震后,曾通过了一个建造北川国家地震遗址博物馆的设计方案,建设资金初步预算总投资为23亿元左右。记得当时消息一出,其巨额投资随即引起公众强烈关注甚至争议。从网间评论看,赞成者不多,反对者不少。有人说花23亿搞地震博物馆太荒唐,无异于搞华丽的形象工程,还不如把那23亿直接均发给北川受灾的老百姓;也有人扩而广之,说中国还有那么多的失学儿童,这些钱可以造多少希望小学,可以解决多少下岗人员和大学生的就业问题;还有的学者拿意大利古代的庞贝古城灾难遗址作类比,说庞贝展现的古罗马社会生活和文化艺术水平高,北川除了省级文物保护单位北川永平堡和破碎的泥瓦断垣残壁,实在是没什么文化艺术遗迹可寻可保等等。

应该肯定的是,这件事情反映出我们政府进行工程建设的社会透明度越来越大，百姓评议政府决策的热情越来越高，这是社会发展进步和主动公民意识增强的一个缩影，首先应当为之叫好。其次，我们平民百姓在有了一定发言权的同时，怎样做到出乎情、合乎理，更是我们需要进一步思考的新问题。

花23亿造一个国家级的地震博物馆，说高也高，说不高也不高，关键看是造一个什么样的博物馆。在一般人的传统印象中，所谓的博物馆就是一座巨大的房子，里面放上各式文物，这样想的话，那花费23亿值不值当就两说了；但如果建一座包括周边环境景观在内的现场性的遗址类博物馆，那23亿是否够用恐怕还很难说。比如1995年日本阪神大地震后，日本政府作为天然纪念物修建的北淡震灾纪念公园，其展览内容就有诸如大型立体化断层模块、地震时受灾的民房、原样保留下来的阪神大地震遗迹、在体验馆能亲身感受7级地震等；1999年9月21日台湾百年未遇的强烈地震后，也选择台中县雾峰乡光复国中校区，建了一座地震遗址博物馆，将部分遗迹直接以灾后原貌，巧妙融合在新建筑物上，力图使人们保有对灾难的共同记忆，从中感知天地无情给世人的警示。

可见，造这样的遗址博物馆，投入一亿半亿，恐怕实难做出效果，也起不到保护和利用的目的。另外从业内观察，国内外博物馆发展的现状和趋势，已从传统那种单体型的博物馆建筑，发展到群体博物馆建筑，再进化到整体环境的展示与保护。世界博物馆的建设已经从大英博物馆、纽约大都会博物馆、卢浮宫那样一两个或几个建筑的模式，向建设类似于秦始皇陵遗址公园、浙江良渚古城遗址公园、圆明园遗址公园等几十平方公里范围的更大规模方向发展。国家文物局从本世纪之初，就开始了建设国家考古遗址公园的发展战略，并在2010年公布了第一批国家考古遗址公园12个遗址的大名单，上面提到的几个遗址都在列。至今，已经评选到了第四批，我也曾忝列评委参加过第二批的评选。所以，中国建几个类似于北川国家地震遗址博物馆或遗址公园，实在是多乎哉，不多也。

造一座遗址博物馆肯定比造一座单体建筑的博物馆要花费得多得多，但到底该花多少钱，或者说该不该花很多钱，实际上既有展示对象、规模、目标以及设备等投入多少的问题，但又不完全是投入与产出的问题，还有为现代和子孙保留人类群体记忆的长远考虑。换言之，正像一个国家的发展计划有分类投资一样，任何投资都是既要投入经济领域，又要关注文化设施建设，即所谓两手都要抓，两手都要硬。不能把投入经济建设的钱挪用到文化建设上，也不能把文化建设的经费用来帮助经济困难群体。俗话说，"鱼有鱼路，虾有虾路"，各有各的渠道，各有各的路径，才是财政运行之序。同时，国家也好，地方也罢，投资既有近期，也有远期之分；既有救灾救难，又有谋求发展之别。

如果可以反问，我们投入在航天事业上的经费，为什么就很少见人提出质疑呢？把这些钱用来修建希望小学那不是能建得更多么？用来援助失业人员那不是解决的力度更大么？其实，国家每年投在大型经济建设项目上的经费，比如南水北调、京沪高铁、西气东输等等，随便哪项恐怕都远远超过建一个博物馆23亿的倍数，那为什么引发争议就那么少呢？难道解决吃水难和交通难，就是解决民生问题？解决文化遗产的保护和利用，就不是维护民众充分享有的文化权利？即不是解决民权问题么？

我们的瓶颈或焦虑在于，不论投资经济建设也好，投资文化设施也罢，总有人眉毛胡子一把抓，老喜欢把这些投资直接与解决失学、失业挂钩，与政绩工程、形象工程画等号，表面上看不无道理，辩证地想道理尽无。中央抓科学发展观学习活动，提倡解决实际问题，我看顺便解决一些人的观念转变，更加有利于我们加快建设一个成熟和谐的社会，更有利于使我们的国民理念真正转换成为大国公民意识，更有利于我们的价值观成为具有世界影响力的普世观。其实，国家到底批准不批准用23亿造一个地震遗址博物馆，令人关注，但并不重要。重要的是，我们如果从中可以学会保护来自自然的破坏遗迹、保存个人和群体的记忆、保留一个国家和民族对已逝和活着的生命的尊严和尊重，那就值当了。

还要说的是，那种拿北川国家地震遗址与庞贝古城遗址乱比较谁有保护价值的学者，可以发表自己的观点，但看上去多少有点外行充愣、东拉西扯之嫌。因为任何能够记忆人类昨天和今天的历史文化遗产，都值得我们尽全力保护，留待后人。我看，与其遑论高低贵贱谁好谁差，莫如关注历史信息保有多少。换句说，难道庞贝死难者遗骸所带给我们的震撼，不如所谓的古罗马灾难现场的文化艺术遗迹？同样在北川地震中罹难的同胞，他们用生命留给我们的启示，无论如何不是花23亿建馆值当不值当所能替代的。

顺便要说到的是，我们除了需要讨论要不要建博物馆，实际上，也要关注如何去参观一座博物馆。1977年，国际博物馆协会将每年的5月18日定为国际博物馆日，以更好地发挥博物馆的社会功能，吸引公众参与和关注博物馆事业。每逢5·18这一天，中国很多博物馆都举办了各种纪念、宣传活动，让更多的人了解了博物馆。

那么，作为一名普通观众怎样去了解博物馆呢？很多人会以为，不就是去看博物馆里的文物吗？不就是通过文物了解历史，学到知识，受到教育吗？这说的都对，但没说全。在我看来，如果去博物馆能做到下面说的"五要看"，那就会事半功倍，不虚此行，收获满满了。

一看选址。一提到博物馆，鲜有人会想，博物馆为什么要建在这里而不是别处呢？一个博物馆建在哪里肯定是有缘由的。比如代表一个国家或城市历史文化的博物馆，大都建在城市中心，像中国国家博物馆就建在北京天安门广场，上海博物馆就建在市中心人民广场。而像北京周口店的古代猿人博物馆，就建在当年他们生活的洞穴和周边，给人以原真性和现场感。还有我们上面提到北川国家地震遗址博物馆，更可以到现场去纪念和缅怀死难的家人、亲朋或同胞。可见，了解了博物馆的选址背景和原因，参观感受可就不一样了。

二看建筑。博物馆建筑是博物馆的实体空间，这类建筑常分两类，一类是老旧建筑再利用，像巴黎卢浮宫博物馆原来是法国王宫，北京故宫博物院是明清皇家建筑群，它们原有功能发生转换，变成了社会公共文化空间；还有一类是新建建筑，比如杭州良渚博物院出自英国建筑设计师戴卫·奇普菲尔德之手，设计理念受良渚出土玉锥形器启发，取意"散落地面的一大把玉锥"，设计成四个平行的长方形盒子，外墙用的黄洞石贴面简洁古朴，追寻良渚古城城墙风格。

三看策展。关注博物馆的策展理念和形式设计风格。比如展厅的灯光系统的照度，是暖色调还是冷色系很有讲究。再比如陈列的展柜有哪些种类？重要文物陈列在独立展柜中，成组文物陈列在靠墙通柜中也有门道。还比如现在流行漫反射不反光的展柜玻璃，增加了观摩展品和拍照的便利。还有，博物馆的门之所以都向外开的，原来是万一出现紧急状况便于观众向外疏散。一个展览的总策展人是哪位？是哪个团队？也都可留意。

四看文物。中国文物分一般文物和珍贵文物两大类别，珍贵文物里又分一、二、三级文物。很多大博物馆的镇馆之宝都是一级文物，甚至是不可出国展览的文物，比如国家博物馆的司母戊鼎、河南博物院的青铜莲鹤方壶、陕西历史博物馆的唐鎏金舞马衔杯纹银壶等。当然，限于展馆面积不是所有文物都能上展，但很多博物馆既有常设陈列，也有临时展览。在临时展览上，有些"藏在深闺人未识"的文物便会展览出来。了解了这些信息，就不会错过那些珍品重宝，大可一饱眼福。

五看服务。过去参观博物馆要么自己看，要么讲解员来讲，后来有了语音导览系统。现在方便观展的手段更多了，比如在手机上下载App，用智慧导览系统，看文物背后信息已非难事。过去博物馆的文物商店多是复制的书画或文物，现在改变服务模式，一是扩大了空间，变成了文创场所；二是变单纯复制为多样创意，研发出许许多多令人喜闻乐见的文创产品。

而今博物馆已成为社会公共开放空间和文化休闲消费场所，参观博物馆也越来越成为我们追求美好生活的一种方式，而学会更好地参观博物馆，也就是一件何乐而不为的事了。

【题外话】

5·12汶川特大地震纪念馆，又名北川地震纪念馆，位于四川省北川县曲山镇。2010年开始建设，2013年正式对外开放。

作为国家级地震主题纪念馆，主要讲述抗震救灾和灾后重建的历程。先后被授予全国爱国主义教育示范基地、国家防震减灾科普教育基地、全国社会科学普及教育基地、全国红色旅游经典景区，2020年入选第四批国家一级博物馆名单，已成为对外展示中国发展道路、发展模式、讲述中国故事的重要窗口，培育和践行社会主义核心价值观的重要载体，开展地震科普研究和防灾减灾教育的重要基地。

名人如厕厕非厕

考古黄泉下，航空宇宙间。这两件事，一个入地，一个上天，好像浑身不搭界。但不知读者诸君注意过没有？越来越多的载人航天发射报道中，媒体朋友们都会带出一些航天员如何如厕的话题。

比如，2008年9月下旬"神舟七号"载人航天飞船发射成功，媒体网上就不乏介绍宇航员如何解手的各种问答。说是宇航员每次上天都要将自己的一部分大小便收集起来，冻结成标本，在返回地球时，供科学家们分析研究。

再比如，2013年6月，中国女航天员王亚平进行了太空授课。授课中，她提到了微重力环境下物体运动的特点、液体表面张力作用等。其实她讲的这些，与另一位美国女航天员苏尼·威廉姆斯（Suni Williams）也是在太空讲过的微重力下，宇航员如何解手的太空生活问题异曲同工，其原理是航天器里的坐便器，要有强大的吸引力，这样才能保证人体排泄物在无动力的情况下，不是往上飘，而是往下落。

还比如，2021年，网上又出现了"神舟十二号上天了宇航员的吃喝拉撒是怎么解决的"的话题。文中说道："航天员们这回要在空间站里待上三个月，他们得适应全新的太空生活，吃喝拉撒自然就是头等大事。水的重要性不必多提，但直接运上去的水可不够用，还得靠一套水的循环利用系统。比如在小便时，就需要用到漏斗形吸嘴收集尿液，接着再导入系统里净化后就能喝了，喝的时候，可能还是得克服一下心理障碍。而要蹲坑的话，太空的体验和地面的体验完全不同，宇航员得把自己先固定在马桶上，以免自己和便便到处乱飘。太空马桶会像一个

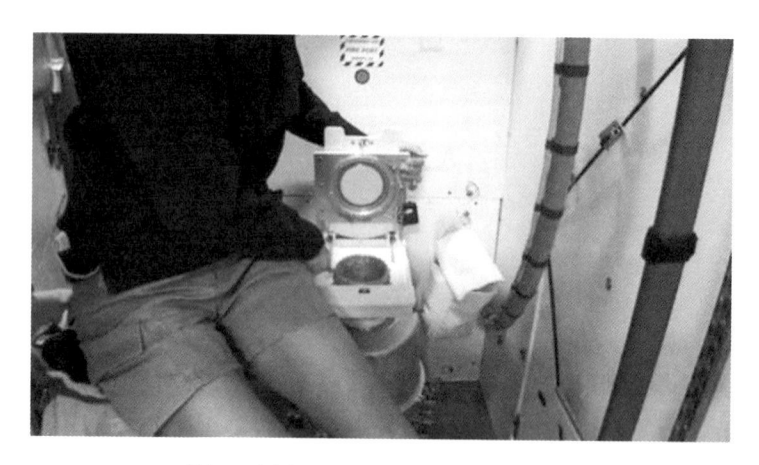

苏妮·威廉姆斯在空中授课时介绍坐便器

真空吸尘器一样,利用气压把便便吸走,不过太空可没有下水道,所以还需要把便便收集起来,脱水压缩并装进密封袋里。然后再带回地球。"

航天员如厕的新闻频率如此之高,让我职业病般地想到了古人如厕的文献记载和考古发现的那些事儿来。

中外古代如厕并被记载下来的大凡三种人,一是文人,二是富人,三是帝王将相之类有权有势的人,大概齐都是名人。

文人如厕,常把厕所当书房用。写出《三都赋》的晋代大文豪左思算是最有代表性的一位。据说左思在写作这一名著时,是在"门庭藩溷,皆著笔纸,遇得一句,即便疏之"的状态下完成的。这里提到的"溷",叫圈厕,也就是我们今天在乡间还能看到的那种和猪圈造在一起的厕所,我早年带着学生考古实习,住在老乡家,常用的就是这种圈厕。

左思的文人圈厕因奇巧合理,还被他冠以"溷轩"之名,古今传为笑谈。《三都赋》面世后,人们竞相传抄,导致洛阳纸张紧俏,于是有了"洛阳纸贵"的成语传到现在。这成语讲左思是穷十年之功完成这一名著的,我估摸左思这十年间,没少在"溷轩"里忙活吧?!

像左思这样,去厕所既干拉撒之事,又行读书之功的,还有编修《册府元龟》的北宋诗人钱惟演。他生长在富贵之家，博学善辞，贯以读书为乐。他说自己"坐则读经史，卧则读小说，上厕则阅小词，盖未尝顷刻释卷也"。北宋政治家、文学家、史学家和诗人欧阳修也有同感，曾称读书的最佳处是"枕上、厕上、马上"。

看这些大文人既能在厕所"形而下"地拉屎撒尿，又能"形而上"地读书、写字、唱词曲，我在钦佩之余的第一反应是，他们的厕所一定不是平民百姓那种简陋味重的茅坑，否则怎么能待得下去？我的想法有据为证，那就是上面提到的第二种人富人如厕和第三种人权贵如厕的事。首先，与左思生活时代差不多的晋代富翁石崇的家里，据说就建有豪华厕所，而五代时的孟昶家里，更有用珍贵的"七宝"来装潢精致溺器的记载，说明古代有钱人家的卫生设施确实已经相当考究了。

这种考究的厕所，往早了说，是2007年初在浙江安吉县出土的2 300年前战国晚期的漆木坐便器，该坐便器包括用10厘米厚的木板做成的马蹄形坐板和扶手等，其大小与现代人用的抽水马桶惊人相似。到了时代晚一些的元明时期，豪华的厕所更有了具体详细的描绘，比如元代山水画家倪云林的香厕，是在一座空中楼阁上用香木搭好格子，下面填土，中间铺着洁白的鹅毛，"凡便下，则鹅毛起覆之，不闻有秽气也"。另外像明末大宦官魏忠贤，这家伙每次如厕，都要用特意备好的金沙粒、香木屑接着秽物。

所以，像左思、钱惟演、欧阳修他们能在"溷轩""厕上"撰写名著、享受人生，没有精致的如厕设施，是万万不可能的。显然，这种上档次的厕所，非有才人、有钱人、有权人莫

浙江安吉出土战国晚期漆木坐便器

属。这就让我们发现了一个长期以来被忽略的学术空域，那就是过去历史和考古的研究者们往往通过华丽的服饰、巍峨的宫殿、辚辚的骑乘、藏宝的陵墓来实证人们的社会地位和等级关系，现在看来，是否拥有或能不能拥有豪华的厕所，也是贫富的象征和身份的标志了。这一点，国外倒是有一些论著，如美国人朱莉·霍兰（Julie Horan）《厕神——厕所的文明史》等，而中国学者们还真就没什么人认真地关注过。

可见，名人如厕已经不再只是趣闻和娱乐层面上的那点事了，甚至按照一些史料的记载，如厕还与国家首脑的安危或家国天下有关。最著名的是《左传》记载的春秋时代的晋景公："将食，涨，如厕，陷而卒。"说的是晋景公在吃东西之前感到腹胀，便上厕所，但却掉到粪坑中死亡。《左传》只用了"陷而卒"三个字来形容景公的死亡状况，使后世的考据家因此有了发挥空间。有人说晋景公生前已得了不治之症，医生诊病后曾说："您的病已经不能治了，在肓的上边、膏的下边，艾灸不到，针够不着，药物的力量也到不了"。成语"病入膏肓"就由此而来，按现代医学就是"心前区"的毛病。有了这样的病根，如果如厕时排便太使劲，就容易猝发心绞痛而死。

离我们年代最近的是胡耀邦同志的去世，据说也与如厕不无关系。前些年由中共党史出版社出版的《特别经历——十位历史见证人的亲历实录》一书中，常年担任中共中央领导人健康保健总管的王敏清回忆道，胡耀邦患心肌梗死被抢救过来后，一旦下床走动，大便用力，都可能发生意外。所以，医生们要求他大、小便不要下床。但胡耀邦总想下床，特别是他对在床上由别人帮助解手极度不习惯，非要上卫生间大、小便，结果不幸的事情发生了。

在国外，古往今来名人逝于厕的事例，信手拈来的也不在少数。早的像1183年，神圣罗马帝国皇帝的八位皇子和不少骑士将军聚会，大概在场人员的体重总量超过了木质地板所能承受的重量，再加上争辩激烈，有人捶胸顿足，木板发生断折，他们都跌落设于城堡下方好几英尺深的化粪池，无一幸免，全部溺毙。晚一点的如1760年10月25日，长期便秘的英国与爱尔兰国王乔治二世（Georg Ⅱ.

August）在方便时用力过猛，心脏病发作而死。再晚一点的是在1796年11月17日，俄国女皇叶卡捷琳娜二世（Екатерина Ⅱ Алексеевна）在国务会议开到一半时出去解手，在厕所突发脑出血而昏迷，37个小时后驾崩。时至现代，伟大的歌唱家"猫王"埃尔维斯（Elvis Presley）也是死于如厕。"猫王"生前特别在意他私人卫生间的独立性，他一般不希望自己在那个房间时有人打扰他。逝世的那天，"猫王"在里边待了好几个小时还没出来。他的助手们开始担心，派人去看情况。结果发现他躺在紧挨着马桶的地毯上，已经断气，据说他也是死于如厕时突发心脏病。

国外名人被暗杀于厕所的，似乎不比病死于厕所的少。217年4月，罗马皇帝卡拉卡拉（Caracalla）率军征讨居住在古波斯北部的游牧民族帕尔特人。8日，他在行军途中下马解手。禁卫军长官指使一名手下，从背后用匕首将他刺死。1562年11月17日，位于现法国西部和西班牙东部的中世纪欧洲国家纳瓦尔的国王安托万·波旁（Antoine de Bourbon）率军围攻鲁昂城（Rouen）。那天，他躲在工事后面小解，敌人用短筒火枪将他击毙。1589年8月1日早上，法国国王亨利三世（Henri Ⅲ）正在大解。一个多明我派教士求见，呈上一纸所谓的"重要情报"。坐在便椅上的亨利三世接过密信读了起来，教士趁机拔刀，刺入他的小腹，亨利三世伤重而亡。名人有死于厕所的，还有在厕所出生的。1500年，神圣罗马帝国皇帝查理五世（Charles Ⅴ）诞生于他母亲如厕时的马桶上。二战期间著名的英国首相温斯顿·丘吉尔（Winston Churchill），据说是在一个舞会的女厕所出生的。

说到丘吉尔，就容易使人联想到二战时盟国三巨头之一的斯大林。（Joseph Vissarionovich Stalin）1945年波茨坦（Potsdam）会议期间，斯大林与英国外相、工人活动家欧内斯特·贝文（Ernest Bevin）在厕所中相遇。据斯大林的翻译瓦列金·别列什科夫（Valerkin Belyashkov）回忆，贝文开过这样一个玩笑：在资本主义世界里，厕所是唯一的地方，只有这里劳动人民可以双手掌握到生产资料。他的意思是说，一个社会要实现平等，最根本是实现生产资料占有上的平等，谈的已经是社会制度那样复杂晦涩的命题了。斯大林如厕有故事，斯大林的儿子如厕却生出了悲剧，他不是因为战斗，而是因为如厕而亡。在二战时德军的一个集中营，当时斯大林的儿子与一群英国军官关在一起。这些军官抱怨他用厕所时总是把里边搞得乱七八糟，他气愤得要求惩罚这些军官。但他恢复名誉的要求没得到理睬，觉得受侮辱至极。于是，他一头扑向集中营的电网，触电而死。

厕所不但是一些名人生与死的空间，还是谋政的隐秘处所。15世纪，英格兰的理查德三世（Richard Ⅲ），在如厕时谋划了杀死自己的两个侄子，最后执掌了政权。15世纪时为了在挑选教皇时保护隐私，罗马主教们曾经齐聚公厕，选举教皇皮乌斯二世（Pope Pius Ⅱ）为领袖。我所在的中国考古界还曾有过一个传闻，说是为了给中国考古学界的泰斗苏秉琦先生编选文集，他的两位学生，后来都位尊中国考古学会副理事长或理事长的俞伟超和张忠培二先生，在为选集商撰《编后记》时，住在三人一间的旅馆里，二人兴起，抽烟弥漫，为了不影响同屋的人休息，只好躲到厕所，一个坐在洗面池上，一个坐在马桶盖上，最后写出的《探索与追求》一文，至今名满学界，成为不少学校指定的中国考古学必读文本。当然，这时的厕所已经不是政客谋国之处，而是文人问道的地界了。

说到文人，他们往往是既把厕所当厕所，又是不把厕所当厕所的。典型的是在《我和李敖一起骂》一书中，李敖女儿写到一个细节："爸爸的家里全都是书……甚至连他的厕所里都放上书架，放上他的书。"这就是说，李敖是把厕所和书房兼容并蓄，一室多用了。复旦大学历史地理学家葛剑雄有一次在巴黎机场一下飞机，为了电脑的电源，把候机大厅的每个角落都寻找了一遍，发现只有厕所才有能为他电脑充电的插座。不过他在忍受厕味之时，可能是因为有电可充，足以应急吧，他后来发表的文章里配发的照片，居然是双手抱肩，一副得意的笑脸模样。他对厕所的关注也不少，还曾专门写过一篇随笔《在欧洲体验不方便的"方便"》发表在2002年11月15日的《中华读书报》上，详细讲了他到过的国家中，美国和日本"方便"最方便，但在欧洲旅行，"方便"往往不那么方便，有时简直成了大问题。

他说，1990年8月的一天深夜，我（葛剑雄）在西柏林动物园车站下火车。本以为车站里总有厕所，所以没有在火车上"方便"。厕所自然是有的，每个马桶间的门却都锁着，除非往孔中塞一个马克。糟糕的是当时我还没有换德国钱，更没有硬币，而车站上的兑换处已经关门。与机器是商量不通的，只得找人商量，向一位美国大学生换了几个硬币应了急。第二天在西柏林参观，免不了又光顾了几个厕所，发现大便处一律得以钱开门，小便处倒也有免费的。还有一次，他在巴黎北站对面一家麦当劳店用餐，付钱时他问收银小姐餐厅内有没有厕所，答有，接着报了一串数字和字母，好像是"0088AA"。他听了摸不着头脑，去到厕所，见门紧闭，以为里面正有人在使用，但等了一会儿不见动静，后面倒有人来了。来人见他不进去，就问："你不用吗？"他说："门关着。"那人问："没有告诉你密码吗？"他这才恍然大悟，原来刚才收银员报的是开厕所门的密码。他如数按门上密码，果然立即打开。

在文化界，像葛剑雄这样关注厕所的名人不乏其人，比如余秋雨就是一位。他曾在巴黎塞纳河左岸的德弗罗朗咖啡馆（Café De Flore），仔细地描写过萨特（Jean-Paul Sartre）用过的厕所："厕所极小，只能容一个便器，墙上有一些涂画，我想萨特曾无数遍地辨认过。"据说咖啡馆二楼的一个靠窗的位置，是萨特和波伏瓦（Simone de Beauvoir）当年经常约会的地点，他俩每天很有规律地坐在这里交谈、写作，即使什么吃的喝的都不点，侍者们照样会把墨水瓶摆在他们常坐的那张桌子上。余秋雨走访瑞士爱因斯坦（Albert Einstein）故居时："在故居里转了两圈，没找到卫生间，开始为爱因斯坦着急起来。怕他也像当初我们住房困难时那样，与别人合用卫生间。这种每天无数次的等待、谦让、道谢、规避，发生在他身上是多么不应该。但一问之下，果然不出所料，顺楼梯往下走，转弯处一个小门，便是爱因斯坦家与另一家合用的卫生间。"余秋雨没有说他为什么会想到爱因斯坦的如厕问题，但我们却从中了解到爱因斯坦竟然是在与别人合用公厕的环境里，提出了划时代的相对论。

余秋雨不是自己如厕，却是现场观厕。像著名篆刻家邓散木连观厕也谈不上，他的做法只能叫借厕喻事了。邓散木曾用过许多名号，所用最多和使用时间最长的居然是"粪翁"。他为什么用"粪翁"这一听来似大不雅的名号呢？邓散木成名后，好多人仿效。邓散木烦而生怒，改名为"粪翁"。他是取《国语》"洁其粪除"，即扫除污秽之物之意。人们不解其意，惯厌粪字，从此再无人仿效其名。与此相应，他还给居室取名为"厕简楼"，自号"厕简子"，朋友来访，他称之为"登坑"。还自刻小印"遗臭万年""逐臭之夫"。说是有一次他在宁波开个人作品展览会，竟用上厕所用的草纸来印请柬。

其实，何止文化人关注厕所，连周恩来也有关心厕所的记载。据当代中国出版社出版的《共和国警卫纪实：鲜为人知的历史真实》一书描写，开国大典前，作为政务院的总理，又是开国大典的总管，周恩来凌晨来到天安门检查现场。周恩来沿着警卫路线看了看，凡是毛主席所要经过或停留的地方，他都详细地一一过问。因为庆典的时间比较长，为了保证毛主席有充沛的精力检阅，大会给毛主席安排了一个休息厅，就在城楼后面。他检查完后问临时厕所搭建得怎么样了？工作人员带他到了城楼东北角临时搭起的男女厕所。周恩来进去看了看，对警卫人员说："厕所里要准备一些檀香，到时候把它点着，放几盆清水、肥皂、毛巾。"

由此可见，厕所是连国家政要都不能轻易忽视的小事。在国外，甚至处理政务还有迷情厕所的故事，像法国路易十四（Louis XIV）就有坐在马桶上接待客人的癖好。据说有"太阳王"之称的路易十四有时竟在如厕时接见外国使节。他视坐厕如王座，如厕时常跷起二郎腿，手持书籍。英国都铎王朝（Tudor dynasty）的国王亨利八世（Henry VIII）不但在住所中修建了几个厕所，还拥有一个黑天鹅绒表面，镶嵌2 000颗金钉的马桶坐圈。

内急而上厕所，原本是每个人的生理之需，可名人如厕，已然与凡人别样。同是面对污秽，凡人是掩鼻躲恐不及，速战速决，可名人却能笑谈尿美粪香，流连忘返。名人如厕之所以生出那许多逸闻，绝非解手、出恭那点本能之事使然，套用"出淤泥而不染"那句话，足可称之为"入茅厕而不俗"，功夫已然在诗外，谋国、害命、成天下，事迹多多，行得早已不是拉尿撒尿那杆子事了。

在名人的概念里，厕所的功能已然变迁，或者用现在流行的话是被颠覆了，说白了就是厕所不再是传统的厕所。其中，有的人本来没什么名气，位不及品，绩不入典，但如厕及其如厕后发生的既偶然又必然的种种事件，反倒使他成了千古名人，成了文化，成了历史，成了遗产。不过，能在史册上留下如厕故事的人和事毕竟不多，因为罕见，所以流传。如果搁在现在，不把厕所当厕所早已不再是什么名人的专利，而是普遍常见的百姓行为方式了。像美国的一家公司对800户家庭进行的一项调查显示，人们每天如厕大概需要35分钟，而且时间越来越长。42%的人通常会在卫生间看书、看报或者看商品目录。随着手机的日益普及，22%的调查对象称自己经常在卫生间与别人通话。另有10.5%的人称，他们会在卫生间看电视或听音乐。而且有意思的是，一到双休日，人们待在厕所里面的时间往往更长。

我们看到，随着现代住居设计建造的空间越来越大，随着社会竞争越来越激烈，如今，很多人已把厕所当成了躲避外界的小天地。在这个普通人都已能拥有的空间里，早年安装音响、摆放电视，甚至煮咖啡那样以往闻所未闻的事，早已司空见惯，而坐在马桶上用手机上网刷屏，也都成了每个人的日常。换言之，名人如厕厕非厕的事依旧会时有所闻，但它已与百姓如厕厕非厕所昭示的社会进化一道，相映成趣、亦谐亦庄，为后世留下新的厕所文明发展史，抑或成为后人判定现代文明程度的新要素，也未可知呢？！

鉴非鉴　缶非缶

2023年，我在湖北省博物馆做了一个讲座，题目是"尊盘的前世今生"，围绕该馆2020年评选出来的十大镇馆之宝之一的出土青铜尊盘，讲了我的研习心得。

这件周王族诸侯国中曾国国君曾侯乙的青铜器，属战国早期，如果它有"身份证"，那么它的信息如下：

- 1978年出土于湖北随州一座大型古墓，墓主人是曾国国君曾侯乙。曾国是楚王征服的随国，一国二名。几百年来，曾国一直是与楚国关系最密切的属国之一，曾文化因此属于楚文化的一部分。
- 曾侯乙尊盘由两件器物构成，一件是尊，一件是盘。两套器物加在一起的通高42、口径58厘米，重约30公斤。
- 曾侯乙尊通高33.1、口径25厘米，重约9公斤；曾侯乙盘通高24、口径57.6厘米，重约19.2公斤。
- 中国首批禁止出国（境）展览文物。

曾侯乙下葬时，人们几乎把墓主人生前所有生活用品都搬了进来。比如青铜礼器和酒器130多件，是我国出土青铜礼器数量最多、种类较全的一次。这些青铜器成组成套，排列有序，是仿照墓主人生前宴乐"钟鸣鼎食"情景安排，其中最著名的就是大家耳熟能详的曾侯乙编钟，也是中国首批禁止出国（境）展文物。

我在讲座中着重解读了这件尊盘的功能，即它到底是不是很多人认为的冰酒器？因为在同一座墓里，还出了另外一套更有名的鉴缶。鉴缶是带盖的，冰放

△ 尊　　　　　　　　　△ 盘

曾侯乙墓出土青铜尊盘

曾侯乙墓青铜鉴缶
（左为没打开的方鉴　右为打开的方鉴）

到里面去，不至于很快化掉；而无盖的尊盘如果放了冰之后，冰不会存留很长时间，也就失去了冰酒的效能。所以我觉得尊盘很可能是冬天用的温酒器，也未可知？！

　　讲完了我的观点，我还顺便讲到了鉴缶的文物利用和当代表达问题，就提到了张艺谋在2008年北京奥运会上的"古为今用"案例。因为在开幕式上的千人击缶表演，借鉴的就是鉴缶的造型。这场表演曾被广泛赞誉，但也没少遭诟病。

　　奥运之后，这些奥运缶被拍卖收藏，进一步引发争议。不少社会人士撰文说，

伍　考古之趣　　301

北京奥运会上千人击缶的场面

缶是古代丧器和贱器，这是中国人应有的起码历史常识。但在奥运开幕式这个全球直播且庄严的仪典上，一边高举传承中国传统文化的旗号，一边却反常地使用这种具有丧器意义的符号，无异于在自扇耳光。奥运缶的确是个重大的文化象征，它的价值就在于以"雷鸣"的方式，说出了文化贱化和濒死的现实。他们一边指责总导演张艺谋到底想干吗？一边说拍卖会上买缶的任何单位是冤大头，是上大当。在我看来，这些等等云云的做法和说法，用鸡说鸡话，鸭讲鸭语，以讹传讹，错上加错，天津麻花拧着劲儿之类的套话俗语来形容，都有得一说。

被张艺谋领衔的奥运创作团队叫作缶的米斗型打击乐器，即我们上面提到的鉴缶这套器物中盛放冰的那件大方鉴。这种鉴体量比较大，纹饰精美，作用有三：一是盛水，水面可照人，当镜子用；二是沐浴，相当于现代的浴缸；三是盛冰，有点类似而今的冰箱。可见，这种方鉴并没有直接的乐器功能。但之所以被张艺谋团队借鉴为打击乐器，是因为鉴里，置放着一个叫作缶的小口鼓腹平底的器物。该缶尽管出土时是置放在冰鉴里的酒器，看似与乐器没有关系。但它除了作酒器外，还可以一器多用，有多种功能，其中一种便是在古代可以"击缶而歌"。

由此可见，张艺谋团队不是直接，而是拐了好几个弯才间接地借鉴了鉴的外形，取义了缶的功能、名称及其象征性，半模仿半改良为类似于鼓效果的演出乐器，把鉴这种古器演绎成了缶。说得通俗点，就是张艺谋他们仿制了一个叫作"鉴"的古代冰箱，但却不把它叫鉴，而是用鉴里放的一个叫作"缶"的罐子来给鉴命名，因为这个罐子在古代有"击缶而歌"的作用，而鉴没有这类功能。这与其说是一丝不苟的写实复制，莫如说是取其大略的写意仿制，即便进一步说是一种摹古的现代艺术创作，也不是讲不过去的"二次创作"。另外，即便叫缶，也是今名，而非古称，不一定非要古今画等号不可。如果一定较真儿的话，指出张艺谋团队是张冠李戴、偷梁换柱、借鸡生蛋、以假乱真之类，也不能说道理全无。

我浏览了一下有关奥运会用缶的负面说辞，发现持这类观点的人士基本都不是文物学人，对缶的解读多有不专，尽管他们罗列了许多史料，但多拣对自己有用的说，给人先入为主、立论在前的印象，借物说古、借古讽今的意味浓郁。丧器和贱器是新名词，无论文物考古界和民俗界几乎从没有这类说法，我估计是对奥运缶持否定态度的人士新创的。古代的缶是一种小口鼓腹造型的平底器物，有盛放酒之类液体的功能，有时也能"击缶而歌"。可见，缶在古代，不是专用的丧器。那些指责张艺谋及其团队的人，不说别有用心，也属于指鹿为马，将自己的解读和演绎强加于众，实在是有点无稽之谈了。

这也就是说，持奥运缶是丧器或贱器说的人士是较真儿一族，所以他们没有把它作为仿古艺术品，而是当作古代真器来品头论足，迸发文化新见，也不无道理。不能因此就诋毁他们是没事找事，咬着木头橛子硬犟了。至于有人说对这种可以古为今用的仿古之作，批评者们干吗那么不厚道，像看了文学作品后，喜欢当真事儿似的——对号入座，主动入瓮，自落陷阱，拿着不是当理说，对着仿器叫珍品，进而还品评该珍品的文化寓意和象征性等，我看也不必求全责备，借用人家伏尔泰的那句话叫作"我不同意你说的话，但我坚决捍卫你说话的权利"。多些个说法总比仅一个说法活跃，非一种观点总比只一个标准多样，文化生态由是不再贫瘠而是丰茂，有山有水有河流，谁对谁错已在其次。

不过有一点我看是要提出商榷的，那就是拍卖收藏奥运缶并不是冤大头，也不是上大当。别的不说，就说现代的艺术品也是不乏纪念和收藏意义的文创产品，更何况像奥运这样的人类盛会的用品，而且听说制作奥运缶的模具已被销毁，奥运缶成为不可再生的文化资源。需要强调的是，用收藏的价值观考量，别说正面的作品收藏，即便现在被认为是所谓的丧器或贱器，也不是没有收藏价值的。因为对于我们的子孙后代来说，我们现在的审美观，不等于是他们的审美观，我们现在认为是正确的，可能恰恰是他们的反动。但我们有责任有义务为子孙收藏现代，尽可能多地保留现代人类的行为方式及其用品，延展人类的文脉，这不但是不该置疑的，还是应该提倡的，哪怕这些藏品不符合我们现在的主流价值观的判断。

2008年至今，不过刚刚过去十几年，借用或者说借鉴古代器物的造型、颜色、纹饰、质地、工艺这些要素，做二度创作，做文创产品，做当代表达，做活化利用，现而今已经成为一种创意，一种时尚，一种网红，一种趋势。我们的观念，我们的志趣，我们的宽容和包容心态，我们的多元和开放胸怀，都已经发生了2008年那时难以想象的巨大变化。

仅2023年，在我参加或观看过的两次大型活动中，就见到了当年张艺谋团队的创新形式和理念，得到了传承，得到了弘扬，得到了认可，再也没有人出来吐槽和呛声。它们分别是：2023年在浙江缙云举办的仙都黄帝祭典上的击鼓场面，用的基本上就是"原汁原味"的张艺谋版的"击缶而歌"；2023年在杭州召开的亚运会开幕式上，则用五千年前良渚文化的玉琮造型元素作鼓的击鼓场面。这就更让我想起了这两年我们常说到或听到的一系列高站位的表述：要通过文物发掘、研究、保护、利用，更好地传承中华优秀传统文化。着力推动文化事业和文化产业繁荣发展，着力赓续中华文脉，推动中华优秀传统文化创造性转化和创新性发展。

缙云黄帝祭典击鼓场面

2023年亚运会开幕式击鼓场面

【题外话】

新挖一座古墓不是媒体选题,被盗一座古墓却是公众选题;讲一个考古学家传奇不是媒体选题,说一段盗墓贼的故事却是公众选题;考古把历史又提前了一千年不是媒体选题,考古把历史拉后了五百年却是公众选题。这些说法对不对?

"考古入坑"和"考研上岸"

入坑，是个网络流行词，意为喜爱某样事物，专注地投入其中。"入"含有心甘情愿、奋不顾身的意思；"坑"字常用来形容追新的状态，称之为"已入坑"。这种表达方式，对我们一些中老年朋友来说，有点云里雾里，不明就里；对于青年朋友来说，可就再熟悉不过，而且越来越多被大家驾轻就熟地用到了考古上，名曰"考古入坑"。

"考古入坑"者有三类，第一类自发入坑态，多为考古票友，不入职，不兼职，不是藏家，不为发财，有闲没闲，有钱没钱，玩的就是一个喜欢，一个快意，一个乐趣，甚至一个奉献；第二类是自觉入坑态，多为第一志愿报考考古专业的学生，憧憬"上穷碧落下黄泉，动手动脚找东西"，立志献身考古事业；当然，也有的是看考古书刊和影视综艺看多了，被洗了脑，被灌了汤，梦想仗剑走天涯，矢志持铲下田野；第三类是被动入坑态，大多是报考大学时被调剂到考古专业来的学生，从不喜欢到喜欢，或相反；还有不少人压根不知道考古何物，稀里糊涂就"入了坑"。

行文可以倒叙，咱们先说第三类"入坑"者，就从先师张忠培先生说起吧。

1952年，我还没有降临人世，读者诸君大多也没有出生。18岁的张忠培从名校长沙市长郡中学考到了北京大学历史系，正赶上北大这一年要办新中国的第一个考古专业，时任历史系系主任、大名鼎鼎的翦伯赞先生亲自来动员，希望一些同学能去学考古专业。

原本打算学历史的张忠培，不知考古为何物？便去问他非常喜欢的母校长郡中学教历史的老师,到底选什么专业好?老师建议他:"学考古吧,中国考古学更需要有作为的年轻一代去开拓。"就这样,原本带着学习历史专业的目标来的张忠培,结果进了一个自己完全不了解的专业。

在进入考古专业后,张忠培发现一切与当初的设想并不一样。他在《考古张忠培》的口述史一书中说道:"我多少有些失落和不满,觉得考古都是讲怎么鉴定砖头瓦块、坛坛罐罐、破铜烂铁,认为很晦气,缺乏历史线索,很多东西还不能自圆其说,也理不出一个理论路子来。"

他苦闷到极点:"我打过退堂鼓,心说怎么进了这么个专业呢?我觉得类型学过于搞形式主义,有些'见物不见人',只是历史沉积表象的叙述,不探究事物内部的原因,没有知其然、知其所以然的深层思考,导致我有很长时间对考古没有什么太大的兴趣,老去图书馆看闲书,翻杂志。"

张忠培就这样在考古专业学到了大三,系里安排他们到西安半坡遗址去实习。经过半年在半坡的实习,他才把考古工地上的考古和课堂上学到的考古结合了起来,才一点点知道了考古原来是怎么一回事情。发掘完了之后,又对发掘的材料进行了整理,懂得了野外发掘和室内整理的关系,发掘的过程也是研究的过程,研究的过程也是发掘的过程。有了这样的基本训练,再回忆课堂讲的内容,很多都对上了号,觉得收获很大,开始对考古有了认识和感情。他说:"这次实习给了我启发,田野是考古知识的源泉,要自己动手搞发掘。田野发掘技术水平的高低,对遗存的揭露是有决定性的。我们首先要把田野考古搞好,一定要懂田野,才能成为一个考古学家。"

比张忠培晚一年考上北大的严文明先生,也是在不太了解什么是考古学的情况下,被动"入坑"的。1953年,严文明从湖南长沙一中考入北大。本想学习物理学的他,第一志愿是物理系,却被录取到了第三志愿历史系。在时任考古教研室主任苏秉琦先生的建议下,结合自己的兴趣和特长,他选择了考古学作为自己的专业。他回忆说:"当时历史系有一个考古学专业,考古专业的主任叫苏秉琦,他找我,说听说你理科成绩很好,身体也不错,我看你学考古吧。就这样,我到了考古专业。"和张忠培一样，直到大三在田野实习中，严文明对考古的热爱，才在他心中扎下根来。

他是怎么回忆自己"入坑"这段经历的呢？他说："我的实习是当时很有名的北京人的发现者裴文中带队，先到内蒙古赤峰研究红山文化，后到林西研究细石器文化。跟着他一直很愉快，感觉考古不是那么很辛苦的事儿。这么一来，我就对考古发生兴趣了，所以他是我考古学的引路人。大家都觉得严文明是不是开始就对考古有兴趣，我说完全不是，后面歪打正着，既然走上这条路了，我就踏踏实实地把它做好。"

2023年12月，"第五届世界考古论坛"将"终身成就奖"授予严先生，这是论坛首次授予中国考古学家该奖项。颁奖词中说："这不仅是对严文明先生在推进考古学科发展上的杰出贡献的认可，更是对他不懈地向公众宣传考古学对于当代社会及人类共同未来重要性的肯定。"

第二类坑友没啥可说的，天生立志，坐地喜欢，拦也拦不住，挡也挡不牢。早年不敢讲，近年考古热，第一志愿填报考古专业的大有人在，这就不需多说了。我想说道一下的倒是那些考古书刊和影视综艺看多了后"入坑"的有志青年们。

话说1960年，上海少儿出版社出版了一部名为《古峡迷雾》的科幻小说，小说讲述了一个考古队在巴蜀山区经过惊心动魄、九死一生的磨难，终于揭开正义与邪恶全部真相的故事。作为中国第一部考古题材科幻小说，《古峡迷雾》不但开辟了中国科幻文学的新题材和新篇章，还在向公众普及考古学上产生了积极作用，很多青少年通过这部小说知道了考古学，不少人还报考了在他们看来既神秘又好奇还充满幻想的考古专业，成为现而今活跃在考古界的骨干力量。比如现任浙江省文物考古研究所所长的方向明就曾回忆道："我小时候读过《古峡迷雾》连环画，在乡下大操场看过《珊瑚岛上的死光》，印象太深刻了，读大学之后方知原来是考古学家写的。"

方所长提到的这两部作品是比我们早一代的考古学家童恩正先生写的，在后面我还会提到。这里想说的是，公众考古图书绝大部分都来自专业学者的写作，这从第一代考古学者们开始就已经成为一个迭代的传统。一方面他们是考古成果的发现者和研究者，最有权威性和发言权，另一方面考古的专业门槛较高，没有一定接触和感受的人较难写出让人称道的作品。一代又一代考古工作者写作、编著过的面向大众的考古读物，作品量难以数计，作者数不胜数，为科普考古作出了难以估量的贡献，不但扩大了考古学科和考古成果的传播力和影响力，还改变了很多年轻人从了解考古到爱上考古乃至投身考古的人生。早年写过《考古不是挖宝》《考古好玩》两本考古随笔的我也有过亲身经历。

话说有一年我去安徽开会，有一个年轻后生见面就先给我鞠了一躬，搞得我一愣。他说："高老师，感谢您改变了我的一生！"我更糊涂了："啊？！我不认识你呀，怎么会改变你呢？"他说："我是看着您的书才学了考古的！您的书是考古第一爽文，看得懂，有意思！我就报考了考古专业，毕业后就到考古所工作了，现在已经是考古人啦！"他一番话说完，我方恍然大悟，哈哈大笑："这是考古的力量，你得感谢考古啊！"

至于第一类"入坑"者，我是真心佩服。作为自发"入坑"者，他们都不是考古行业的从业人员，就是业余爱好，实打实的是真心喜欢考古。我在微博的"考古老高"上经常发帖，就有这类朋友随时跟帖，发表他的研究观点。虽说这些观点不像受过专业训练后的学者那么严谨，但谁又能说考古只能是考古学者的自留地，不允许旁人来发言呛声呢？我的师爷苏秉琦先生常说，考古是人民的事业，既然是人民的事业，人民参与得多点有什么不好？！

其实，这里我更想说的是那些愿意积极参加各种考古活动的考古志愿者们。我看到过四川省文物考古研究院的一个前些年的统计，说注册在他们院的志愿者已达数百人，包括中学和高校学生、政府人员、退休人员、企事业单位领导等。这些志愿者可参与到考古现场发掘、考古发掘整理、库房整理、文物资料整理、公众考古宣传等工作中。

2024年"5·18博物馆日"，我在上海崧泽遗址博物馆庆祝该馆建成十周年的纪念论坛上做讲座，就遇到过一位老者找我签名。他拿出一张2014年5月18日崧泽遗址博物馆开馆的纪念封给我看。我一看，惊讶地张大了嘴巴。这张纪念封上居然有我十年前在上面的签名。感慨之时，我在上面又给他再写了"让文物活起来"，还合影留念，向他致敬。其实类似的事我还遇到过不止一次，2023年8月27日我在上海博物馆配合"实证中国：崧泽·良渚文化大展"的公众讲座上，也遇到过一位来找我签名的老大姐。她手里拿着一本我2012年9月给她签过名的《考古不是挖宝》一书，请我再给她签名。她说，她原来在北方一家博物馆做了十多年志愿者，近年跟着在沪工作的孩子住到上海来，好不容易经过考试选拔又报了上博的志愿者。我问她做什么？她说主要讲解青铜器，包括那些考古出土的上海青铜器。我被她打动了，给她拿的书上不但又签了名，还写了："感动！！！实证中国大展再相遇。"我用了三个惊叹号。

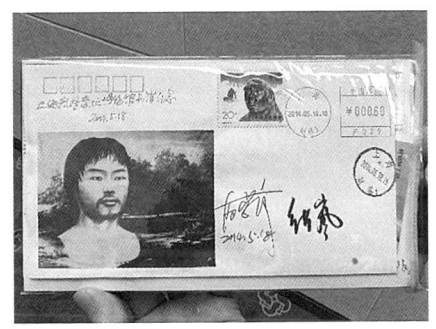

与考古爱好者签名合影

有"考古入坑"，就有"考古出坑"。"出坑"也叫"退坑"，也是网络用语，意为放弃原先专注的某样事物，表示不想再在这个圈子、坑里待的意思。"考古出坑"的类型很多，前提是曾经在"坑里"待过，不论是学习过，还是工作过。

"考古出坑"者也，放弃初衷者有之，转投它行者有之，皆各行都有的常态，不足为奇。我这里想说的"出坑"者，可以上面提到的考古学家兼科普作家童恩正先生为例，看看他是如何"破圈"的。那就从这几年流行的《三体》和《流浪地球》说起吧。

《三体》和《流浪地球》等图书、科幻影视作品播出上映，标志着中国科幻文艺创作又进入了一个新阶段，影视改编的原著作者刘慈欣先生更是广为人知的新一代科幻作家。我之所以说这是新阶段和新一代？那是因为中国的科幻文学起步很早，已经走过了近百年的发展历程。当初，中国科幻文学作品多来自外国，比如鲁迅就译过儒勒·凡尔纳的《从地球到月球》和《地心游记》。

新中国成立后，本土科幻作品出现了第一次创作高潮。在这批作者群体中，便有了一位年轻考古学人的身影，那就是当时正在四川大学考古专业学习的大学生童恩正。1959年夏，童恩正随老师到三峡考古调查发掘，三峡的壮丽景色和神秘的遗址古墓激发了他的创作灵感。他便构思了寻找中国古代巴国起源的故事线，用一周时间写成了考古队在巴蜀山区经过惊心动魄、九死一生的磨难，终于揭开正义与邪恶全部真相的中国第一部考古题材科幻小说《古峡迷雾》，开辟了中国科幻文学的新题材和新篇章。上海少儿出版社1960年用最快速度推出了这部作品，后来多次再版，译成多种语言发行，影响至今。

童恩正毕业后一度进入峨眉电影制片厂做编剧，把《古峡迷雾》改编成了电影剧本，可惜后来搁浅，未能提前改写中国科幻电影史年表。然而，改革开放后，他又在《人民文学》上发表了影响力更大的《珊瑚岛上的死光》，获1978年度全国优秀短篇小说奖，成为中国科幻小说获得的最高文学奖，还随即被改编成话剧、广播剧和多种版本的连环画，至今被誉为中国科幻小说重文学流派代表作。

《珊瑚岛上的死光》讲述了中国科学家在珊瑚岛上，利用激光武器打败国际黑势力，捍卫人类和平的故事。这篇小说在1980年被很快搬上银幕，成为我国第一部科幻电影。影片中，那些颇具神秘色彩的海底长廊、水下电梯、空间放电、激光大炮，打开了当时中国观众的无限想象力，填补了中国电影艺术创作中的科幻片空白，开启了现今《流浪地球》等新一波科幻文学影视作品再创新的先河。

童恩正先生堪谓第一代创作科幻文学作品的代表性或领军型人物，是将中国科幻文学转换成影视表现的积极探索者和先驱践行者，是边考古、边科创的"两栖型"学者+作家，既是"入坑"者，又是"出坑"人。作为誉满中外的考古学家，他著作等身，培育后学；而他的科幻作品还有《电子大脑的奇迹》《失踪的机器人》《古代饰片之谜》《雪山魔笛》《宇航员的归来》《追踪恐龙的人》《在时间的铅幕后面》《石笋行》等，现也多结集出版。

天妒英才，时不假年，生于1935年的童恩正1997年英年早逝，但贯穿于他整个创作历程的既有考古史实根据，又有浓郁科幻色彩的考古题材科幻作品，还将吸引年轻人继续"入坑"考古领域，还将影响很多人"入坑"科幻考古创作乐园，改变一说到科幻就是未来世界的传统认知，打造考古探索久远过去的古代科幻题材。

"出坑"吸引年轻人再"入坑"考古艺术领域不是空话，而是反转。因为我就见到过新一代考古人携全新的世界观进入考古行业所带来的改变。2017年我收到一本作者为李子一寄来的公众考古代表性漫画作品集《考古入坑指南》。她以狐狸"阿三"形象的自画像，讲述了自己在2014年参加本科考古实习的经历，用自己擅长的画笔描绘了她眼中和心里充满生活气息与好奇精神的考古学世界。她"入坑"学考古和"出坑"画考古的金句是——"我想用自己的方式来解读考古，让这个充满魅力的学科被重新认知"。

聊完"考古入坑"，再说点"考研上岸"，当然是考古考研那些事儿。当然，也不乏"考本上岸"做前奏"入坑"考古这一行的那些年轻学子们。因为我经常收到学子们的各式问询，或考本，或考研，我通常都愿意回复，这里就一并作答吧。尽管这只是我一个考古过来人的管窥之见，仅供参考。

我在不同场合不止一次地说过，考古恐怕是这世上最难自学成才的学问，因为它需要到田野实践中去"动手动脚找东西"。不上大学、不摸门道，不解行规，不遇行家，成不了里手。所以，要想成为一名考古学者，没别的出路，只有先考上大学的考古专业，接受正规系统的考古教育，这就叫考古学的"考本上岸"。

如何"考本上岸"？按照通常考大学参加高考就是了，没那么多"弯弯绕"。关键是报考哪所高校的考古专业，那得看你是不是达到了哪类高校的录取分数线。过去考古专业多设在知名高校，现在考古热，一些不太知名的高校也有了考古专业，让学子们的"上岸"机会大增。但这里的区别是，很多同学和家长不了解考古学的专业属性，以为凡是和古代文物搭边的就是考古，这就不是闹笑话，而是毁人生了。如果可以敲黑板的话，我要强调的是，现在考古学是一级学科，它下面有很多二级学科，考古学、科技考古、文化遗产和博物馆学等，都是细分后的二级学科。有的学校侧重考古学，比如北京大学、吉林大学、山东大学、南京大学等；而我在的复旦大学和浙江大学、南开大学等则以博物馆学或文物学见长，有些地方高校比如北京联合大学应用文理学院则是"全产业链"化的宽口径办学模式，大多的专业方向都有。这些都是首要"明辨是非"的，最好报考填志愿前要去问明白人，做对的事。

"考本上岸"？后怎么办？这才是一个学子能不能成为日后的考古学者或考古学家的"真章"。我看过本科毕业于吉林大学、后来留学海外学成归国在中国人民大学任教的陈胜前教授写过《如何成为一名考古学家》的文章。他说：在本科阶段，必定会涉及石器时代到历史时各个阶段的"六大段"的考古，还有考古学导论、考古学史等基础理论课程，还会有考古摄影、考古测绘、考古绘图等方法课程。一般在大学三年级开始一个学期的田野考古实习，系统学习田野考古的方法，包括调查、发掘、整理等，另外当代考古学的科技含量越来越高，科技考古的相关课程自然也是越来越多。我上面提到北京大学严文明当初因物理学得好，被苏秉琦看上了，就"入坑"考古一行了，讲的就是考古学的跨学科特点超过一般的文理科专业。所以，有文理兼修特长或有绘画基础的学子报考考古专业，成为一名张忠培、严文明那样专业考古学家或成为童恩正那样的"两栖"型考古学家甚或成为李子一那样的考古绘本新画师，可能性大增，这用京腔话说叫"瞧好吧您呐"，用上海话说叫"灵额，灵额，莫问题"。

比起"考本上岸"，"考研上岸"对于很多人来说，是开启人生学习下半场特别是择业门槛的一个新选择。因为这几年考古热是热了，但都是社会大众化的热，考古用人单位的入职门槛还是不低的。通常来说没有考古专业研究生的文凭，被录用的可能性就不是太大，倒也是不能不正视的一个严峻现实。而且据我所知，不少考古研究单位通常还有个半透明半不透明的入职"杠杠"：本科学的是考古专业。所以，我经常劝那些本科不是考古专业出身，没在田野里摸爬滚打过，可矢志要报考考古研究生的学子们，学可以学，报可以报，但求职难，入职更难，即便求职入职"上岸"成功也还是在谋发展中难上加难，务必千万要"一颗红心两手准备"哦，是嘱。

"考研上岸"对很多学子来说，在上大学的初期是没有方向和动力的。我经常说，一个学子甚至一个人一生的成功与否，关键年份在"大二"。为什么？因为"大一"是熟悉大学生活、认知专业的一年，青涩的苹果，通常还不会有什么考研构想。"大二"则是大学四年里最可以"躺平"的一年，因为经过"大一"，该熟悉的熟悉了，该认知的认知了，"大三"的紧张实习还没来，"大四"的就业压力还没到，有的人就放任自流了。而那些志在"考研上岸"的先行者们这会儿却时不我待，毫不懈怠，开始启动备考程序了。每个人的"大二"就这样变得不同，人生也可能就从此不一样了。

我看过一条消息，说是在2024年2月，2024年考研初试成绩陆续公布。在这场438万人的竞赛中，只有不到30%的人能成功上岸，剩下的七成，被称作"炮灰"或"陪跑者"的分母。就业焦虑下，留给这群春天的失意者、失利者的伤心和迷茫的时间并不多，超过300万人仍需要继续寻找人生新的可能性。而很多"考研上岸"的学子说，"本来我以为我做不到，考研之后我发现自己做到了！"我觉得这里面一定不乏"大二"就出发的先行者。人生不二，全在"大二"，我说的就是这个道理，算作金句，也不为过。

说到"考研上岸"后的读研的生活，也并不是考上了就轻松了。我在吉林大学跟张忠培先生读硕士的时候，他对所有学生毕业论文的选题，都有着他追求中国考古学之道的全盘布局和总体设想，谁写什么，谁做什么，都要与他的中国考古学谋篇布局和考古学学科建设"同频共振"，不太能由得我们自己选。我中小学的时候学过十年画画，想选美术考古方向写毕业论文，登门去请教，还没等说完，就被"骂"了出来。后来他叫我做长江下游的史前考古，我便只好写了《长江下游苏皖平原地区的考古学文化研究》，答辩时居然备受好评，不在话下。这种改变我过去画画形成的形象思维方式，为科研课题写作的逻辑思维方式的严师之教，彻底改变了我的人生，感激不尽，时常叹曰：人生幸遇好老师！

而我在复旦大学历史地理研究所跟从葛剑雄教授读博士做毕业论文选题时，葛老培养学生则是另外一种风格。他会让你根据之前的基础和研学志趣来选题，他再帮你校正，原则上不会给你个题目叫你去做。而且我印象中，在复旦大学历史地理研究所的学习和研究风气中，导师原则上是不轻易给学生找毕业论文题目的。如果一个研究生自己找不到毕业论文题目，是件很丢人的事，不是导师丢人，是学生自己丢人，原因很简单：你看书不够嘛，你用功不足啊！

以上，既赠给那些"考古入坑"了自然就是考古坑友的同道们，也送予那些不愿"考古入坑"，也压根儿没想过"考研上岸"这档子事儿的朋友们，互鉴共勉。

考古当读什么书

我时不常地会被人找去做考古讲座,听者中有不少是非考古专业的人士。或者,我每年都要开设全校所有专业同学都可以选修的通识类考古课,诸如《考古与人类》《考古发现与探索》之类,他们也都是非考古专业的同学。开这等讲座或上这种课,不像纯专业那样可以介绍或指定专业的参考书,但又总会被要求推荐考古读物,愁煞我也。

考古荐书愁的是,大家来自各行各业,形形色色;学历层次有高有低,参差不齐。有的是中小学生,有的是国家干部,有的是企业老板,有的是高端爱好者,有的是低段位看热闹者,等等。推荐高了,举凡低了,都不能做到"普度众生"的境界,实在作难。后来我想了个办法,就是按照大致相同的程度,分门别类地推荐相应的文本。于是有一天,就抽冷子写了两个荐书单,贴在了学生们常去的一个网站上。其中,一篇是给中学生们的,比较简单,数量不多:

知原主编:《面向大地的求索——20世纪的中国考古学》,文物出版社,1999年。

[英]保罗·巴恩著,覃方明译:《当代学术入门——考古学》,辽宁教育出版社、牛津大学出版社,1998年。

[英]保罗·巴恩主编,郭小凌等译:《剑桥插图考古史》,山东画报出版社,2000年。

[英]保罗·巴恩主编,郭小凌等译:《考古的故事——世界100次考古大

发现》，山东画报出版社，2002年。

［意］L. L. 卡瓦利—斯福扎等著：《人类的大迁徙——我们是来自于非洲吗？》，科学出版社，1998年。

［德］C. W. 西拉姆著，曾晓祥译：《西拉姆讲述考古的故事》（上下册），东方出版社，2004年。

［美］斯宾塞·韦尔斯著，杜红译：《出非洲记：人类祖先的迁徙史诗》，东方出版社，2004年。

陈淳著：《当代考古学》，上海社会科学出版社，2003年。

［美］肯尼思·L·费德著，陈淳译：《骗局、神话与奥秘——考古学中的科学与伪科学》，复旦大学出版社，2010年。

曹兵武著：《考古学：追寻人类遗失的过去》，学苑出版社，2004年。

苏秉琦著：《中国文明起源新探》，商务印书馆（香港）有限公司，1997年。

朱启新编：《考古人手记》（三册），生活·读书·新知三联书店，2002年。

叶文宪著：《趣味考古》，上海古籍出版社，2002年。

高蒙河著：《考古不是挖宝》，山东画报出版社，2009年。

许宏著：《最早的中国》，科学出版社，2009年。

陈杰著：《实证上海史——考古学视野下的古代上海》，上海古籍出版社，2010年。

另一篇《向大学生推荐可以看看的考古书》，当时也是心血来潮，没多寻思，像东北冬天储藏大白菜似的，甩开膀子堆出一垛来，高低错落，也没太校对，就贴了出去。后来有人帮我数过，竟有几十多本（组），众呼太多了，太多了！

1. 中国社会科学院考古研究所编：《考古中华》，科学出版社，2010年。

2. 考古杂志社编著：《二十世纪中国百项考古大发现》，中国社会科学出版社，2002年。

3. 龚良主编：《中国考古大发现》（上、下集），山东画报出版社，1997年。

4. 刘庆柱主编：《中国考古发现与研究（1949—2009）》，人民出版社，2010年。

5. 苏秉琦著：《中国文明起源新探》，商务印书馆（香港）有限公司，1997年。

6. 苏秉琦主编，张忠培、严文明撰写：《中国远古时代》，上海人民出版社，2010年。

7. 知原著：《面向大地的求索——20世纪的中国考古学》，文物出版社，1999年。

8. [英]科林·伦福儒、保罗·巴恩著，中国社会科学院考古研究所译：《考古学：理论、方法与实践》，文物出版社，2004年。

9. [英]保罗·巴恩著，覃方明译：《当代学术入门——考古学》，辽宁教育出版社、牛津大学出版社，1998年。

10. [英]保罗·巴恩主编，郭小凌等译：《剑桥插图考古史》，山东画报出版社，2000年。

11. [英]保罗·巴恩主编，郭小凌等译：《考古的故事——世界100次考古大发现》，山东画报出版社，2002年。

12. [意]L. L. 卡瓦利—斯福扎等著：《人类的大迁徙——我们是来自于非洲吗？》，科学出版社，1998年。

13. [德]C. W. 西拉姆著，曾晓祥译：《西拉姆讲述考古的故事》（上下册），东方出版社，2004年。

14. [美]斯宾塞·韦尔斯著，杜红译：《出非洲记；人类祖先的迁徙史诗》，东方出版社，2004年。

15. [美]罗伯特·沙雷尔等著，余西云等译：《考古学：发现我们的过去》，上海人民出版社，2009年。

16. [美]约翰·格里菲思：佩德利等著，李冰倩译：《希腊艺术与考古学》，广西师大出版社，2005年。

17. 吴汝康等著:《中国古人类遗址》,上海科教出版社,1999年。

18. 贾兰坡、黄慰文著:《周口店发掘记》,天津科学技术出版社,1984年。

19. 陈淳著:《当代考古学》,上海社会科学出版社,2003年。

20. 陈淳著:《考古学研究入门》,北京大学出版社,2009年。

21. 贾兰坡主编,陈淳编著:《中国猿人》,上海科技教育出版社,1998年。

22. 张自成、钱冶编:《复活的文明——百年中国伟大考古报告》,团结出版社,2000年。

23. 中国文物报社编:《大考古——考古·文明·思想》,济南出版社,2004年。

24. 李伯谦、徐天进编:《考古探秘》,科学技术文献出版社,1999年。

25. 陈星灿著:《考古随笔》,文物出版社,2002年。

26. 陈星灿著:《考古随笔》(二),文物出版社,2010年。

27. 曹兵武著:《考古学:追寻人类遗失的过去》,学苑出版社,2004年。

28. 于秋伟等著:《百年重大考古发现秘闻录》,齐鲁书社,2004年。

29. 朱启新编:《考古人手记》(三册),三联书店,2002年。

30. 朱启新著:《谈文说物》,上海书店出版社,2002年。

31. 叶文宪著:《趣味考古》上海古籍出版社,2002年。

32. 高蒙河、黄颖著:《三峡考古记胜》,香港中华书局,2003年。

33. 杨永平、潘碧华著:《考古新手记趣》,香港中华书局,2003年。

34. 郭大顺等著:《考古人和他们的故事》1辑,学苑出版社,2006年。

35. 汪宁生等著:《考古人和他们的故事》2辑,学苑出版社,2006年。

36. 王仁湘主编:《中华文明之旅丛书》第一辑12册,四川人民出版社,2004年。

37. 王仁湘主编:《华夏文明探秘丛书》40册,四川教育出版社,1998年。

38. 殷玮璋主编:《百年考古之谜》,中国经济出版社,2001年。

39. 熊传薪、游振群著:《中国重大考古发掘记·长沙马王堆汉墓》,三联书店，2006年。

40. 袁仲一著：《中国重大考古发掘记·秦兵马俑》，三联书店，2004年。

41. 方辉著：《国宝档案——国宝文物背后的历史真相与考古秘闻》，新世界出版社，2006年。

42. 张光直著：《考古人类学随笔》，三联书店，1999年。

43. 后晓荣、王涛编著：《科学发现历史——科技考古的故事》，北京出版社，2004年。

44. 杨善清、杜久明编著：《中国殷墟——去安阳认识古代文明》，上海大学出版社，2006年。

45. 唐际根著：《殷墟：一个王朝的背影》，科学出版社，2008年。

46. 张东霞、孙良刚、许蕾编著：《考古中国》，中国青年出版社，2006年。

47. 高蒙河著：《考古不是挖宝》，山东画报出版社，2009年。

48. [美]肯尼思·L·费德著，陈淳译：《骗局、神话与奥秘——考古学中的科学与伪科学》，复旦大学出版社，2010年。

49. 王子今著：《中国盗墓史》，中国广电出版社，2000年。

50. 岳南等著：《中国盗墓传奇》，中国画报出版社，2007年。

51. 岳南著：《千古学案：夏商周断代工程纪实》，浙江人民出版社，2001年。

52. 巫鸿著：《武梁祠：中国古代画像艺术的思想性》，三联书店，2006年。

53. 巫鸿著：《黄泉下的美术：宏观中国古代墓葬》，三联书店，2010年。

54. 张学锋编著：《中国墓葬史》，广陵书社，2009年。

55. 李零著：《铄古铸今：考古发现和复古艺术》，三联书店，2007年。

56. 吴宏堂、王风竹著：《守望大三峡》，文物出版社，2010年。

57. 中国大百科编委会考古学编委会编：《中国大百科全书·考古学》，中国大百科出版社，1986年。

本来，我的初衷是向那些非考古专业的同学推荐点可供他们看着玩玩的不太纯专业的书。因此，这些书目有深有浅，浅的为主，对象是那些跨专业选修考古课的同学。若说纯考古专业的同学看看也不是不行，比如一年生入门寻径，最该精读，越多越好；二年生择其经典，看看也将就；三年生就有点浅了，粗读即可，或跟上出版节奏，晓得又出了哪些新书，心中有数；四年生你还没看过，甚或还乐此不疲，不分高低，一股脑地都作为纯专业书来读，那就上岸回家，哪凉快就哪玩去，别再好意思说自个儿学的是考古专业了——但有一种人例外，哪怕你是考古博士那也该精读加复读，即以公众考古为学习对象者，不但要读好，还要加以研究，甚至写成专门的研究论文。像我就与人合写过《苏秉琦考古公众化思想的形成与发展》，发在了国家博物馆办的《中国历史文物》期刊上。

哪承想，我帖子一出，就像葱花进油锅，一下炸了锅。首先，给面子的，圆场子的，够意思的同学还真踊跃，真积极，真给力，真给我的书单添加了不少好玩意。比如有同学推荐其他新书的；有同学认为有的图书印数少，现在根本买不到了，而且一般的图书馆也很难找到，方便性上欠佳，可以剔除；还有的同学觉得书太多，让人眼花缭乱，要是能精简点为好；更有的同学直言不讳，说这套书目价值不大，太杂，有些书不学考古的根本没有必要看，学考古的又没有看的必要。其中我和我带过的硕士研究生刘志岩的对话，更为集中，更有代表性。为什么这么说呢？因为刘志岩是考古界年轻一代中淘书、藏书的高手。他跟我读研究生时，一个月只有几百元生活费，但像制定规章制度似的，每个月都要拿出其中的百八十元去买书。书多放不下了，宿舍单人床一半睡觉，一半摆书。毕业时去了四川省文物考古研究院，寄走29个纸壳箱子，其中有26箱是书。所以，跟他坐而论书，我恐怕都不是对手，有挑战性：

> 刘志岩：看完单子后觉得少了点什么，介绍给大学生，总要说说自己的历史——中国人自己写的考古史。目前看到的几本，卫聚贤版、阎文儒版、陈星灿版。推荐"陈版"吧，还有其《20世纪中国考古学史研究论丛》可以作为辅助读物。虽然并不通俗，但是必要。期待通俗版的考古学史。有几本

访谈和传记,《手铲释天书》《考古学家邹衡》《考古生涯五十年》《从清华园到史语所》。

高蒙河:后面几本列得不错。出考古书目是你的强项。尽快多帮为师凑凑,我想放到新书《考古好玩》附录的延伸阅读推荐书目中去。

刘志岩:(20世纪)80年代《周口店》印 2 200,90 年代的《中国猿人》印 2 000,《中国古人类遗址》印 1 500,时间早,印数少。这些书现在根本买不到了,而且一般的图书馆也很难找到。从内容上推荐,方便性上欠佳。旧石器学者的通俗读物,我推荐杨钟健的《剖面的剖面》,游记性质的,而且再版的时间也不长。

可后来不知怎么了,越来越多的同学师友加进来更多的专业考古书,最有甚者连张忠培师的《中国考古学:走近历史真实之道》那般纯专业著作都上了榜。我心里说,我跟他学了 30 来年考古,他的书就连我也不敢说都能看明白,都能读得懂,别说推荐给非考古专业的爱好者,就是推荐给考古专业同学,那也够喝一壶两壶的。我为此连夜专门写了篇短文,点评了那些非要推荐专业考古书目的同学:

学考古专业的,如果不看第一手资料性的考古报告,或者不在看了考古报告的基础上,才看第二手的研究著作,那最好从下面三个专业文本看起,换言之,学过一次考古的,连这三本书都没看过,或者没听说过,那你就白忙乎了:

1. 张忠培《元君庙仰韶墓地》

2. 苏秉琦《洛阳中州路》

3. 宿白《白沙宋墓》

说明:以上排名不分先后,仅按照内容所属的考古时代排序。总而言之一句话,学考古,要先看发掘材料。看客观材料,很枯燥,但能看出自己的学问来;看研究,那不过是别人的一家之言而已,尽管看着很启发、很省力、很给力，也很快意。但能传世的，多半是客观记录历史资料的考古报告，而不是个人研究。个人的研究往往会被新的考古资料推翻，能被引用20年已是高手大家。但好的考古报告却能久传。远的即便像宋代吕大临的《考古图》，哪怕它还算不上考古学而是金石学；近的就像上面提到的三本考古经典著作，都出版半个多世纪了，依旧是学考古的基础的读本。

通常写书写到末尾，都是要列个参考书单或延伸阅读书目什么的，我就用上面大家共同讨论的考古书目，权作替代了，时间截至2011年5月31日。这个日子，也是我这半年来，杂事压身，断断续续，紧赶慢赶，终于写完《考古好玩》可以交稿的日子。

以上这些书单是十多年前的版本了，到了2024年这次修订再版，还要不要"好为人师"地介绍新书单，我倒有点犯嘀咕了。

第一，这十多年来，考古发展日新月异。考古，过去一直被认为是一个象牙塔里的冷门绝学。但是诞生一百年来，中国考古走过了从考古专业到考古行业，从考古事业到考古产业的变迁之路。一方面，是持续践行进行科学研究的初衷，务实求真，复原历史，揭示人类社会历史发展规律；另一方面是不断开拓进取，延展出保护、利用、传承的全新领域。而今的考古，不但向世人全面真实地展示了古代中国和现代中国，还进入到将考古成果和考古资源活化利用、创新业态、助力现代经济社会发展的新时代。

第二，这十多年来，考古出版与时俱进。首先，出版数量我难以统计，我自己也都有目不暇接、眼花缭乱之感，根本就看不过来了。比如由中国文物报社创办了20多年的行业品牌"全国文化遗产十佳图书推介活动"，光是2022年，参评图书数量就又创下历史新高，达到了1 018种。其次，出版单位也从过去文物出版社一家，变成了多家，比如科学出版社、上海古籍出版社、中国社会科学出版社、故宫出版社等，都有了专门出版考古文博类图书的专设部门。最近两年就是来找我出书的出版社也都排起了长队，甚至还有不少是少年儿童出版社、妇女出版社乃至港台的朋友们，而且还不是普通的编辑来约稿，都是社长或总编亲自上门。可见考古文博出版已经和正在进入一个黄金时代。

这怎么办呢？总要有新书单推荐吧。于是，修订本书之际，我想到了推荐上面提到的中国文物报社创办于2001年的"全国文化遗产十佳图书推介活动"的书单榜。这个活动的权威性、影响力、涵盖面、普众性自不待说，都是天花板级的。那就从我这本小册子出版后的2012年开始，借花献佛，狗尾续貂，荣列如次，借以结书吧！——

• 2012年度——

1. 孙机著：《仰观集：古文物的欣赏与鉴定》，文物出版社。

2. 徐坚著：《暗流：1949年之前安阳之外的中国考古学传统》，科学出版社。

3. 中国社会科学院考古研究所著：《科技考古的方法与应用》，文物出版社。

4. 陕西省文物局编：《陕西第三次全国文物普查丛书》，陕西旅游出版社。

5. 国家文物局编：《明长城》，文物出版社。

6. 河北省文物研究所编：《元中都：1998—2003年发掘报告》，文物出版社。

7. 丁文父著：《中国古代髹漆家具——十至十八世纪证据的研究》，文物出版社。

8. 罗运兵著：《中国古代猪类驯化、饲养与仪式性使用》，科学出版社。

9. 故宫博物院编：《兰亭展事纪实》，故宫出版社。

10. 寇润平等编：《中华历史文化名楼丛书》，文物出版社。

• 2013年度——

1. 河北省文物研究所编：《明蓟镇长城》，文物出版社。

2. 宁夏回族自治区文物考古研究所编：《西夏六号陵》，科学出版社。

3. 邓聪著：《澳门黑砂玉石作坊》，澳门民政总署。

4. 李晓东著：《民国文物法规史评》，文物出版社。

5. 首都博物馆、黑龙江省博物馆编：《白山黑水海东青：纪念金中都建都

860周年》，文物出版社。

6. 吕烈丹著：《稻作与史前文化演变》，科学出版社。

7. 河南博物院编：《鼎盛中华：中国鼎文化》，大象出版社。

8. 王昌燧编：《科技考古进展》，科学出版社。

9.《考古》杂志社编：《新世纪中国考古新发现2001—2010》，中国社会科学出版社。

10. 霍宏伟、史家珍著：《洛镜铜华：洛阳铜镜发现与研究》，科学出版社。

• 2014年度——

1. 孙机著：《中国古代物质文化》，中华书局。

2. 王巍主编：《中国考古学大辞典》，上海辞书出版社。

3. 郑欣淼著：《故宫识珍》，故宫出版社。

4. ［美］爱德华·P·亚历山大等著，陈双双译：《博物馆变迁：博物馆历史与功能读本》，译林出版社。

5. 国家文物局编：《丝绸之路》，文物出版社。

6. 社会科学院考古研究所编著：《二里头：1999—2006》，文物出版社。

7. 许宏著：《何以中国：公元前2000年的中原图景》，生活·读书·新知三联书店。

8. 扬之水著：《奢华之色：宋元明金银器研究》，中华书局。

9. 中国古代书画鉴定组编著：《中国绘画全集（修订版）》，文物出版社。

10. 李伯谦著：《感悟考古》，上海古籍出版社。

• 2015年度——

1. 中国文化遗产研究院等编著：《柬埔寨吴哥古迹茶胶寺考古报告》，文物出版社。

2. 伍嘉恩著：《明式家具经眼录》，故宫出版社。

3. 浙江省文物考古研究所、北京大学考古文博学院、良渚博物院等编著：《权力与信仰：良渚遗址群考古特展》，文物出版社。

4. 荣新江著:《丝绸之路与东西文化交流》,北京大学出版社。

5. 南京博物院编:《温婉——中国古代女性文物大展》,译林出版社。

6. 中国文物学会编:《新中国捐献文物精品全集》之张伯驹/潘素夫妇卷、徐悲鸿/廖静文夫妇卷及郑振铎卷,文津出版社。

7. 何驽著:《怎探古人何所思——精神文化考古理论与实践探索》,科学出版社。

8. 袁靖著:《中国动物考古学》,文物出版社。

9. 李黎、赵林毅著:《中国古代石灰类材料研究》,文物出版社。

10. 刘丽娜著:《中国水下文化遗产的法律保护》,知识产权出版社。

- 2016年度——

1. 谢辰生口述,李晓东、彭蕾整理:《新中国文物保护史记忆》,文物出版社。

2. 苏东海著:《苏东海思想自传》,文物出版社。

3. 中国国家博物馆等编著:《写给孩子的传统文化:博悟之旅》,新蕾出版社。

4. 山西省考古研究所等编著:《清凉寺史前墓地》,文物出版社。

5. 程存洁主编:《容庚藏帖》,广东人民出版社。

6. 干福熹等著:《中国古代玻璃技术发展史》,上海科学技术出版社。

7. 汪万福等著:《北齐徐显秀墓壁画保护修复研究》,文物出版社。

8. 杨建华、邵会秋、潘玲著:《欧亚草原东部的金属之路》,上海古籍出版社。

9. 中美联合考古队:《两城镇:1998—2001年发掘报告》,文物出版社。

10. 陕西省古籍整理办公室、陕西省考古研究院编:《陕西金文集成》,三秦出版社。

- 2017年——

1. 李零著:《子弹库帛书》,文物出版社。

2. 仲威编著:《纸上金石——小品善拓过眼录》,文物出版社。

3. 徐苹芳整理编著:《徐苹芳北京文献整理系列》,北京联合出版公司。

4. 河南博物院编:《谁调清管度新声——丝绸之路音乐文物》,文物出版社。

5. 李经国编:《谢辰生先生往来书札续篇(附日记)》,国家图书馆出版社。

6. 严文明著:《中国新石器时代》,文物出版社。

7. 山东博物馆、中国文化遗产研究院编:《书于竹帛:中国简帛文化》,上海书画出版社。

8. 刘莉、陈星灿:《中国考古学:旧石器时代晚期到早期青铜时代》,生活·读书·新知三联书店。

9. 国家文物局水下文化遗产保护中心等编著:《南海Ⅰ号沉船考古报告之一——1989～2004年调查》,文物出版社。

10. 彭蕾著:《文物管理现代化研究》,文物出版社。

- 2018年度——

1. 张忠培著:《中国考古学:走出自己的路》、《中国考古学:说出自己的话》、《中国考古学:尽到自己的心》,故宫出版社。

2. 国家文物局水下文化遗产保护中心等编著:《南海Ⅰ号沉船考古报告之二——2014～2015年发掘》,文物出版社。

3. 童趣出版有限公司编:《中国国家博物馆儿童历史百科绘本》,人民邮电出版社。

4. 陕西省考古研究院等编著:《蓝田吕氏家族墓园》,文物出版社。

5. 冯时著:《文明以止:上古的天文、思想与制度》,中国社会科学出版社。

6. 中国社会科学院考古研究所编著:《中国考古学·三国两晋南北朝卷》,中国社会科学出版社。

7. 中国文化遗产研究院编:《北平研究院北平庙宇调查资料汇编(内四区卷)》,文物出版社。

8. 刘爱河、于冰等著:《保护遗产 永续根脉——社会力量参与文物保护利用实践研究》,文物出版社。

9. 长沙简牍博物馆等编著:《长沙走马楼三国吴简·竹简（伍）》，文物出版社。

10. 严文明著:《考古学初阶》，文物出版社。

- 2019年度——

1. 浙江省文物考古研究所编著:《良渚古城综合研究报告》，文物出版社。

2.《博物馆学概论》编写组编:《博物馆学概论》，高等教育出版社。

3. 谢辰生著:《文物何为》，中国文史出版社。

4. 吐鲁番市文物局等编著:《新疆洋海墓地》，文物出版社。

5. 李伯谦、陈星灿主编:《中国考古学经典精读》，高等教育出版社。

6. 严文明著:《丹霞集：考古学拾零》，文物出版社。

7. 白云翔著:《秦汉考古与秦汉文明研究》，文物出版社。

8. 樊锦诗口述，顾春芳撰写:《我心归处是敦煌：樊锦诗自述》，译林出版社。

9. 袁靖主编:《中国科技考古讲义》，复旦大学出版社。

10. 国家文物局编:《创新与启示：赣南等原中央苏区革命文物保护利用实践》，文物出版社。

- 2020年度——

1. 南京博物院等编著:《大云山——西汉江都王陵1号墓发掘报告》，文物出版社。

2. 王思渝、杭侃主编:《观看之外：十三场博物馆展览的反思与对话》，文物出版社。

3. 陕西历史博物馆编:《彩陶·中华：中国五千年前的融合与统一》，陕西师范大学出版总社。

4. 严文明著:《长江文明的曙光（增订版）》，文物出版社。

5. 赵声良著:《敦煌谈艺录》，文物出版社。

6. 中国社会科学院考古研究所等编著:《临淄齐故城冶铸业考古》，科学出版社。

7. 晋宏逵著:《故宫营建六百年》,中华书局。

8. 夏鼐著,颜海英等译:《埃及古珠考》,社会科学文献出版社。

9. 杜晓帆著:《文化遗产价值论探微——人是文化遗产的灵魂》,知识产权出版社。

10. 单霁翔著,周高亮摄影:《单霁翔带你走进故宫》,故宫出版社。

- 2021年度——

1. 北京大学考古文博学院等编著:《金牛山古人类遗址》,文物出版社。

2. 齐吉祥著,妙思馆绘:《这个历史太有趣》,中信出版社。

3. 李水城著:《耀武扬威:权杖源流考》,上海古籍出版社。

4. 饶权、李孝聪主编:《中国国家图书馆藏山川名胜舆图集成》,上海书画出版社。

5. 国家文物局编:《万年永宝:中国馆藏文物保护成果》,科学出版社。

6. 国家文物局考古研究中心编著:《中国沉船考古发现与研究》,科学出版社。

7. 陈星灿主编:《中国出土彩陶全集》,科学出版社。

8. 王巍主编:《中国考古学百年史(1921~2021)》,中国社会科学出版社。

9. 宁夏博物馆编:《宁夏地区革命文物的保存管理和保护利用调查研究》,文物出版社。

10. 刘瑞编著:《苏秉琦往来书信集》,社会科学文献出版社。

- 2022年度——

1. 中国社会科学院考古研究所等编著:《辽祖陵:2003~2010年考古调查发掘报告》,文物出版社。

2. 赵辉、张海、秦岭著:《田野考古学》,北京大学出版社。

3. 贵州省文物考古研究所等编著:《海龙囤》,科学出版社。

4. 陈雍著:《考古何为》,天津人民出版社。

5. 故宫博物院编:《何以中国》,故宫出版社。

6. 中国历史研究院主编:《十件文物里的中国故事》,中国社会科学出版社。

7. 荣新江著:《从张骞到马可·波罗:丝绸之路十八讲》,江西人民出版社。

8. 中国文物报社、中国考古学会编:《中国百年百大考古发现》,文物出版社。

9. 浙江省文物考古研究所编译:《反山(英文)》,文物出版社。

10. 成都文物考古研究院、成都金沙遗址博物馆编著:《金沙遗址:祭祀区发掘报告》,文物出版社。

• 2023年度——

河南省文物考古研究等编著:《三门峡虢国墓(第二卷)》,文物出版社。

施劲松著:《区域文明与沟通的意义:成都平原青铜时代的考古学建构》,文物出版社。

徐良高著:《求真抑或建构——走出实证主义历史学与考古学》,科学出版社。

敦煌研究院著:《樊锦诗文集》,文物出版社。

全国哲学社会科学工作办公室编:《品读中国:风物与人文》,中华书局、科学出版社。

中国文化遗产研究院、余鸣谦编著,顾军、永昕群、崔明整理:《河北省赵县安济桥修缮工程(1952—1958年)》(上下册),文物出版社。

孙机著:《孙机文集》,商务印书馆。

中国社会科学院考古研究所编著:《中国考古学:宋辽金元明卷》,中国社会科学出版社。

陕西历史博物馆编:《玉韫·九州:中国早期文明间的碰撞与聚合》,陕西师范大学出版总社。

国家文物局考古研究中心编著,宋建忠主编:《水下考古学概论》,科学出版社。